应用型本科财务管理、会计学专业精品系列规划教材

管 理 会 计

主　编　王桂华　李玉华

副主编　马　媛　王　悦

参　编　陈思灼　赵士娇

北京理工大学出版社

BEIJING INSTITUTE OF TECHNOLOGY PRESS

内 容 简 介

《管理会计》是会计学的一个分支,是一门将现代化管理和会计融为一体的综合性交叉学科,它运用一系列会计方法收集、分类、汇总、分析和报告各种经济信息,借以制订计划,对经营业务进行控制。随着世界经济格局的变化和中国经济高速、高效、科学的发展,对以资源有效使用为核心任务的管理会计工作也相应地提出了更高的要求。为此我们编写了《管理会计》教材,本教材在编写过程中坚持理论与实践相结合的原则,结合我国实际,较系统、全面地阐述了管理会计的基本理论和基本方法,同时重视对学生基本素质和基本技能的培养。全书共计十章,具体内容有:总论、成本性态分析和变动成本法、作业成本法、本—量—利分析、经营预测分析、短期经营方案的分析评价、长期投资方案的分析评价、全面预算和控制、成本控制与标准成本系统、责任会计。各章配有学习目标,课后习题,供学生课后复习巩固。

本书可供高等院校会计专业、财务管理专业、审计专业以及相关专业的学生使用,也可作为会计、财务管理等专业的成人教育教材和自学参考用书。

图书在版编目（CIP）数据

管理会计/王桂华,李玉华主编. —北京:北京理工大学出版社,2019.5（2021.1重印）
ISBN 978 - 7 - 5682 - 7000 - 7

Ⅰ. ①管… Ⅱ. ①王… ②李… Ⅲ. ①管理会计 - 高等学校 - 教材 Ⅳ. ①F234.3

中国版本图书馆 CIP 数据核字（2019）第 082889 号

出版发行 / 北京理工大学出版社有限责任公司
社　　址 / 北京市海淀区中关村南大街 5 号
邮　　编 / 100081
电　　话 / (010) 68914775 （总编室）
　　　　　 (010) 82562903 （教材售后服务热线）
　　　　　 (010) 68948351 （其他图书服务热线）
网　　址 / http://www.bitpress.com.cn
经　　销 / 全国各地新华书店
印　　刷 / 三河市天利华印刷装订有限公司
开　　本 / 787 毫米 × 1092 毫米　1/16
印　　张 / 15　　　　　　　　　　　　　　　　责任编辑 / 王俊洁
字　　数 / 352 千字　　　　　　　　　　　　　文案编辑 / 王俊洁
版　　次 / 2019 年 5 月第 1 版　2021 年 1 月第 3 次印刷　　责任校对 / 周瑞红
定　　价 / 39.80 元　　　　　　　　　　　　　责任印制 / 李志强

管理会计是一门以会计学和现代管理科学为基础，以强化企业内部管理为目的，对企业经营全过程进行规划、控制和考核的新兴边缘学科，它吸收了现代管理科学的理论与方法，是会计学科与管理学科的有机结合，管理会计主要是为企业改善经营管理、提高企业经济效益服务的。西方管理会计萌生于 20 世纪初，从发展历程看，它是随着经济社会环境、企业生产经营模式以及管理科学和科技水平的不断发展而逐步发展起来的。20 世纪 80 年代，西方管理会计理论和方法被引入我国。21 世纪，在经济全球化以及互联网技术快速发展的背景下，向管理要效益、着重挖掘财务信息中价值创造的潜力成为我国企业的迫切任务，由此逐步形成了以价值管理为核心的管理会计理念。

管理会计作为从传统会计中分离出来、与财务会计并列的一个会计分支，其职能和作用从财务会计单纯的记账、报账和核算扩展到把解析过去、控制现在与规划未来有机结合。管理会计主要利用有关信息预测经济前景、参与经济决策、规划未来、控制和评价企业经济活动，为企业和行政事业单位内部管理服务。管理会计人员深度参与管理决策、计划制订与绩效管理，帮助管理者制定并实施组织战略。加快管理会计的发展，有助于企业效益和经济绩效的提升，亦有助于政府部门资源的合理利用和管理效能的提升。为此，我们结合多年教学经验，为更好地为企业和社会服务，更好地为会计及财务专业的学生服务，编写了这本《管理会计》，希望通过教材创新，为培养应用型人才提供条件。

本书全面系统地介绍了现代管理会计的基本原理和基本方法，在内容编排上，本书既体现了管理会计的特色方法，又注重实用性和可读性，在结构框架中，通过学习目标开展每个章节的基本内容，提高趣味性，用技能训练提高实践能力。内容安排由浅入深，循序渐进；同时运用大量的图表和例题来解释较为复杂的问题，每章附有课后习题，便于提高学生运用所学知识解决实际问题的能力。

本书由王桂华、李玉华担任主编，由马媛、王悦担任副主编，陈思灼和赵士娇参编。共分十章，具体分工如下：王桂华编写前言和第一章、第二章、第四章，李玉华编写第三章、第五章和第六章，马媛编写第七章、第九章，王悦编写第八章，赵士娇编写第十章第一节、第二节，陈思灼编写第十章第三节、第四节并负责校对。全书由王桂华负责总纂、定稿。

本书在编写过程中参阅了大量相关专著、教材等资料，吸取了其中宝贵的经验，在此向相关作者表示诚挚的谢意。由于时间紧迫，加之我们水平有限，书中缺点和不足在所难免，恳请学界同人批评指正，并将意见与建议及时反馈给我们，以便今后修订。

编　者

目 录

第一章

总　论

学习目标 ◀

1. 了解管理会计的产生和发展及与其他学科的关系

2. 熟悉管理会计的含义、特点和职能

3. 把握管理会计与财务会计的区别与联系

4. 熟悉管理会计师的职业道德

第一节 管理会计的产生和发展

一、管理会计的产生

管理会计是一门新兴学科，它的产生经历了一个由简单到复杂的不断完善的过程。20 世纪初，自由资本主义经济向垄断资本主义经济过渡，手工作坊发展为较大的企业，生产规模不断扩大，生产过程愈加复杂，竞争日益激烈。在这种情况下，单凭企业主个人的主观经验很难适应现代企业的发展，需要一些专业的经理人员按照股东的意志，采取科学的方法进行管理。科学管理的代表人物泰罗根据自己多年对劳动过程和作业成果的研究提出：在工厂（企业）管理中，单凭个人的直接经验和传统的管理方法不行，必须在对劳动过程进行具体记录、计算的基础上，科学地安排各道工序，制定严格的作业效率标准，确定工时定额，推行计件工资制，实行科学管理。这些内容集中体现在他的专著《科学管理原理》一书中。科学管理的应用规范了劳动过程，节约了劳动时间，增强了工作责任，提高了工作效率，促进了生产发展。与此相适应，会计要从价值方面进行记录、计算、分析、计划，科学地考核评价经营成果、劳动效率和生产消耗，于是，标准成本制度、预算控制制度和差异分析制度等应运而生，这些内容在以后都成为管理会计体系中的重要部分。

第二次世界大战以后，资本主义经济进入新的发展阶段，生产规模越来越大，机械化程度越来越高，资本不断集中，市场竞争更加激烈，失业率提高，经济危机频繁发生。如果仍然恪守泰罗科学管理阶段的那套办法，不注意对整个企业的未来进行规划，忽视调动企业员工的能动性、积极性，就很难维持企业的生存与发展。这种形势迫使企业管理者逐渐把工作重心转向企业内部经营管理，广泛推行职能管理和行为管理，调动各方面的积极因素，充分发挥人力、物力、财力的作用，特别是注重对未来和经营目标的决策。企业的兴衰在很大程度上取决于企业应变能力的大小。决策正确，企业就兴旺；对市场形势预测不准，不能及时调整产业结构，企业就衰落。因此，管理者应采用各种数学和技术方法，对企业的未来进行预测分析，对各种决策方案进行比较筛选。在此基础上，对决策目标进行科学筹划和全面预算，并通过责任预算、标准成本控制加以执行。许多成本、利润预测分析方法，如成本—业务量—利润分析便是在推行职能管理的过程中形成和发展起来的。

20 世纪 50 年代以后，科学技术发展突飞猛进，新兴产业大量涌现，资本高度集中，通货膨胀、银根紧缩，股份公司应运而生。在股份公司内部，股东和债权人一般不直接从事生产经营活动，而是委托专业的管理人员、经理进行管理，财产所有权与经营权逐渐分开。管理人员为了获得更多的利润，千方百计地对企业进行运筹规划，使企业增强活力，在市场竞争中立于不败之地。股东考虑的是股利，债权人考虑的是利息以及本金的安全，因此，他们需要事前了解投资环境、资本回收期和资本利润率的高低。企业管理者不仅需要对企业的生产经营活动进行科学的决策和控制，而且需要充分利用投资，加速资金周转，以便获得更多的利润，并向与外部发生利害关系的部门报告。管理者的这些活动，使会计的职能向两个方向发展：一是正确、及时地核算资本周转，并按照一定的准则提供可靠的会计信息资料，以满足企业外部有关部门的需要；二是进行预测、决策活动，准确地预测未来，科学地规划现在，严格地控制目标执行。而后者便属于管理会计的职能。

二、管理会计的发展

为了科学地预测和决策企业的经营活动，各种数学的、技术的统计逐渐与会计科学结合起来，使会计的管理职能不断扩大和延伸，逐渐形成了侧重于企业内部管理的会计方法体系，这就是管理会计从会计中分离出来的经济基础和历史原因。

1922 年，美国学者魁因斯坦所著的《管理会计：财务会计入门》一书，首先提出了"管理会计"这个名词，此后有关管理会计的专著相继问世，内容不断丰富。1952 年，世界会计年会正式通过了"管理会计"这个专有名词，而传统的会计部分被人们称为"财务会计"。20 世纪 70 年代以后，管理会计师协会在美国成立，出版了专门的管理会计刊物，教科书也开始走上讲台，管理会计与财务会计的区别开始明朗化、规范化。1980 年，在巴黎召开了世界各国管理会计人员联合会，专门研究管理会计的应用和推广问题。

20 世纪 80 年代以来，由于科技进步迅速，信息技术已被广泛应用，企业面临的制造环境发生了重大变化，管理理念和管理技术也发生了巨大变革。计算机集成制造系统、适时制造系统以及零库存、全面质量管理、以顾客为导向、作业成本管理等崭新的管理理念和技术应运而生，这为节约材料、能源和人工成本，提高劳动生产率创造了条件，也为管理会计的不断更新和发展提供了良好的环境，管理会计也充实了新的观念、内容和方法。

1987 年，美国哈佛大学卡普兰与约翰逊合作出版了轰动西方会计学界的专著《相关性的消失：管理会计的兴衰》。他们认为，目前的管理会计体系是几十年前的框架，20 世纪初的美国企业实践已经包括了今天管理会计教材中的大部分内容，这种过时的内容使管理会计难以适应新环境下企业管理的要求。由于成本计算方法僵化，企业的产品成本计算发生了扭曲，成本信息失真，管理会计信息失去了决策的相关性。卡普兰等人致力于管理会计信息相关性的研究，迎来了一个以作业为核心的作业成本会计时代。作业成本管理就是对导致成本发生的原因进行管理，识别增值与非增值作业，寻求减少或消除非增值作业，改善作业链，有效降低成本。作业成本管理要求管理会计改变传统的成本计算方法，采用与现代管理会计相适应的作业成本法（ABC 法），按照作业提供成本信息，并强调对过程进行价值分析。

从管理会计产生和发展的过程可以看出，管理会计是伴随着社会经济的发展而发展的，随着社会生产力和科学技术的不断进步，管理会计的基本理论与方法日益成熟和完善，它在现代企业管理中的地位和作用将进一步加强。

第二节　管理会计的含义、特点和职能

一、管理会计的含义

（一）会计的含义

理解管理会计的含义首先要回顾会计的含义。

会计是一个信息系统，是适应社会经济发展的需求而产生和发展起来的。会计是计量、加工和传递特定经济主体的财务信息的信息系统。这里所说的经济主体，是指通过销售商品或提供劳务为其所有者获取充分回报的组织。会计同时也是为了使信息使用者能够作出有根据的判断和决策而确认、计量和传递经济信息的流程。

广义地说，会计是为决策者提供服务的。

首先，会计要对经营活动产生的数据加以确认和计量。其次，要根据决策者的需求，将这些存储的数据经过特定方法加工成为有用的信息。最后，将信息通过有效的方式和渠道传递给决策者，使其在各种稀缺资源之间作出合理选择，并对企业经营活动产生相应的影响。可见与企业经营活动相关的数据，是会计信息系统的投入，而对决策者有用的信息，则是其产出。

（二）管理会计的含义

会计信息是帮助使用者进行决策的有效信息。那么，会计信息需要提供给哪些决策者呢？

1. 管理者

在日常经营活动和经济决策中，管理者需要会计信息，以实现对其控制范围内的稀缺资源的合理分配使用。他们必须知道不同决策的可能结果，并得到对决策的实际结果的反馈，以提高决策效果，改进不良决策。

2. 所有者

现代企业两权分离，所有者远离经营实体，他们关注资本的风险和可能的回报。他们需要根据会计信息作出是否购买、持有或出售其投资的决策。同时，他们也关心企业是否有能力为其提供回报。

3. 债权人

他们为企业提供债权资本，关心企业能否按时偿还本息。

4. 员工

员工为企业提供服务，关心企业能否持续为其提供工资、养老金保障和职业发展机会。

5. 其他

供应商、顾客、政府部门、社会公众等，这些利益关系团体为维护其利益，也需要会计信息，例如销售、利润、股价等。

上述的信息使用者形形色色，但基本上可以划分为两大类：企业内部使用者（即管理者）和外部使用者。由此会计产生了两个分支：财务会计与管理会计。财务会计是为企业外部使用者提供财务信息的会计，它主要通过提供定期的财务报表，为企业外部同企业有经济利益关系的各种社会集团服务，发挥会计信息的外部社会职能。

管理会计是指以现代管理理论和会计学为基础，以加强企业内部管理和提高经济效益为目的，通过广泛利用财务会计信息和其他资料，对企业经济活动的全过程进行预测、决策、规划、控制、考核和评价，为企业内部管理人员和决策者提供有用信息的管理系统。

对管理会计含义的描述有很多，但应该注意掌握以下几点：

（1）管理会计配合管理理论的发展，从会计学科体系中分离出来，与会计有着千丝万缕的联系，需要利用大量的会计资料；

（2）管理会计主要是为了企业内部管理服务的，为企业管理人员进行内部管理与决策提供支持；

（3）管理会计的主要服务形式是数据，通过大量加工后的数据服务于企业内部管理。

二、管理会计的特点

根据信息使用者的不同，会计有财务会计和管理会计之分，管理会计的特点，可从管理会计和财务会计的对比中理解。

(一) 管理会计与财务会计的主要区别

1. 使用者不同

这是管理会计与财务会计的根本区别。财务会计报告（以下简称财务报告）为外部使用者所用，外部使用者身处企业之外，不直接参与企业的经营管理，需要通过财务报告，评估管理人员的经营业绩，评价其在企业中的经济利益，并做出是否参与或继续参与企业活动的决策。财务会计侧重于对外服务。而管理会计是为企业的管理者服务的，它通过各种专门的技术方法，向企业的各级管理人员提供有关的经济信息，以利于其制定目标，作出决策，编制计划，控制和评价业绩。从这个角度看，管理会计侧重于对内服务。

2. 报告的强制性程度和依据的标准不同

财务会计必须严格遵守一定的规范和依据，以统一的标准即公认的会计准则为依据，其编制是强制的。这是使财务会计资料能取信于外部使用者所必需的。而管理会计是企业内部管理个性化需求的产物，强调为特定的信息使用者提供相关的信息，不受公认的会计准则的约束。管理会计可以根据企业的类型、管理人员的要求和决策的类型，采用灵活多样的方法，获取信息，进行加工处理，不存在统一的标准或固定的规范或依据。在不同的企业，同一种管理会计方法的应用可以有不同的表现形式。

3. 信息类型不同

财务会计主要以已完成或已发生的交易和事项作为加工对象，所生产的信息面向过去，以货币信息为主。而管理会计则主要以预计将要发生的和企业未来的经济行为为加工对象，所产生的信息面向未来，货币和非货币信息并重，甚至可能大量依赖非货币信息。

4. 信息的准确性程度不同

财务会计要求借贷平衡，有严密的勾稽关系加以验证，其信息必须客观和可验证。而管理会计强调相关性，近似胜于精确。在决策和计划之中，需要考虑未来信息，提供的信息总是存在一定的估计。而且，管理会计大量依赖非货币信息，这些信息也是无法精确表述的。

5. 报告形式和频率不同

财务会计报告的形式较为固定，主要包括资产负债表、利润表和现金流量表。由于财务会计报表资料是总括性的资料，而使用者对信息的需求越来越大，有些资料无法为现行的财务会计报表体系所容纳，只好通过表下或表外附注的形式来披露。按公认的会计准则的要求，财务会计报告必须按一定的期间来编制，以反映企业作为一个会计主体在特定期间的财务状况和经营成果。而管理会计可以根据需要编制各种各样的报表，报表形式可以自由设计。由于资料为内部使用，无泄露商业机密之说，可以提供企业详细资料的报告，可以根据企业整体来编制，也可以仅对某一个组成部分来编制。在编制时间上可以不受固定期间的限制，可以按年度、季度、月度来编制，也可以按周、按天来编制；可以编制过去期间的报表，也可以编制未来某一期间的报表。总之，要根据管理的需求，在适当的时间、以适当的形式、向适当的人提供相关的信息。

6. 报告主体不同

财务会计报告反映的是企业作为一个整体的财务状况和经营成果。企业所从事的经营业务可能跨越不同的领域，甚至可能属于不同的法律主体。但是，在编制财务会计报告时必须反映其作为单一主体的情况，所以企业甚至有可能要编制合并报表。而管理会计更关心的是组织内各个组成部分的情况，必须反映个别产品、个别作业、个别部门、个别员工或其他责任单位的情况。

（二）管理会计与财务会计的联系

尽管管理会计与财务会计之间存在如此多的差异，但它们之间仍存在一定的联系。

1. 起源相同

管理会计和财务会计都是在传统会计中孕育、发展和分离出来的，作为会计管理的重要组成部分，标志着会计学的发展和完善。

2. 基本信息来源相同

管理会计和财务会计同属于企业会计系统的两个子系统，都必须为使用者提供决策所需的信息，在企业内部只有一个基本的会计信息系统，即财务会计系统，管理会计所需要的信息，主要是利用财务会计系统的资料进行加工处理和改制，同时又根据管理的需要，创立自己独特的理论与方法，以提供面向未来的信息资料。从这一点看，管理会计与财务会计的基本信息同源于一个母体。

3. 目标相同

尽管管理会计和财务会计分别为企业内部和外部提供信息，但最终目标都是使企业能够获得最大利润，提高经济效益。

4. 服务对象交叉

虽然管理会计与财务会计的服务对象有内外之分，但服务对象并不严格、唯一，在许多情况下，管理会计的信息可以为外部利益集团所利用（如盈利预测），财务会计信息对企业内部决策也至关重要。

5. 某些观念相同

管理会计使用的某些概念，如成本、收益、利润等与财务会计完全相同，有些概念则是根据财务会计的概念引申出来的，如边际成本、边际收益、机会成本等。

三、管理会计的职能

管理会计的职能是指管理会计实践本身所具备的内在功能，管理会计的基本职能可以概括为以下几个方面：

（一）预测职能

预测是决策的基础和前提。预测是指采用科学的方法预计和推测客观事物未来发展的必然性或可能性的行为。为了有效地帮助企业管理部门在经营活动中作出正确的选择，管理会计可以对生产经营活动中发生的各项经济指标进行科学的加工和整理，按照企业未来的总体目标和经营战略，充分考虑经济规律的作用及约束性，选择合理的量化模型，有目的地预计和推测企业在经营活动某方面的变动趋势和水平，为企业的经营决策提供备选方案。

（二）决策职能

决策的正确与否直接关系到一个企业的成败。决策是在充分考虑各种备选方案的前提下，尊重客观经济规律，通过一定的方法和程序对各种备选方案进行分析、计算和判断，最终进行评价抉择的行为过程。决策是管理会计的一项重要职能，也是企业经营管理的核心。管理会计发挥经济决策的职能，主要体现在根据企业决策目标收集、整理有关信息资料，选择科学的方法，计算有关长短期决策方案的评价指标，并作出正确的财务评价，最终筛选出最优的行动方案。

（三）规划职能

管理会计的规划职能是通过编制各种计划和预算来实现的。它一般是在决策方案的基础上，将经济目标分解落实到有关预算中，从而合理地组织协调企业的各项资源，对企业的经营活动作出具体的安排，并为经营控制和责任考核提供参照。规划是决策与实施之间的中间环节，是决策的延伸和具体化，是通向决策目标的重要途径。

（四）控制职能

控制职能是管理会计的重要职能之一。这一职能的发挥可以将企业经济管理过程的事前控制与事中控制有机地结合起来，在事前确定科学可行的各种标准，并根据执行过程中发生的实际与计划的偏差分析原因，以便及时采取措施进行调整，确保预算目标的实现，其控制的内容主要有全面预算控制、标准成本控制、保本分析控制等。

（五）考核评价职能

管理会计实施考核评价职能，是通过建立责任会计制度（以下简称责任制）来实现的。责任会计制度是行为科学在企业管理中应用的结果。通过落实责任制，明确各部门及个人的经济责任，逐级考核责任指标的执行情况，找出成绩与不足，为奖惩制度的实施提供必要的依据。

第三节　管理会计人员及其职业道德

一、管理会计人员

在西方，会计人员有许多专业称号。一种称号是注册会计师（以下简称会计师），另一种称号是注册管理会计师（以下简称管理会计师）。前者侧重于民间审计方面的工作，后者侧重于管理会计方面的工作。尽管注册管理会计师的产生和发展晚于注册会计师，但由于注册管理会计师对企业内部的管理水平有很大的促进作用，使之越来越引起人们的重视。

一流的注册管理会计师必须拥有会计和管理方面的相应知识，并且具有良好的能力，包括认知能力和行为能力。认知能力又可分为专业能力（运用掌握的知识解决已定义问题的能力）、分析和设计能力（发现问题、提出问题、解决问题的能力）以及理解能力（在复杂条件下作出综合和创造性判断的能力），行为能力又分为个人能力（在面临挑战、压力、限制等条件下的自我安排能力）、人际关系能力（通过沟通、倾听、激励、合作等人际交往解决问题的能力）和组织关系能力（通过组织的文化、权力等网络系统解决问题的能力）。为了确保注册管理会计师的知识体系适应企业管理的需要，在西方许多国家，注册管理会计师是一种专门的职业，并有自己的职业化组织。世界上最大的注册管理会计师职业组织是美国的管理会计师协会，其前身为全美会计师协会（NAA），该协会举办注册管理会计师考试并颁发证书。考试的内容包括经济学、公司理财和管理学、财务会计与报告、决策分析和信息系统等。从1986年起，该协会开始颁布一系列的管理会计公告，促进管理会计的职业化并提高会计学的教学水平，并提供有关管理会计理论和实务的指导。其他的职业组织包括英国的特许管理会计师协会、加拿大的管理会计师协会等。管理会计师的职业组织通过举办注册管理会计师的资格考试，并创办管理会计刊物，颁布职业规范，指导管理会计理论和实务的发展。要想成为注册管理会计师，必须拥有一定的学历，通过资格考试，同时还要具备一定年限的会计工作实践经验。资格考试的要求反映了管理会计工作对于深厚的理论知识和丰富的实践经验的要求。

我国目前没有专门的管理会计师协会，仅在中国会计学会下设管理会计与应用专业委员会。不过，随着管理对企业重要性的提高，管理会计日益为人们所重视。从2013年起，为适应我国经济转型升级，财政部已将管理会计列入会计改革发展的重点方向，并将加强管理会计制度建设，对管理会计人才的需求也将扩大。未来有可能发展中国的注册管理会计师项目。

随着管理会计职能作用的扩大，对管理会计师的技能要求也相应提高。在现代经营环境下，作为管理会计师，应拥有将信息转化为知识的技能和经验，并利用这些技能和经验为其服务对象创造财富。管理会计师应成为一种拥有包含会计、法律、信息技术、咨询、营销、人力资源和其他重要经营领域的跨学科知识的复合型人才，核心是将系统、流程和知识整合起来，以达到将组织愿景转化为业绩的目的。会计人员所拥有的财务背景、业绩计量知识、控制评价、信息系统设计和管理知识，为他们适应新经济时代的要求，改造和提升自己的技能奠定了基础。现代管理会计师必须深入了解企业经营的特点，掌握组织结构的特点和信息要求，拥有和各个级别的人员沟通的能力、快速反应的能力以及深入地分析问题、解决问题的能力。

二、管理会计人员的职业道德

（一）全美会计师协会颁布的管理会计师职业道德

管理会计人员在对其服务机构、专业团体、公众及其本身履行职责时，必须遵循职业道德标准。为使这一义务得到公认，全美会计师协会颁布了管理会计师职业道德标准。这种职业道德标准由技能、保密、廉正、客观四个部分组成。管理会计师必须遵循这种职业道德标准，不得从事违反这些职业道德标准的行为，也不得听任其他人员违反这些职业道德标准。

1. 技能
该职业道德标准要求管理会计人员必须做到以下几点：

（1）通过不断提高自身的知识和能力，保持适当的专业技术水平。

（2）按照各有关法律、规章和技术标准，履行其职业任务。

（3）在对相关和可靠的信息进行适当分析的基础上，编制完整而清晰的报告，并提出建议。

2. **保密**

该职业道德标准要求管理会计人员必须做到以下几点：

（1）除法律规定外，未经批准，不得泄露工作过程中获得的机密信息。

（2）告诉下属要适当注意工作中所得信息的机密性并监督其行为，以确保严守机密。

（3）禁止将工作中所获得的机密信息，经由个人或第三者用于获取不道德利益或非法利益。

3. **廉正**

该职业道德标准要求管理会计人员必须做到以下几点：

（1）避免介入实际的或明显的利害冲突并向任何可能发生利害冲突的各方提出忠告。

（2）不得从事道德上有害于其履行职责的活动。

（3）拒绝收受影响其行动的任何馈赠、赠品或宴请。

（4）严禁主动或被动地破坏企业组织传统和道德目标的实现。

（5）了解并沟通不利于作出认真负责的判断或顺利完成工作的某些专业性限制或其他约束条件。

（6）提供不利及有利的信息以及职业判断或意见。

（7）禁止从事或支持任何有害于职业团体的活动。

4. **客观**

该职业道德标准要求管理会计人员必须做到以下几点：

（1）公允而客观地沟通信息。

（2）充分反映信息，帮助使用者对各项报告、评论和建议获得正确的理解。

（二）会计人员遇到职业道德问题时的处理措施

在实际工作中，会计人员如果遇到道德问题，首先要遵守上述准则，但在某些情况下，会计人员贯彻职业道德准则可能会遇到严重障碍，如经理指使会计人员弄虚作假，会计人员坚持抵制就是一个例证。美国管理会计师协会注意到类似情况，并提出具体的处理办法，即首先按所在组织制定的相关规章制度处理，如不奏效，则按下列步骤采取行动：

（1）在不涉及直接上级的情况下，与直接上级商讨这些问题，如果问题得不到解决，应提交更高一层的主管人员复议。

如果涉及直接领导，那么可取的复议者可能是审计委员会、执行委员会、董事会、理事会或业主。

（2）如果在第（1）步中得不到解决，可以向组织外部寻求客观独立的咨询意见，讨论面临的问题，澄清问题的性质，确定可行的行动方案。

（3）如果在第（2）步中仍得不到解决，那只有辞职，并向所在组织的适当代表提交一份有关该问题的备忘录。

除法律另有规定外，不得将遇到的问题对外披露。

国际会计师联合会也在1990年颁布了《职业会计人员道德指南》（以下简称《职业道德指南》），对全球的会计人员包括注册会计师、政府部门会计人员和企业内部会计人员的行为加以约束。国际会计师联合会的《职业道德指南》除上述关于技能、保密、廉正和客观四个方面的规定外，还对会计人员在跨国经营业务中的行为作出规范，要求在驻在国的道德标准比较松的环境下，执行较为严格的国际会计师联合会的《职业道德指南》。

课后习题

一、单项选择题

1. 下列各项中，与传统的财务会计概念相对立而存在的是（　　）。

　A. 现代会计　　　　　　　　　　B. 企业会计

　C. 管理会计　　　　　　　　　　D. 成本会计学

2. 下列会计子系统中，能够履行管理会计考核评价职能的是（　　）。

　A. 预测决策会计　　　　　　　　B. 规划控制会计

　C. 对外报告会计　　　　　　　　D. 财务会计

3. 下列说法正确的是（　　）。

　A. 管理会计是经营管理型会计，财务会计是报账型会计

　B. 财务会计是经营管理型会计，管理会计是报账型会计

　C. 管理会计是对外报告会计

　D. 财务会计是对内报告会计

4. 在西方，企业内部的管理会计部门属于（　　）。

　A. 服务部门　　　　　　　　　　B. 生产部门

　C. 领导部门　　　　　　　　　　D. 非会计部门

5. 管理会计与财务会计的关系是（　　）。

　A. 起源相同、目标不同　　　　　B. 同属于一个母体

　C. 基本信息不同源、服务对象交叉　D. 服务对象交叉、概念相同

6. 在现代企业会计系统中，管理会计又可称为（　　）。

　A. 反映企业价值的会计　　　　　B. 外部会计

　C. 经营决策会计　　　　　　　　D. 责任会计

7. 从服务对象上看，现代管理会计侧重服务于（　　）。

　A. 企业的投资人　　　　　　　　B. 企业的债权人

　C. 企业内部各级经营管理者　　　D. 以上全部

8. 管理会计所需的资料主要来源于（　　）。

　A. 统计　　　　　　　　　　　　B. 财务会计

　C. 销售部门　　　　　　　　　　D. 生产部门

二、多项选择题

1. 下列项目中，属于管理会计人员的工作是（　　）。

　A. 预测决策　　　　　　　　　　B. 编制年度财务报告

　C. 根据凭证记账　　　　　　　　D. 编制预算

2. 下列各项中，属于规划控制会计内容的有（　　）。

　A. 预测分析　　　　　　　　　　B. 决策分析

　C. 全面预算　　　　　　　　　　D. 成本控制

3. 管理会计的主要职能有（　　　）。

A. 预测经济前景　　　　　　　　B. 参与经济决策

C. 规划经营目标　　　　　　　　D. 控制经营过程

4. 管理会计师的职业道德有（　　　）。

A. 技能　　　　　　　　　　　　B. 保密

C. 廉洁　　　　　　　　　　　　D. 客观

5. 属于会计信息使用者的有（　　　）。

A. 管理者　　　　　　　　　　　B. 所有者

C. 债权人　　　　　　　　　　　D. 员工

三、判断题

1. 现代企业会计的两个分支是财务会计和管理会计。　　　　　　　（　　　）

2. 管理会计的主要职能是反映和监督。　　　　　　　　　　　　　（　　　）

3. 管理会计主要为企业外部服务，因而又可称为外部会计。　　　　（　　　）

4. 财务会计的作用是总结过去、控制现在和规划未来。　　　　　　（　　　）

5. 管理会计和财务会计一样要定期编制有关报告。　　　　　　　　（　　　）

四、简答题

1. 管理会计和财务会计有什么区别和联系？

2. 管理会计有哪些职能？

3. 管理会计师的职业道德标准包含哪些内容？

第二章
成本性态分析和变动成本法

学习目标 ◀

1. 了解制造成本与非制造成本的区别
2. 理解成本性态分析的含义、变动成本与固定成本的含义及联系
3. 掌握混合成本分解的方法与变动成本法的应用
4. 熟悉变动成本法与完全成本法的区别及对损益的影响

第一节　成本的概念及分类

一、成本的概念

成本是衡量企业经营管理水平高低和经济效益好坏的一个重要指标。不同的会计领域对成本的概念理解不尽相同，在传统的财务会计领域，从正确核算企业的财务状况和准确计量企业的经营成果的要求出发，把成本定义为：在一定条件下，企业为生产一定种类的产品所发生的各种资源、财产耗费的货币表现。

现代管理会计以企业内部的经营管理为服务对象，履行着预测、决策、控制、规划和业绩考核评价等职能，这就需要根据各种职能的要求来核算和提供符合各种用途的成本信息，因此把成本定义为：企业在生产经营过程中对象化的、以货币表现的、为达到一定的经济目的而应当或可能发生的各种经济资源的价值牺牲或付出的代价。显然，在现代管理会计中，成本概念的内涵和外延要广得多，成本不仅仅是一种资源、财产的耗费，而且可以是一种因放弃某个机会而未能获得的收益；成本归集的对象不仅仅是产品，而且可以是生产经营过程中的其他客体，如企业内部的某个责任单位等；成本记录、计量的内容，不仅仅是过去已经发生的，而且可以是将来应当或可能发生的。

二、成本的分类

依照多样化的成本概念，可选择不同的标准对成本进行多重分类，下面着重介绍成本的主要分类：

（一）按成本的经济用途分类

1. 制造成本

制造成本是指在产品制造过程中发生的各项耗费，包括直接材料、直接人工和制造费用三部分。

（1）直接材料（即直接材料费），指用以形成产品实体或构成产品主要部分的材料成本。

（2）直接人工，指在产品生产中直接改变原材料的性质或形态所耗用的人工成本。

（3）制造费用，指在产品生产过程中发生的，除了直接材料、直接人工以外的其他全部耗费。制造费用可进一步划分为间接材料、间接人工和其他间接费用三部分。

①间接材料（即间接材料费），指在产品生产过程中耗用的，但不归属于某一特定产品的材料成本，如各种物料用品的消耗。

②间接人工（即直接人工费），指为生产服务而不直接进行产品生产所发生的人工成本，如维修、清洁及警卫人员的工资。

③其他间接费用，指在产品生产过程中发生的、除间接材料和间接人工以外的其他各项间接费用，如厂房租金等，也称其他制造费用。

2. 非制造成本

非制造成本是指企业在行政管理、资金筹集和在产品推销过程中发生的各项耗费，包括销售费用、管理费用和财务费用。

（二）按成本的可辨认性分类

成本的可辨认性是指成本的发生与特定的归集对象之间的联系，以此为标准可将成本分为直接成本（可辨认成本）和间接成本（不可辨认成本）。

1. 直接成本

直接成本是指直接为某种特定产品所消耗的、可以直接计入某种产品的成本。如直接为某种特定产品所消耗的材料和人工。它可以根据有关原始凭证和记录比较容易地加以认定，直接计入成本计算对象。

2. 间接成本

间接成本是指两个或两个以上成本计算对象共同发生的成本，先按一定方式归集，然后选择适当的标准分配给各成本计算对象，如制造费用。

直接成本和间接成本不是截然分开的，如直接材料一般为直接成本，但当几种产品共同耗用一种材料时，材料成本就需按一定标准在几种产品之间进行分配，此时，直接材料就不是直接成本，而是间接成本了。

划分直接成本与间接成本，对于确定成本计算的程序、正确计算产品成本具有重要的意义。

（三）按成本的习性分类

1. 变动成本

变动成本是指在一定期间和一定业务量范围内，成本总额随产品产量变动而成正比例变动的成本。如直接材料、计件工资、工作量法计提的折旧等。

2. 固定成本

固定成本是指在一定期间和一定业务量范围内，成本总额不随产品产量（业务量）的变动而变动的成本。如采用直线法按月计提的折旧、车间经费等。

3. 混合成本

混合成本是兼有变动成本和固定成本两种性态，发生额虽受业务量变动影响，但其变动幅度不与业务量的变动成比例变动，称混合成本。混合成本分为半变动成本、半固定成本和延伸变动成本三种。

（1）半变动成本的特点是通常有一个成本初始量，类似固定成本，在这个基础上，成本增加了，业务量也会增加，又类似变动成本。

（2）半固定成本的特点是成本在一定业务量范围内，其发生额是固定的，但业务量超过一定限度，其发生额就会跳跃上升，然后固定，再跳跃上升，再固定，等等，也称为阶梯成本。

（3）延伸变动成本的特征是在业务量的某一临界点以下表现为固定成本，超过这一临界点，则表现为变动成本。（详见第二节）

（四）按成本的可控性分类

按成本的可控性可将成本分为可控成本和不可控成本两种。

1. 可控成本

可控成本是针对特定的责任单位而言的，能够由该责任单位预知、计量并控制的成本。

2. 不可控成本

不可控成本是不能被责任单位预知、计量或控制的成本。

如因材料质量问题造成的废品损失，对于材料供应部门属可控成本，而对于生产车间则为不可控成本。

（五）按成本的可盘存性分类

成本的可盘存性是指在一定期间发生的成本可能构成资产价值，可在期末进行盘点，在资产负债表中得以反映，并递延到下期去的性质。按成本的可盘存性分类，可将一定时期内发生的成本分为可盘存的产品成本和不可盘存的期间成本。

1. 可盘存的产品成本（即产品成本）

按照管理会计的解释，产品成本是指那些随产品实体流动而流动的成本。这里的产品是指广义的生产产物，包括期末在产品、产成品和本期已实现销售的商品；所谓随产品实体流动而流动的特征，是指构成产品成本的价值要素最终要在广义产品的各种实物形态中得到体现，即与广义产品的两种存在形态——销货和存货相联系，表现为销售商品成本或存货成本（后者包括期末尚未加工完毕的在产品成本和本期尚未实现销售的库存产成品成本）。由于生产产品所发生的成本不一定在发生的当期全部转化为费用，只有在产品销售时才能实现这种转化。因此，产品成本的归属期有两种可能：

（1）是随已实现销售的商品以销货成本的形式计入当期利润表，与当期收入配合；

（2）是随存货以期末存货成本的形式计入当期资产负债表中的资产价值，递延到下期。如果这些存货在下期实现销售，则转化为下期销售成本计入下期利润表，与下期收入配合；否则继续递延。

2. 不可盘存的期间成本（即期间成本）

期间成本（在我国称为期间费用）是指那些不随产品实体流动而流动，而是随企业生产经营持续期间的长短而增减，其效益随期间的推移而消逝，不能递延到下期去的成本，它的归属期只有一个，即在发生的当期全额计入当期利润表，作为当期收入的抵减项目，而不计入存货成本。

成本按其可盘存性分类的意义在于能够指导企业准确进行存货估价，正确计算损益。

第二节　成本性态分析

成本性态又称成本习性，是指在一定条件下成本总额与特定业务量之间的依存关系。

这里所说的业务量，是指企业在一定的生产经营期内投入或完成的经营工作量的统称。业务量既可以用绝对量表示，也可以用相对量表示。绝对量又可细分为实物量、价值量和时间量三种形式；相对量可以用百分比或比率等形式反映。为了简化管理会计的定量分析过程，避免出现多元模型，人们通常总是假定业务量是唯一的，大多指生产量或销售量。

这里所说的成本总额，是指一定时期内为取得营业收入而发生的各种营业成本费用，包括全部生产成本和非生产成本。

这里所说的一定条件，是指在一定的时间范围内一定的业务量的变动范围，即相关范围。

所谓相关范围，是指不会改变或破坏特定成本项目固有特征的时间和业务量的变动范围。

成本性态是存在于成本总额与业务量之间的规律性联系，了解这种规律在管理会计体系中具有特别重要的意义。通过成本性态分析，人们可以从定性和定量两个方面把握成本的各组成部分与业务量之间的变化规律。这不仅有利于人们寻找降低成本的正确途径，还有助于人们进行科学的预测、规划、决策和控制。

进行成本性态分析，首先需要将成本按与产量之间的依存关系，划分为固定成本、变动成本和混合成本三大类。

一、固定成本

(一) 固定成本的概念及基本特征

固定成本是指在相关范围内，其总额不随业务量的变化而发生任何数额变化的那部分成本。例如，按直线法计提的厂房机器设备的折旧费、管理人员的月工资、财产保险费、广告费、职工培训费、房屋设备租金等，均属固定成本。可见，固定成本有以下两个特征：

1. 总额的不变性

这一特征就是其概念的再现，在平面直角坐标系上，固定成本线就是一条平行于 x 轴的直线，其总成本模型为 $y = a$，如图 2–1 所示。

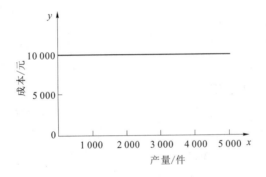

图 2–1　固定成本总额性态模型

2. 单位固定成本的反比例变动性

由于固定成本具有总额不变性的特征，必然导致单位产品负担的固定成本随着业务量的变动成反比例变动，其单位成本模型为 $y = a/x$，反映在坐标图上，是一条反比例曲线，如图 2–2 所示。

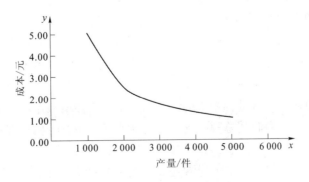

图 2–2　单位固定成本性态模型

【例 2 - 1】

某企业生产一种产品，其生产设备的折旧额为 10 000 元。该设备最大加工能力为每月 5 000 件，当设备分别为 1 000 件、2 000 件、3 000 件、4 000 件和 5 000 件时，单位产品所负担的固定成本如表 2 - 1 所示。

表 2 - 1　单位产品所负担的固定成本

产量/件	总成本/元	单位产品所负担的固定成本/元
1 000	10 000	10
2 000	10 000	5
3 000	10 000	3.33
4 000	10 000	2.5
5 000	10 000	2

（二）固定成本的分类

为了寻求降低固定成本的正确途径，可将固定成本按其是否受管理当局短期决策行为的影响进一步细分为约束性固定成本和酌量性固定成本两类。

1. 约束性固定成本

这是指不受管理当局短期决策行为影响的那部分固定成本。这类成本反映的是形成和维持企业最起码生产经营能力的成本，也是企业经营业务必须负担的最低成本，又称经营能力成本。包括厂房机器设备的折旧费、财产税、保险费和管理人员薪金、照明费、取暖费等。这类成本具有很强的约束性，其支出额的大小取决于生产经营能力和质量。管理当局的决策行动无法改变它。即随着企业经营能力的形成，这类成本在短时间内不能轻易改变，如果硬性追求约束性固定成本的降低，就意味着削减企业的经营能力，有可能影响或改变企业长远目标的实现和导致盈利能力的降低。因此，在不改变企业经营方向的前提下，降低此类固定成本，通常不宜采取降低其总额的措施，而应从经济合理地利用企业的生产能力、提高产品产量、降低其单位成本入手。

2. 酌量性固定成本

酌量性固定成本又称选择性固定成本，这是指受管理当局短期决策行为影响，可以在不同时期改变其数额的那部分固定成本，包括广告费、新产品研究开发费和职工培训费等内容，这类成本其支出额的大小取决于高层领导根据企业经营方针而作出的判断。即成本数额可由当期的经营管理决策行动加以改变。酌量性固定成本的发生可以增强企业的竞争能力，扩大产品的销路，但其发生额服从于企业的经营方针，一般由企业的管理当局在会计年度开始前，对这类成本的各个项目是否需要继续支出，是否需要增减作出决定。所以，降低此类固定成本的有效途径就是降低其总额的支出，这就要求在预算时精打细算、厉行节约、避免浪费，在不影响生产经营的前提下，尽量减少其绝对支出额。

在管理会计中，固定成本的水平通常是以其绝对额的形式表现的，因为它不会受到业务量因素变动的影响。

需要说明的是，虽然酌量性固定成本的支出额是由企业高层领导决定的，但绝不意味着这种成本是可有可无的。酌量性固定成本关系到企业的竞争能力；究其实质，它是一种为企业的生产经营提供良好条件的成本，而非生产产品的成本，所以从较短期看，其发生额同企业的产量水平并无直接关系。就这点而言，它同约束性固定成本是一致的，故两者共同组成固定成本。

（三）固定成本的相关范围概念

固定成本的固定性并不是绝对的，而是有条件限制的。这一条件在管理会计中称为相关范围。相关范围是理解成本性态的一个重要概念，它具有如下两个特定含义：

1. 它是指特定的期间

从较长时期看，所有成本都是可变的。即使是约束性固定成本，其总额也会发生变化。因为随着时间的推移，企业生产经营能力的规模和质量都将发生变化，由此必然引起厂房的扩建、设备的更新、管理人员的增减，从而改变折旧费、修理费及管理人员工资的支出额。由此可见，只有在一定的期间内，企业的某些成本才具有不随产量变动的固定性特征。

2. 它是指特定的产量水平，一般指企业现有的生产能力水平

产量一旦超过这一水平，势必要扩建厂房、增添设备、扩充必要的机构和增加相应的人员，原属于固定成本的折旧费、修理费、管理人员工资等也必须相应地增加，甚至在广告宣传方面，也可能要为此追加支出，以促使因扩大生产能力而增产的产品得以顺利销售出去。很显然，即使在有限期间内具有固定特征的成本，其固定性也是针对某一特定产量范围而言的。如果脱离了一定的相关范围，固定成本的固定性就不复存在，如图 2 - 3 所示。

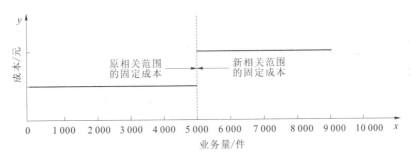

图 2 - 3 相关范围

二、变动成本

（一）变动成本的概念及基本特征

变动成本是指在一定相关范围内，其总额随业务量的变化成正比例变化的那部分成本。

变动成本一般包括生产成本中的直接材料费、直接人工和制造费用中随产量成正比例变动的物料用品费、燃料费、动力费或以工作量法计提的折旧费等。

变动成本具有以下两个特征：

1. 变动成本总额的正比例变动性

这一特征也在其概念中得以体现。如用 $y = bx$ 代表变动成本总额性态模型，在平面直角坐标系上，变动成本总额就是一条通过原点的直线，如图 2 - 4 所示。

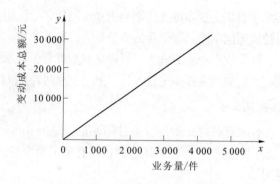

图 2-4 变动成本总额性态模型

【例 2-2】

假定例 2-1 中单位产品的直接材料为 10 元，当产量分别为 1 000 件、2 000 件、3 000 件、4 000 件和 5 000 件时，单位产品的材料成本和材料的总成本如表 2-2 所示。

表 2-2 单位产品的材料成本和材料的总成本

产量/件	单位产品的材料成本/元	总成本/元
1 000	10	10 000
2 000	10	20 000
3 000	10	30 000
4 000	10	40 000
5 000	10	50 000

2. 单位变动成本的不变性

由于变动成本具有总额的正比例变动性，这就决定了在业务量不为零时，单位变动成本不受业务量的增减影响而保持不变。将此特点反映在平面直角坐标系上，单位变动成本就是一条平行于横轴的直线。它的性态模型为 $x = b$，如图 2-5 所示。

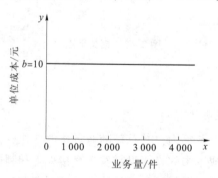

图 2-5 单位变动成本性态模型

（二）变动成本的分类

为了寻求变动成本的降低途径，可将变动成本按其发生的原因进一步细分为技术性变动成本（约束性变动成本）和酌量性变动成本两类。

1. 技术性变动成本（约束性变动成本）

这是指其单位成本受客观因素决定，消耗量由技术因素决定的那部分变动成本。如生产成本中主要受到设计方案影响的，单耗相对稳定的外购零部件成本、流水作业的生产工人工资等都属于这类成本。这类成本的实质是利用生产能力进行生产所必然发生的成本。若企业不生产产品，则从理论上讲，其技术性变动成本为零。若打算降低此类变动成本，必须通过改进设计、改进工艺技术、提高材料综合利用率、提高劳动生产率，以及避免浪费、降低材料单耗等手段来实现。

2. 酌量性变动成本

这是指其单耗受客观因素决定，其单位成本主要受企业管理部门决策影响的那部分变动成本。如在保证质量符合要求的前提下，企业可以从不同供货渠道购买到不同价格的某种材料，消耗该材料的成本就属于酌量性变动成本。在分散作业的计件工资制下，由于计件单价受到管理部门决策的制约，使得相关工资成本具有酌量性的特点。若要降低此类成本，需要通过采取科学决策、降低材料采购成本或优化劳动组合，以及严格控制开支的手段来实现。

变动成本水平一般用单位额衡量较好，因为在一定范围内单位变动成本不受业务量变动影响，但能直接反映主要材料、人工成本和变动制造费用的消耗水平，因此要降低变动成本，就应从降低单位产品变动成本的消耗量入手，如采取改进设计、降低材料单耗、降低材料采购单价、提高劳动生产率和优化劳动组合等。

在管理会计中，变动成本的水平通常是以其单位额的形式表现的，因为它不会受到业务量因素变动的影响。

（三）变动成本的相关范围概念

与固定成本相似，变动成本的基本特征也是有条件的，其条件表现为变动成本与产量之间成正比例变动的关系（即完全的线性关系），通常也只在一定产量范围内存在，超过这一产量范围，两者之间就不一定存在正比例关系（即表现为非线性关系）。例如，当一种产品产量较低时，单位产品的材料和工时的消耗都可能较高；而当产量增加到一定程度时，由于可以更为经济合理地下料和利用工时，就可以相应降低单位产品的材料和工时的消耗。因此，在产量增长到一定阶段后，变动成本就不会同产量成正比例地变动。一般来说，成本的增长幅度低于产量的增长幅度，因而使其总成本线呈现一定向下弯曲的状态（其斜率随着产量的增加而缩小）；而在产量增长到一定限度以后，若再继续增长，就可能出现一些新的不经济因素（如多支付加班津贴等），从而提高单位产品的变动成本。这时总成本线就会呈现一定向上弯曲的状态（其斜率随着产量的增加而增大）。在产量增长的中间阶段，有关指标可能趋于平稳，使成本与产量之间呈现完全的线性关系，变动成本的相关范围就是指这一段而言。这些错综复杂的情况可通过图 2-6 反映。

上述分析说明，现实经济生活中的许多成本与产量之间的关系，表现的是一种非线性关系。但若从某一特定的产量范围进行观察，则可以假定成本与产量之间存在完全线性的关系，并以此进行成本性态的分析，预测有关成本随着产量的变动而变化的水平，虽然这不是一种精确的成本性态描述，但能使许多复杂的经济现象得以纳入成本性态分析的模式，如图 2-7 所示。

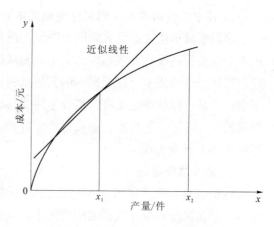

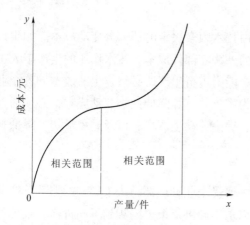

图2-6 变动成本与产量在相关范围内的线性关系

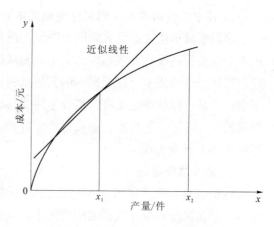

图2-7 成本与产量的非线性关系

三、混合成本

(一) 混合成本的概念

混合成本（半变动成本）是指介于固定成本和变动成本之间，其总额既随业务量变动又不成正比例变动的那部分成本。企业的电话费、机器设备的维护保养费等都属于混合成本。

(二) 混合成本的种类

全部成本按其性态分类，其结果必然导致出现游离于固定成本和变动成本之间的混合成本。这是因为这种分类采用了是否变动和是否成正比例变动的双重分类标志。混合成本可细分为阶梯式混合成本、标准式混合成本、低坡式混合成本和曲线式混合成本四种。

1. 阶梯式混合成本

其又称半固定成本，这类成本的特点是在一定业务量范内其成本不随业务量的变动而变动，类似固定成本，当业务量突破这一范围时，成本就会跳跃上升，并在新的业务量变动范围内固定不变，直到出现另一个新的跳跃为止。在现实生活中，检验员、化验员的工资，以及受开工班次影响的动力费、整车运输费等均属于这类成本。

2. 标准式混合成本

其又称半变动成本，它的总额由两部分成本组成：一部分为固定成本，无论是否有业务量发生，这部分成本总会发生，并不受业务量变动的影响；另一部分为变动成本，随业务量的变动而成比例变动。由于半变动成本的一部分是固定不变的，其总额尽管随业务量的增减变动而相应增减变动，但与业务量之间并不具有同等变动的比例关系。如电费、水费、电话费、销售人员的工资等均属于半变动成本。企业支付这些费用通常都有一个基数部分，超出部分则随业务量的增加而增大，如图2-8所示。

3. 低坡式混合成本

其又称延伸变动成本，这类成本在一定的业务范围内其总额保持固定不变，一旦突破这个业务量限度，其超额部分的成本就相当于变动成本。常见的是工资支付如果采用计时制，企业支付给职工的工资在正常产量情况下是不变的，属于固定成本性质；但当产量超过正常水平后，则需根据超产数量支付加班费或超产奖金。

例如，某企业有固定搬运工人 10 名，工资总额 3 000 元；当产量超过 5 000 件时，就需雇用临时工。临时工采用计件工资制，单位工资为每件 0.6 元。则该企业搬运工工资的成本性态就是延伸变动成本，如图 2 - 9 所示。

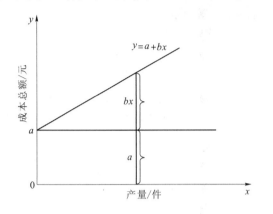

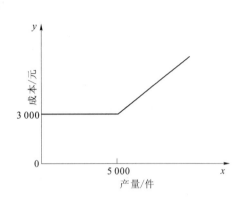

图 2 - 8　半变动成本与业务量的关系　　　　图 2 - 9　延伸变动成本性态模型

4. 曲线式混合成本

这类成本通常有一个初始量，一般不变，相当于固定成本。在这个初始量的基础上，成本随业务量变动，但并不存在线性关系，在坐标图上，表现为一条抛物线。这类成本又可分为递减型混合成本和递增型混合成本。如各种违约罚金、递进计件工资等，这种成本随产量增加而增加，而且比产量增加得还要快，其变化率是递增的，如图 2 - 10 所示。又如热处理的电炉设备，每班均需预热，其预热成本（初始量）属于固定成本性质，但预热后进行热处理的耗电成本，随着热处理量的增加而逐步呈抛物线上升，但上升越来越慢，其变化率是递减的。如图 2 - 11 所示。

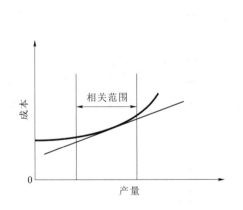

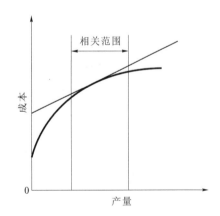

图 2 - 10　变化率递增曲线成本　　　　　图 2 - 11　变化率递减曲线成本

不论是上述哪一类混合成本，都可直接或间接地用一个直线方程 $y = a + bx$ 去模拟，其中：a 表示混合成本中的固定部分，bx 表示混合成本中的变动部分，b 表示混合成本中变动部分的单位额。

在成本性态分析的过程中，进行混合成本分解，就是设法求出 a、b 的数值，并建立 $y = a + bx$ 模型的过程。

第三节 混合成本的分解

如前所述，成本按性态分类是管理会计的主要内容之一，对各项成本进行性态分析是采用变动成本计算法的前提条件。但是，固定成本与变动成本只是经济生活中诸多成本性态的两种极端类型，多数成本是以混合成本的形式存在的，需要将其进一步分解为固定成本和变动成本。如果我们可以对费用支出逐笔、逐次地进行分析、分解，那么结果无疑是最为准确的，但这种分解工作是相当大的，即使有可能准确分解混合成本，恐怕也无必要。在实践中，往往在一类成本中选择具有代表性的成本项目进行性态分析，并以此为基础推断该类成本的性态。

混合成本的分解方法很多，通常有历史成本法、账户分析法和工程分析法。

一、历史成本法

历史成本法的基本做法，就是根据以往若干时期（若干月或若干年）的数据所表现出来的实际成本与业务量之间的依存关系来描述成本的性态，并以此来确定决策所需要的未来成本数据。历史成本法的基本原理是，在既定的生产流程和工艺设计条件下，历史数据可以比较准确地表达成本与业务量之间的依存关系，而且只要生产流程和工艺不变，这种相互关系还可以应用到现在或将来的决策当中。

历史成本法通常又分为高低点法、散布图法和回归直线法三种。

（一）高低点法

高低点法是历史成本法中最简便的一种分解方法。基本做法是，以某一期间内最高业务量（即高点）的混合成本与最低业务量（即低点）的混合成本的差数，除以最高与最低业务量的差数，得出的商数即为业务量的成本变量（即单位业务量的变动成本额），进而可以确定混合成本中的变动成本部分和固定成本部分。

如前所述，混合成本是混合了固定成本与变动成本的成本，在相关范围内，总可以用 $y = a + bx$ 这样一个数学模型来近似地描述，这也是高低点法的基本原理。在这个相关范围内，固定成本 a 既然不变，那么总成本随业务量的变动而产生的变化量就全部为变动成本。高点和低点的选择完全是出于尽可能覆盖相关范围的考虑。

用高低点法分解混合成本的运算过程如下：

设高点的成本性态为

$$y_1 = a + bx_1 \tag{1}$$

低点的成本性态为

$$y_2 = a + bx_2 \tag{2}$$

用式（1）减式（2），得

$$b = \frac{y_1 - y_2}{x_1 - x_2}$$

$$a = y_1 + bx_1$$

需要说明的是，高低点坐标的选择必须以一定时期内业务量的高低来确定，而不是按成本的高低来确定。

高低点法的优点在于简便易行，易于理解。缺点是由于它只选择了历史资料中诸多数据中的两组作为计算依据，使建立起来的成本性态模型很可能不具有代表性，容易导致较大的计算误差。因此，这种方法只适用于成本变动趋势比较稳定的企业。

【例2-3】

高低点法应用举例。

已知：某企业2018年7—12月某项混合成本与有关产量的历史资料如表2-3所示。

表2-3　某项混合成本与有关产量的历史资料

月份	产量/件	成本/元
7	50	350
8	55	410
9	60	410
10	75	500
11	75	510
12	85	530

要求：利用高低点法分解该项混合成本，并建立相应的成本模型。

解：

依题意选择的高低点坐标分别为：

高点（85，530）；

低点（50，350）。

$$b = \frac{530 - 350}{85 - 50} = 5.14$$

$$a = 530 - 5.14 \times 85 = 93$$

成本模型为

$$y = 93 + 5.14x$$

（二）散布图法

散布图法是将观察的历史成本数据，在坐标纸上作图，绘出各期成本点散布图，并根据目测，在各成本点之间画出一条反映成本变动趋势的直线，其与纵轴的交点即为固定成本，然后再据此计算单位变动成本的一种方法。

具体来说，散布图法包括以下几个基本步骤：

（1）在平面直角坐标系中，绘制成本的散布点，以横轴代表产量，纵轴代表成本，于是历史成本的数据就形成若干点散布于坐标系中，由此绘制的图即称为散布图。

（2）根据目测，画出一条反映成本平均变动趋势的直线。注意应尽量使画出的这条直线两边的散布点个数相同，而且使各点到直线的距离之和达到最小。

（3）确定固定成本的平均值，所画的直线与纵轴的交点即为固定成本。

（4）计算单位变动成本。在所画的直线上任取一点产量，即可对应地查出成本的值，这时单位变动成本就可通过 $b = \dfrac{y-a}{x}$ 这一公式求得。

【例 2-4】
按例 2-3 提供的资料，用散布图法进行成本性态分析，如图 2-12 所示。

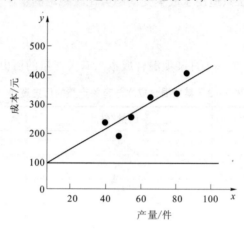

图 2-12　散布图

$$a = 100$$
$$b = 5$$
$$y = 100 + 5x$$

图 2-12 表明，该混合成本的固定成本为 100 元，变动成本为 5x。

（三）回归直线法

回归直线法是根据过去一定期间的业务量和混合成本的历史资料，应用最小平方法原理，算出最能代表业务量与混合成本关系的回归直线，借以确定混合成本中的固定成本和变动成本。与散布图法相比，它是一种更为精确的方法。

回归直线法的基本步骤如下：

（1）根据历史资料列表，求 n、$\sum x$、$\sum y$、$\sum xy$、$\sum x^2$、$\sum y^2$ 的值。

（2）计算相关系数 r，并据此判断 y 与 x 之间是否存在必要的线性关系。

当 $r = -1$ 时，说明 x 与 y 之间完全负相关；

当 $r = 0$ 时，说明 x 与 y 不存在任何联系；

当 $r = +1$ 时，说明 x 与 y 之间完全正相关，即当 $r \to +1$ 时，说明 x 与 y 基本正相关，可近似地写成 $y = a + bx$ 的形式。

计算 b 和 a 的值；

$$b = \frac{n\sum xy - \sum x \sum y}{n\sum x^2 - \left(\sum x\right)^2}$$

$$a = \frac{\sum y - b\sum x}{n}$$

建立成本性态模型

$$y = a + bx$$

【例2-5】

已知：企业2018年1—6月A产品产量和相关总成本资料如表2-4所示。

表2-4 A产品产量和相关总成本资料

月份	A产品产量/千件	总成本/万元
1	6	150
2	5	130
3	7	180
4	8	200
5	10	240
6	9	245

要求：利用回归直线法进行成本性态分析。

列表如表2-5所示：

表2-5 数据计算表

月份	产量（x）/千件	总成本（y）/万元	xy	x^2	y^2
1	6	150	900	36	22 500
2	5	130	650	25	16 900
3	7	180	1 260	49	32 400
4	8	200	1 600	64	40 000
5	10	240	2 400	100	57 600
6	9	245	2 205	81	60 025
n=6	$\Sigma x=45$	$\Sigma y=1\ 145$	$\Sigma xy=9\ 013$	Σx^2	$\Sigma y^2=229\ 425$

经计算，$r = 0.977\ 9 \rightarrow +1$，表明 x 与 y 基本相关。

代入公式得

$$a = 7.6$$
$$b = 24.43$$

该企业的成本性态模型为

$$y = 7.6 + 24.43x$$

二、工程研究法

（一）概念

工程研究法，又称技术测定法，它是由工程技术人员通过某种技术方法测定正常生产流程中投入产出之间的规律性联系，以便逐项研究决定成本高低的每个因素，并在此基础上直接估算出固定成本和单位变动成本的一种方法。

（二）优点

工程研究法适用于任何从客观立场进行观察的投入产出过程。除了直接材料、直接人工成本，还可用于办公室、装运、仓库等非制造成本的测定。

工程研究法不仅可以对现有的生产程序进行测定，而且可以对所有生产活动和辅助生产活动进行详细的分析，以寻求改进工作的途径，找出最经济、最有效的程序和方法，使产品制造、工作效率和资源利用达到最佳的效果，而这正是工程研究法的核心内容。正因为工程研究法的主要优点在于确定理想的投入产出关系，所以企业在建立标准成本和制定预算时，使用工程研究法就具有较佳的科学性和先进性。同时，它既是在缺乏历史成本数据条件下可用的最有效的方法，也是用于检验历史成本分析结论的最佳方法。当然，在建立标准成本和制定预算以后再使用该法，由于已有现成的消耗定额可以利用，因此将更方便。

（三）缺点

工程研究法也有一些不足，具体表现在以下几点：

（1）工程研究所花代价太高。因为进行技术测定分析，通常要耗用较多的人力、物力。

（2）由于其所依赖的投入产出关系只存在于生产过程中的直接消耗部分，因而对于不能直接把成本归于特定的投入产出的，或者不能单独进行观察的联合过程，如各种间接成本，则不能使用这种方法。

（四）举例应用

以下举一简例说明工程研究法在实际中的应用。

【例2-6】

某企业铸造厂的燃料用于铸造工段的熔炉，分别在点火和熔化铁水这两项程序中使用。按照最佳的操作方法，每次点火要用木柴0.10吨，焦炭1.5吨，熔化1吨铁水要使用焦炭0.15吨；每个工作日点炉一次，全月工作日24天。木柴每吨价格为300元，焦炭每吨价格为500元。

解题步骤如下：

（1）选择需要研究的成本项目——燃料成本；

（2）对整个过程进行技术测定，确定最佳操作方法，并将其作为标准方法使用；

（3）测定标准方法的每项投入成本，并按成本性态划分固定成本和变动成本。

在本例中，点炉燃料（木柴、焦炭）属固定成本，熔化铁水所用燃料与业务量相联系，属变动成本。

设每日燃料总成本为 y，业务量为 x，每日固定成本为 a，单位变动成本为 b，则

$$每月固定成本 = (0.10 \times 300 + 1.5 \times 500) \times 24$$
$$= 18\ 720\ （元）$$
$$每吨铸件变动成本 = 0.15 \times 500 = 75\ （元）$$

因此

$$y = 18\ 720 + 75x$$

三、账户分类法

(一) 概念

账户分类法是从会计系统中寻求成本性态信息的方法，即账户分类法是根据各有关成本账户（包括明细账）的内容，结合其与产量的依存关系，判断其比较接近哪一类成本，就视其为哪一类成本。例如，大部分管理费用项目在正常产量范围内与产量变动的关系不明显，可按固定成本处理；而企业的间接材料费（如燃料费等），虽然与产量不成正比例变动，但费用的发生与产量的关系比较大，可视其为变动成本。

(二) 举例应用

下面举一简例说明账户分类法的应用。

【例 2 - 7】

某企业某车间的月成本如表 2 - 6 所示。采用账户分类法对成本进行分解。

表 2 - 6　某月生产车间的成本数据

账户	总成本/元
原材料费	20 000
工人工资	24 000
燃料动力费	8 000
修理费	4 000
车间管理人员工资	4 000
折旧费	16 000
车间办公费	4 000
合计	80 000

如果该车间只生产单一产品，那么本月发生的 80 000 元费用将全部构成该产品的成本。如果生产多种产品，假定上述属于共同费用的数据，是在合理进行分配的基础上得到的，那么，有关分析过程如表 2 - 7 所示。

表 2 - 7　分析过程

账户	总成本/元	固定成本/元	变动成本/元
原材料费	20 000	—	20 000
工人工资	24 000	—	24 000
燃料动力费	8 000	—	8 000
修理费	4 000	—	4 000
车间管理人员工资	4 000	—	4 000
折旧费	16 000	16 000	—
车间办公费	4 000	4 000	—
合计	80 000	20 000	60 000

表2-7中，原材料费和工人工资通常为变动成本；燃料动力费、修理费、车间管理人员工资虽然与产量的变动不成正比例变动关系，但由于人们不了解其他产量水平下的实际成本，无法对其进行成本性态分析，因而只能将其先视为变动成本。折旧费和办公费与产量变动没有明显关系，因而确定为固定成本。

不难看出，上述分解过程是在一定的假设条件下进行的。假设生产工人的工资实行计件工资制，那么直接人工就是变动成本；假设生产设备的折旧额不是按加工量或加工时间计算的，那么折旧费就属于固定成本。如果假设条件不是这样的，分解的结果当然就不一样了。不过，相对于特定的分解对象而言，相应的假设条件由于经常使用已成为既定前提了，所以对于一些常见的成本费用，如直接材料费、直接人工等，可以依据前述的既定前提，直接将其确定为固定成本或变动成本。

根据表2-7可知，该车间的总成本被分解为固定成本和变动成本两部分，其中

$$a = 20\ 000\ （元）$$

如设该车间当月产量为5 000件，那么

$$b = 60\ 000 \div 5\ 000 = 12$$

以数学模型来描述该车间的总成本，即

$$y = 20\ 000 + 12x$$

账户分析法是混合成本分解的诸多方法中最为简便的一种，同时也是相关决策分析中应用比较广泛的一种。但由于其分析结果的可靠性在很大程度上取决于有关分析人员的判断能力，因而不可避免地带有一定的片面性和局限性。

该方法在确定成本性态时，仅仅依赖于某一业务量水平下的一次观测值，无法反映成本随着业务量变动的波动情况，因而据此进行的成本分解不一定符合客观实际情况。

该方法在很大程度上取决于人们对某一账户成本性态的主观判断。上例中，如果车间管理人员工资实际上大部分为固定费用，将使分解后得到的直线方程有较大的误差。

克服上述弊端的最好方法就是联系多种产量水平进行成本性态分析。因为通过了解不同产量水平下的成本波动情况，可以更好地了解各类账户成本的特性。

第四节　变动成本计算法

一、变动成本法和完全成本法的概念

在现代管理会计的常规成本计算过程中，还有一种十分重要的分类，即以划分产品成本、期间成本口径的不同和损益确定程序的不同为标志所进行的分类。以此为标志可将成本计算分为完全成本计算法和变动成本计算法。

（一）变动成本法的定义

变动成本法是变动成本计算法的简称，是指在进行常规的成本计算过程中，以成本性态分析为前提条件，只将变动生产成本作为产品成本的构成内容，而将固定生产成本及非生产成本作为期间成本，并按贡献式损益确定程序计量损益的一种成本计算模式。它是管理会计为改革财务会计成本计算模式而设计的新模式。

（二）完全成本法的定义

完全成本法是完全成本计算法的简称，是指在进行常规的成本计算过程中，以成本按其经济用途分类为前提条件，将全部生产成本作为产品成本的构成内容，只将非生产成本作为期间成本，并按传统式损益确定程序计量损益的一种成本计算模式。"完全成本法"这个词语是为了区别管理会计的"变动成本法"，专门用于概括西方长期沿用的传统成本计算模式而提出来的，又称全部成本法或制造成本法。

二、变动成本法的理论前提

管理会计理论认为：在进行成本计算、界定产品成本与期间成本时，必须摆脱财务会计传统思维定势的束缚，重新认识产品成本和期间成本的本质。按照重新解释的产品成本和期间成本的定义，产品成本只应该包括变动生产成本，而不应包括固定生产成本；固定生产成本必须作为期间成本处理。这就构成了变动成本法的理论前提。

按照管理会计理论的解释，产品成本是指那些在生产过程中发生的，随着产品实体的流动而流动，随着产量的变动而变动，只有当产品实现销售时才能与相关收入实现配比、得到补偿的成本。期间成本是指那些不随产品实体的流动而流动，而是随着产品生产经营持续期间的长短而增减，其效益随着时间的推移而消逝，不能递延到下期，只能于发生的当期计入利润表，由当期的销售收入补偿的费用。

作为特定环境下人们从事生产活动结果的物质产品，与产品成本之间存在着密切的依存关系。从定性的角度看，一方面，产品是产品成本的物质承担者，没有产品实体的存在，产品成本就失去了其载体；另一方面，不消耗费用和发生成本，也不可能形成产品。从定量的角度看，在相关范围内，产品成本数额的多少必然与产品产量的大小密切相关，在生产工艺没有发生实质性变化、成本水平保持不变的条件下，产品成本总额应当随着产品的产量成正比例变动。因此，在变动成本法下，只有变动生产成本才能构成产品成本的内容。

显然，这比完全成本法仅从生产过程与产品之间的因果关系出发，得出"凡是在生产领域发生的成本都应列作产品成本"的结论更为合理。

尽管产品是在生产领域中形成的，但并非所有生产成本都应当构成产品成本的内容。因为生产成本中包括固定性制造费用，在相关范围内，该项费用的发生与实际产品产量的多少并没有因果关系。让我们设想一下，如果当期产品产量为零，就不会存在产品这个成本的物质承担者，也就不应当有产品成本存在。在变动成本法下，解释这种现象十分简单，事实也的确如此。如果同样的情况发生在完全成本法下，就会发生一方面产品产量为零（这里暂不考虑季节性停产的原因），而另一方面由于车间设备仍提折旧而导致的固定性制造费用不为零，产品成本同时不为零的奇特现象。

从这个意义上看，固定性制造费用（即固定生产成本）只是定期地创造了可供企业利用的生产能量，因而与期间的关系更为密切。在这一点上它与销售费用、管理费用和财务费用等非生产成本只是定期地创造了维持企业经营的必要条件一样具有时效性。不管这些能量和条件是否在当期被利用或被利用得是否有效，这种成本发生额都不会受到丝毫影响，其效益随着时间的推移而逐渐丧失，不能递延到下期。因此，在变动成本法下，固定性制造费用应当与非生产成本一样作为期间成本处理。

三、两种成本法的特点

从完全成本法和变动成本法的概念中不难发现，两种成本计算法（以下简称两种成本法）的根本区别或者说分歧在于如何看待固定性制造费用，换句话说，固定性制造费用到底是一种可以在将来换取收益的资产，还是为取得收益而已然丧失的资产。这也决定了两种成本法各自的特点。

（一）完全成本法的特点

1. 符合公认会计准则的要求

公认会计准则认为会计分期是对持续经营的人为分割，应该加深这种人为因素对企业经营成果的影响，尽量保证持续经营假设下经营的均衡性。完全成本法强调持续经营假设下经营的均衡性，认为会计分期是对持续经营的人为分割，这种分割受到企业内部和外部多种因素的共同影响。因此，固定性制造费用转销的时间选择并不十分重要，它应该是一种可以在将来换取收益的资产。

2. 强调固定性制造费用和变动性制造费用在成本补偿方式上的一致性

完全成本法认为，只要是与产品生产有关的耗费，均应从产品销售收入中得到补偿，固定性制造费用也不例外。因为从成本补偿的角度讲，用于直接材料的成本支出与用于固定性制造费用的支出并无区别，所以固定性制造费用应与直接材料费、直接人工和变动性制造费用共同构成产品的成本，而不能人为地将它们割裂开来。

3. 强调生产环节对企业利润的贡献

由于在完全成本法下固定性制造费用也被归集于产品而随产品流动，因此本期已销产品和期末未销产品在成本构成上是完全一致的。在一定销售量的条件下，产量大，则利润高，所以客观上完全成本法有刺激生产的作用。也就是说，从一定意义上讲，完全成本法强调了固定性制造费用对企业利润的影响。

（二）变动成本法的特点

1. 以成本性态分析为基础计算产品成本

变动成本法将产品的制造成本按成本性态划分为变动性制造费用和固定性制造费用两部分，认为只有变动性制造费用才构成产品成本，而固定性制造费用应作为期间成本处理。换句话说，变动成本法认为固定性制造费用转销的时间选择十分重要，它应该属于为取得收益而已然丧失的资产。

2. 强调不同的制造成本在补偿方式上存在差异性

变动成本法认为产品的成本应该在其销售的收入中获得补偿，而固定性制造费用与产品的销量无关，只与企业是否经营有关，因此不应该将其纳入产品成本，而应在发生的当期确认为费用。

3. 强调销售环节对企业利润的贡献

由于变动成本法将固定性制造费用作为期间成本，所以在一定产量条件下，期间内发生的固定性制造费用全部计入当期成本，导致损益对销量的变化更为敏感，客观上有刺激销售的作用。产品销售收入与变动成本（包括变动性制造成本和其他变动成本）的差量是管理会计中的一个重要概念，即边际贡献。以边际贡献减去期间成本（包括固定性制造费用和其他固定性费用）就是利润。由边际贡献这个概念不难看出，变动成本法强调的是变动成本对企业利润的影响。

四、变动成本法与完全成本法的比较

由于变动成本法与完全成本法对固定性制造费用的处理方法不同，因而使两种成本计算法存在着一系列差异，主要表现在以下几个方面：

（一）产品成本的构成内容不同

完全成本法将所有成本分为制造成本（或称生产成本，包括直接材料费、直接人工费和制造费用）和非制造成本（包括管理费用、销售费用和财务费用）两大类，将制造成本完全计入产品成本（完全成本法即因此而得名），而将非制造成本作为期间成本，全额计入当期损益。

变动成本法则是先将制造成本按成本性态划分为变动性制造费用和固定性制造费用两类，再将变动性制造费用和直接材料费、直接人工费一起计入产品成本，而将固定性制造费用与非制造成本一起列为期间成本。当然，按照变动成本法的要求，非制造成本也应划分为固定成本与变动成本两部分，但与制造费用划分后分别归属不同对象。有所不同的是，非制造成本划分的无论是固定成本还是变动成本，都计入期间成本。

完全成本法与变动成本法在产品成本计算上的差异可以从图 2－13 和图 2－14 中更清楚地看出。

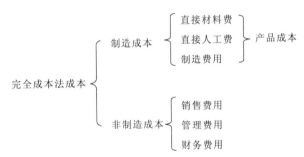

图 2－13　完全成本法下成本的构成

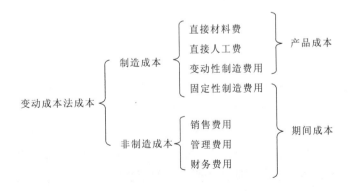

图 2－14　变动成本法下成本的构成

现举例说明在两种成本法下产品成本计算的差异。

【例2－8】

用两种成本法计算产品成本和期间成本。

已知：甲企业只生产经营一种产品，2018年开始投产，当年生产量为500件，销售量为300件，期末存货量为200件，销售单价为100元/件。当期发生的有关财务资料如表2－8所示。

表2－8 当期发生的有关财务资料
元

成本项目	直接材料费	直接人工费	制造费用	销售费用	管理费用	财务费用
变动性成本	6 000	4 000	1 000	600	300	—
固定性成本	—	—	5 000	1 000	2 500	500
合计	6 000	4 000	6 000	1 600	2 800	500

要求：分别按变动成本法和完全成本法计算当期发生的产品成本和期间成本。

（1）在变动成本法下：

$$本期产品成本合计 = 直接材料费 + 直接人工费 + 变动性制造费用$$
$$= 6\ 000 + 4\ 000 + 1\ 000 = 11\ 000（元）$$
$$单位成本 = 11\ 000 \div 500 = 22（元/件）$$
$$期间成本 = 固定性费用总额 + 销售费用总额 + 管理费用总额 + 财务费用总额$$
$$= 5\ 000 + 1\ 600 + 2\ 800 + 500 = 9\ 900（元）$$

（2）在完全成本法下：

$$本期产品成本合计 = 直接材料费 + 直接人工费 + 制造费用$$
$$= 6\ 000 + 4\ 000 + 6\ 000 = 16\ 000（元）$$
$$单位成本 = 16\ 000 \div 500 = 32（元/件）$$
$$期间成本 = 销售费用总额 + 管理费用总额 + 财务费用总额$$
$$= 1\ 600 + 2\ 800 + 500 = 4\ 900（元）$$

本例的计算结果表明，按变动成本法确定的产品成本总额和单位产品成本比用完全成本法确定的相应数值要低，而期间成本却高于用完全成本法确定的相应数值。这种差异源于两种成本计算方法对固定性制造费用的处理不同。

（二）销货成本及存货成本水平不同

广义的产品以销货和存货两种实物形态存在。当期末存货量和本期销货量都不为零时，本期发生的产品成本最终要表现为销货成本和存货成本。在变动成本法下，固定性制造费用作为期间成本直接计入当期利润表，因而没有转化为销货成本或存货成本的可能。在完全成本法下，因为固定性制造费用计入产品成本，所以当期末存货存在时，本期发生的固定性制造费用需要在本期销货和期末存货之间分配，从而导致被销货吸收的那部分固定性制造费用作为销货成本计入本期利润表，被期末存货吸收的另一部分固定性制造费用则随着期末存货成本递延到下期。这必然导致两种成本法所确定的销货成本及存货成本水平不同。

【例2－9】

用两种成本法计算存货成本和销货成本举例。

已知：按例2－8所提供的资料。

要求：分别按变动成本法和完全成本法计算产品的期末存货成本和本期销货成本。

解：

（1）在变动成本法下：

$$期末存货成本 = 单位期末存货成本 \times 期末存货量$$
$$= 22 \times 200 = 4\ 400 （元）$$
$$本期销货成本 = 单位销货成本 \times 本期销货量$$
$$= 22 \times 300 = 6\ 600 （元）$$

（2）在完全成本法下：

$$期末存货成本 = 单位期末存货成本 \times 期末存货量$$
$$= 32 \times 200 = 6\ 400 （元）$$
$$本期销货成本 = 单位销货成本 \times 本期销货量$$
$$= 32 \times 300 = 9\ 600 （元）$$

在本例中，因为按完全成本法确定的期末存货成本除了包括变动生产成本外，还包括 2 000 元（5 000 ÷ 500 × 200）固定性制造费用，而按变动成本法确定的期末存货成本只包括变动生产成本 4 400 元，这就造成了两者相差 2 000 元。同样的道理，按完全成本法计算的销货成本比按变动成本法计算的结果多 3 000 元的原因，也是因为在完全成本法下的本期销货成本中包括了 3 000 元（5 000 ÷ 500 × 300）固定性制造费用。

（三）常用的存货成本计算公式不同

从理论上看，无论是变动成本法还是完全成本法，都可以按以下公式计算销货成本，即

本期销货成本 = 期初存货成本 + 本期发生的产品生产成本 − 期末存货成本

这就意味着必须只有先计算出期末存货成本后，才能计算本期销货成本。但是由于变动成本法的销货成本全部是由变动生产成本构成的，所以在以下两种情况下，可以在不计算期末存货成本的情况下，直接按下式计算出销货成本。

本期销货成本 = 单位变动生产成本 × 本期销售量

第一种情况，要求期初存货量为零（如例 2−9）。在这种情况下，单位期末存货成本、本期单位产品成本和本期单位销货成本这三个指标相等，可以用单位变动生产成本指标来表示，因此可以利用简化公式。

第二种情况，要求前后期成本水平不变，即各期固定成本总额和单位变动生产成本均不变。因为在这种情况下，单位期初存货成本、单位期末存货成本、本期单位产品成本和本期单位销货成本这四个指标可以用统一的单位变动生产成本指标来表示。

在完全成本法下，如果期初存货量等于零（如例 2−9），则单位期末存货成本、本期单位产品成本和本期单位销货成本这三个指标等于单位生产成本指标，因此可以直接利用下式计算销货成本。

本期销货成本 = 单位生产成本 × 本期销售量

但是在前后期成本水平不变的情况下，除非产量也不变，否则不能直接套用上式，这是因为产品成本中包括了固定性制造费用。不同期间单位产品所负担的固定性制造费用可能因为各期产量不同而发生变化。

总之，在完全成本法下，如果期初存货量不为零，往往不容易直接确定出单位产品成

本，必须用第一式计算其销货成本。

（四）损益确定程序不同

两种成本法的区别不仅限于成本方面，它们还会影响到营业利润的计量程序。如在变动成本法模式下，只能按贡献式损益确定程序计量营业损益；而在完全成本法模式下，则必须按传统式损益确定程序计量营业损益。

所谓贡献式损益确定程序，是指在损益计量过程中，首先用营业收入补偿本期实现销售产品的变动成本，从而确定贡献毛益，然后再用贡献毛益补偿固定成本以确定当期营业利润的过程。

传统式损益确定程序则是指在损益计量过程中，首先用营业收入补偿本期实现销售产品的营业成本，从而确定营业毛利，然后再用营业毛利补偿营业费用以确定当期营业利润的过程。

由于两种成本法的损益确定程序不同，又派生出如下三点区别：

1. 营业利润的计算方法不同

在贡献式损益确定程序下，营业利润须按下列步骤和公式计算：

$$营业收入 - 变动成本 = 贡献毛益$$
$$贡献毛益 - 固定成本 = 营业利润$$
$$变动成本 = 本期销货成本（销货中的变动生产成本）+ 变动非生产成本$$
$$= 单位变动生产成本 \times 本期销售量 + 单位变动非生产成本 \times 本期销售量$$
$$固定成本 = 固定生产成本 + 固定非生产成本$$
$$= 固定性制造费用 + 固定性销售费用 + 固定性管理费用 + 固定性财务费用$$

在传统损益确定程序下，营业利润须按下列步骤和公式计算：

$$营业收入 - 营业成本 = 营业毛利$$
$$营业毛利 - 营业费用 = 营业利润$$

其中，
$$营业成本 = 本期销货成本$$
$$= 期初存货成本 + 本期发生的生产成本 - 期末存货成本$$
$$营业费用 = 非生产成本 = 销售费用 + 管理费用 + 财务费用$$

【例2-10】

已知：仍按例2-8所提供的资料。

要求：分别用贡献式损益确定程序和传统式损益确定程序计算当期营业利润。

（1）在变动成本法下：

$$营业收入 = 100 \times 300 = 30\ 000（元）$$
$$销货中的变动生产成本 = 22 \times 300 = 6\ 600（元）$$
$$变动成本 = 6\ 600 + 600 + 300 = 7\ 500（元）$$
$$贡献毛益 = 30\ 000 - 7\ 500 = 22\ 500（元）$$
$$固定成本 = 5\ 000 + 1\ 000 + 2\ 500 + 500 = 9\ 000（元）$$
$$营业利润 = 22\ 500 - 9\ 000 = 13\ 500（元）$$

（2）在完全成本法下：

$$营业收入 = 100 \times 300 = 30\ 000（元）$$

$$营业成本 = 0 + 16\ 000 - 6\ 400 = 9\ 600\ （元）$$
$$营业毛利 = 30\ 000 - 9\ 600 = 20\ 400\ （元）$$
$$营业费用 = 1\ 600 + 2\ 800 + 500 = 4\ 900\ （元）$$
$$营业利润 = 20\ 400 - 4\ 900 = 15\ 500\ （元）$$

2. 编制的利润表格式不同

由于两种成本法的损益确定程序不同，使得它们所使用的利润表格式存在一定的区别。变动成本法使用贡献式利润表，完全成本法使用传统式利润表。

【例 2 – 11】

两种成本法利润表的编制举例。

已知：用例 2 – 9 和例 2 – 10 的计算结果。

要求：分别编制贡献式利润表和传统式利润表。

解：

编制出来的两种利润表如表 2 – 9 所示。

表 2 – 9　甲企业 2017 年度利润表　　　　　　　　　　　　　　　　元

贡献式		传统式	
营业收入	3 000	营业收入	30 000
变动成本		营业成本	
销货中的变动生产成本	6 600	期初存货成本	0
变动性销售费用	600	本期生产成本	16 000
变动性管理费用	300	可供销售的商品生产成本	16 000
变动性财务费用	0	期末存货成本	6 400
变动成本合计	7 500	营业成本	9 600
贡献毛益	22 500	营业毛利	20 400
固定成本		营业费用	
固定性制造费用	5 000	销售费用	1 600
固定性销售费用	1 000	管理费用	2 800
固定性管理费用	2 500	财务费用	500
固定性财务费用	500	营业费用合计	4 900
固定成本合计	9 000		
营业利润	13 500	营业利润	15 500

从表 2 – 9 可见，除了格式不同外，不同的利润表还可以提供不同的中间指标。如贡献式利润表能够提供贡献毛益指标；传统式利润表可以提供营业毛利指标。这些指标的意义和作用是完全不同的。

3. 计算出来的营业利润有可能不同

表 2 – 9 的计算结果表明，2018 年甲企业按完全成本法确定的营业利润比按变动成本法确定的营业利润多 2 000 元。这是因为本期发生的 5 000 元固定性制造费用中，只有 3 000 元通过营业成本计入完全成本法的利润表，其余 2 000 元被期末存货吸收并结转下期。而在

变动成本法下，这5 000元固定性制造费用全部作为期间成本计入利润表。由于完全成本法当期利润表中的成本比变动成本法当期利润表中的成本少计了2 000元，所以其当期营业利润比变动成本法的当期营业利润相应多了2 000元。

那么是否可以认为按完全成本法确定的营业利润总是大于或者不等于按变动成本法确定的营业利润呢？回答是否定的。如果我们从动态的角度观察一个较长时期内分别按两种成本法确定的营业利润水平，就会发现用这两种成本法进行计算，出现不为零的营业利润差异只有可能性，而没有必然性。

（1）在连续各期生产量相等而销售量不等的情况下，两种成本法对分期损益的影响。

【例2－12】

设某企业只生产一种产品，第一年、第二年、第三年各年的生产量（基于其正常生产能力）都是8 000件；而销售量则分别为8 000件、7 000件和9 000件。每单位产品的售价为12元。生产成本：每件变动成本（包括直接材料、直接人工和变动性制造费用）5元，固定性制造费用（基于正常生产能力）8 000件，共计24 000元。每件产品应分摊3元（24 000÷8 000）。销售与行政管理费假定全部都是固定成本，每年发生额为25 000元。根据上述资料，分别采用两种成本法据以确定各年的税前利润，如表2－10所示。

表2－10 各年的税前利润 　　　　　　　　　　　　　　　　　　　元

项目	第一年	第二年	第三年
变动成本计算：			
销售收入	96 000	84 000	108 000
销售产品的制造成本	40 000	35 000	45 000
贡献毛益	56 000	49 000	63 000
固定成本：			
固定性制造费用	24 000	24 000	24 000
固定性销售与行政管理费	25 000	25 000	25 000
合计	49 000	49 000	49 000
税前利润	7 000	0	14 000
完全成本计算：			
销售收入	96 000	84 000	108 000
销售产品的制造成本：			
期初存货	0	0	8 000
本期产品生产成本	64 000	64 000	64 000
可供销售的产品成本	64 000	64 000	72 000
期末存货	0	8 000	0
	64 000	56 000	72 000
毛利	32 000	28 000	36 000
固定性销售与行政管理费	25 000	25 000	25 000
税前利润	7 000	3 000	11 000

可见，第一年产品的生产量（8 000件）等于产品的销售量，采用两种成本法据以确定的全年税前利润都是7 000元；

第二年产品的生产量8 000件，大于销售量（7 000件），采用完全成本法所确定的税前利润（3 000元）大于按变动成本法所确定的税前利润（0）；

第三年生产量（8 000件）小于销售量（9 000件），采用完成成本法所确定的税前利润（11 000元）小于按变动成本法所确定的税前利润（14 000元）。差异的发生，是由于采用完全成本法，第二年年末的产成品盘存吸收了固定成本3 000元（即1 000×3），使第二年的产品销售成本减少了3 000元，税前利润增加3 000元。到第三年，由于第二年年末结转的产成品盘存成本也成为其产品销售成本的一个组成部分，其中包括的固定成本3 000元，使其产品销售成本增加3 000元，税前利润减少3 000元。如一定期间内产品的生产量和销售量不相等，采取两种成本法据以确定的税前利润必然会发生差异。从较长期间看，这些差异又可以相互抵消。

（2）在连续各期销售量相等而生产量不相等的情况下，两种成本法对分期损益的影响。

【例2－13】

假设某企业只生产一种产品，第一年、第二年、第三年各年的销售量都是6 000件，而产量分别为6 000件、8 000件和4 000件。每单位产品的售价为10元。生产成本：每件变动成本为4元，固定性制造费用每年的发生额为24 000元，销售与行政管理费用假定全部都是固定性费用，每年发生额为5 000元。根据上述资料，分别采用两种成本法据以确定各年的税前利润，如表2－11所示。

表2－11　各年的税前利润　　　　　　　　　　　　　　　　　　　　元

项目	第一年	第二年	第三年
变动成本计算：			
销售收入	60 000	60 000	60 000
销售产品的制造成本	24 000	24 000	24 000
贡献毛益（制造部分）	36 000	36 000	36 000
固定成本：			
固定性制造费用	24 000	24 000	24 000
固定性销售与行政管理费	5 000	5 000	5 000
合计	29 000	29 000	29 000
税前利润	7 000	7 000	7 000
完全成本计算：			
销售收入	60 000	60 000	60 000
销售产品的制造成本			
期初存货	0	0	14 000
本期产品生产成本	48 000	56 000	40 000

项目	第一年	第二年	第三年
可供销售的产品成本	48 000	56 000	54 000
期末存货	0	14 000	0
	48 000	42 000	54 000
毛利	12 000	18 000	6 000
固定性销售与行政管理费	5 000	5 000	5 000
税前利润	7 000	13 000	1 000

可见，采用变动成本法据以确定的各年的税前利润相等，都是 7 000 元。这是因为，各年的固定成本都当作当年的期间成本从产品的销售收入中扣减，而上例中，因各年的销售量相等，其产品销售收入也相同；包括单位产品的变动成本和全年的固定成本的总成本也没有变动，因而据以确定的各年的税前利润也完全一致。

采用完全成本法，情况就有所不同，据以确定的税前利润，第二年最多（13 000 元），第三年最少（1 000 元）。这是因为，第二年生产量（8 000 件）大于销售量（6 000 件），期末产成品盘存吸收了固定成本 6 000 元（即 2 000×3），因而使第二年的产品销售成本减少了 6 000 元，税前利润增加 6 000 元。第三年产品的生产量（4 000 件）小于其销售量（6 000 件），期初产成品盘存中包括的上年发生的固定成本（6 000 元）转作第三年的销售成本，使该年的产品销售成本增加了 6 000 元，税前利润减少了 6 000 元。综上所述，两种成本法对分期损益的影响，表现为以下三种规律：

①当生产量与销售量相等时，用两种成本法所得的净利润也相等。

②当生产量大于销售量时，以完全成本法为基础所确定的净利润大于以变动成本法为基础所确定的净利润。

③当生产量小于销售量时，以完全成本法为基础所确定的净利润小于以变动成本法为基础所确定的净利润。

五、变动成本法的优缺点

（一）变动成本法的优点

变动成本法的优点是与它的特点相联系而存在的，又因同完全成本法相比较而体现出来的。因此，在讨论它的优点时，一方面，既要从它的特点出发；另一方面，也要同完全成本法做某些比较。概括来说，变动成本法的优点主要有以下四点：

1. 能够提供各种有益的会计信息，有利于正确地进行短期决策和加强经营控制

企业的短期决策不同于长期决策，这种决策一般不考虑生产经营能力即固定资产方面的因素；在比较各种方案时，它最关心的是成本、产量、利润之间的依存和消长关系。而变动成本法可提供这些信息。编制弹性预算是实现经营控制的一个重要手段。它在市场竞争日益激烈的情况下，具有更为突出的意义。由于它使成本、利润的预算数和实际数有更好的可比性，所以比较只按一个产销水平编制的固定预算，其对经营控制具有更大的现实性。而建立在成本性态分析基础上的变动成本法，使日益普遍使用的弹性预算的编制成为可能。

2. 能够使管理当局更加重视销售，防止盲目生产

采用完全成本法，很容易出现三种反常情况。特别是在销量下降、利润反而有所增长的情况下，更容易助长只重视生产、忽视销售这种不良倾向。在科学技术迅猛发展的今天，在生产的机械化、自动化程度日益提高，资本有机构成不断上升的情况下，如果仍采用完全成本法，就更容易助长忽视销售的倾向。这显然是和现代市场经济的客观要求相背离的。反之，变动成本法可以排除生产量对利润的影响，利润的增长只同销售量的增长成同向变动。这样就会促使管理当局努力开拓销售渠道，重视市场调查，分析市场动态，充分考虑市场的需要，以销定产，并千方百计地提高产品的质量，增加产品的花色、品种，大力做好售后服务工作，以此来提高产品的信誉和企业的声望，从而促使企业长期健康地发展。

3. 便于正确进行不同期间的业绩评价

当采用完全成本法时，如果本期的生产能力得不到充分利用，单位成本将随产量的下降而上升。当其中部分产品转入下期销售时，这种成本增加额还会部分地转嫁到下期，从而减少下期的利润。反之，则会猛增下期的利润，使盈亏不能正确反映当期的工作业绩。当采用变动成本法时，就可以避免这种不合理情况的出现。

（二）变动成本法的局限性

变动成本法虽有很多优点，但也存在一定的局限性。

1. 不能适应长期决策的需要

长期决策不同于短期决策，它所要解决的是诸如增加或减少生产能力，扩大或缩小经营规模等方面的问题。这种决策，首先要求形成企业生产经营能力的固定成本应得到补偿。因而变动成本法不能为长期决策提供直接有用的数据。

2. 不能适应对外报送财务报表的需要

因此，在评价和应用完全成本法和变动成本法时，应注意和强调成本信息决策有用性的差异（如在不同的市场环境下，管理的目的不同；不同利益主体，其考核角度不同），不能简单处理。

课后习题

一、单项选择题

1. 管理会计将全部成本区分为固定成本和变动成本两个部分，其区分的依据是（　　）。

　A. 成本的性态　　　　　　　　　B. 成本性态分析

　C. 成本的经济用途　　　　　　　D. 成本的可控性

2. 甲企业每月生产某零件数在 1 000 件以内时，需要化验员 2 名；在此基础上，每增加产量 400 件，需要增加 1 名化验员。在这种情况下，化验员的工资成本属于（　　）。

　A. 阶梯式混合成本　　　　　　　B. 标准式混合成本

　C. 低坡式混合成本　　　　　　　D. 曲线式混合成本

3. 在管理会计中，混合成本可以用直线方程 $y = a + bx$ 来模拟，其中 bx 表示（　　　）。

    A. 固定成本   B. 单位变动成本

    C. 变动成本总额   D. 单位固定成本

4. 在相关范围内，单位变动成本（　　　）。

    A. 随业务量增加而增加   B. 随业务量增加面减少

    C. 不随业务量发生增减变动   D. 在不同的产量水平各不相同

5. 在变动成本法下，构成产品成本的是（　　　）。

    A. 变动生产成本   B. 生产成本

    C. 变动成本总额   D. 变动成本与固定生产成本之和

6. 在变动成本法下，本期销货成本等于（　　　）。

    A. 本期发生的产品成本

    B. 期初存货成本＋本期发生的产品成本

    C. 单位变动生产成本×本期销售量

    D. 单位生产成本×本期销售量

7. 某企业只生产一种产品，在 6 月生产并销售产品 100 件，单位产品售价 1 000 元；发生变动成本 30 000 元，变动管理费用和变动销售费用 2 080 元，固定性制造费用 10 000 元，固定成本 40 000 元。那么该企业在变动成本法下，实现的营业净利润是（　　　）元。

    A. 17 920   B. 70 000

    C. 67 920   D. 30 000

8. 本期的销售量比上期减少时，如按变动成本法确定营业利润，本期与上期相比将（　　　）。

    A. 增加   B. 减少

    C. 可能增加也可能减少   D. 没有变化

9. 在变动成本法下，其利润表所提供的中间指标是（　　　）。

    A. 贡献毛益   B. 营业利润

    C. 营业毛利   D. 期间成本

10. 当业务量增加时，单位固定成本将（　　　）。

    A. 随业务量的变动成正比例变动   B. 不随业务量的变动而变动

    C. 随业务量的变动成反比例变动   D. 以上论述都不对

二、多项选择题

1. 下列各项中，一般应纳入变动成本的有（　　　）。

    A. 直接材料   B. 职工工资

    C. 单独核算的包装成本   D. 按产量法计提折旧

2. 下列项目中，完全成本法和变动成本法在确定本期的营业净利润时，都将其作为期间成本处理的是（　　　）。

    A. 销售费用   B. 管理费用

    C. 财务费用   D. 固定性制造费用

3. 下列项目中，不会导致完全成本法和变动成本法所确定的分期营业净利润不同的是（　　）。

　　A. 固定性制造费用　　　　　　　　B. 营业收入

　　C. 销售费用、管理费用和财务费用　　D. 变动生产成本

4. 在完全成本法下，影响计入当期损益固定性制造费用数额的是（　　）。

　　A. 当期发生的全部固定性制造费用水平　　B. 期末存货水平

　　C. 期初存货水平　　　　　　　　　　D. 当期营业收入水平

5. 下列情况中，出现用完全成本法和变动成本法所确定的分期营业净利润不同的是（　　）。

　　A. 在完全成本法下，期末存货固定生产成本等于期初存货固定生产成本

　　B. 在完全成本法下，期末存货固定生产成本大于期初存货固定生产成本

　　C. 在完全成本法下，期末存货固定生产成本大于或等于期初存货固定生产成本

　　D. 在完全成本法下，期末存货固定生产成本小于期初存货固定生产成本

6. 采用完全成本法时，在期初存货不为零的情况下，要使期初单位存货成本、本期单位完全成本和期末单位存货成本三者相等，必须（　　）。

　　A. 前后期存货计价方法不变　　　　　B. 生产成本水平不变

　　C. 前后期产量不变　　　　　　　　　D. 前后期销售量相等

7. 已知某企业本期期末存货量大于期初存货量（即产大于销），该期发生的固定生产成本的水平与前期相同，但两期产量不同，则本期的完全成本法与变动成本法的营业净利润差额（　　）。

　　A. 可能大于零　　　　　　　　　　　B. 可能小于零

　　C. 可能等于零　　　　　　　　　　　D. 一定不为零

8. 在变动成本法与完全成本法下共同的产品成本内容为（　　）。

　　A. 变动制造费用　　　　　　　　　　B. 直接人工

　　C. 直接材料　　　　　　　　　　　　D. 制造费用

9. 下列项目中，属于固定成本的有（　　）。

　　A. 定期支付的广告费　　　　　　　　B. 计件工资

　　C. 单耗稳定的直接材料成本　　　　　D. 按直线法计提的折旧费

10. 在相关范围内，变动成本应当具备的特征有（　　）。

　　A. 总额的不变性　　　　　　　　　　B. 总额的变动性

　　C. 总额的正比例变动性　　　　　　　D. 单位额的不变性

三、判断题

1. 固定成本的水平通常以其总额来表示，而变动成本水平则以其单位额来表示。

（　　）

2. 成本性态分析的最终目的就是要把全部成本区分为固定成本、变动成本和混合成本三大类。（　　）

3. 无论在什么情况下，都必须进行混合成本分解。（　　）

4. 定期支付的广告费属于约束性固定成本。 （　　）

5. 一般情况下，直接成本与变动成本具有相同内容，间接成本与固定成本具有相同内容。 （　　）

6. 按变动成本的解释，期间成本中只包括固定成本。 （　　）

7. 在一般情况下，两种成本法分期营业利润差额，受到产销平衡关系的影响。 （　　）

8. 导致两种成本法分期营业利润出现差额的根本原因，就在于它们对固定性制造费用的处理采取了不同的方式。 （　　）

9. 在变动成本法下，产品成本只包括变动成本，而变动成本既包括变动生产成本，也包括变动非生产成本。 （　　）

10. 在相关范围内，固定成本总额与单位固定成本均具有不变性。 （　　）

四、计算题

1. 某厂只生产一种产品，第一年、第二年的产量分别为 30 000 件和 24 000 件；销售量分别为 20 000 件和 30 000 件；存货计价采用先进先出法。产品单价 15 元/件。单位变动生产成本为 5 元；每年固定性制造费用的发生额为 180 000 元。销售及管理费用都是固定性的，每年发生额为 25 000 元。

要求：分别采用两种成本法确定第一年、第二年的营业利润。

2. 某厂生产甲产品，产品单价为 10 元，单位产品变动生产成本为 4 元，固定性制造费用总额为 24 000 元，销售及管理费用为 6 000 元，全部是固定性的，存货按先进先出法计价，最近三年的产销量资料如表 2 - 12 所示：

表 2 - 12　最近三年的产销量　　　　　　　　　　　　　　件

年份	第一年	第二年	第三年
期初存货量	0	0	2 000
本期生产量	6 000	8 000	4 000
本期销售量	6 000	6 000	6 000
期末存货量	0	2 000	0

要求：

（1）分别按两种成本法计算单位产品成本；

（2）分别按两种成本法计算期末存货成本；

（3）分别按两种成本法计算期初存货成本；

（4）分别按两种成本法计算各年营业利润。

3. 某服装生产企业，2009 年生产某款服装共 2 400 件，销售了 200 件，售价为 100 元。单位产品的直接材料费 48 元，直接人工 12 元，变动制造费用 10 元；固定制造费用总额 1 200 元，变动性推销及管理费用总额 800 元，固定性推销及管理费用总额 400 元，假定该企业无期初存货，请分别采用变动成本法和完全成本法计算当年营业利润。

4. 某企业只销售一种产品。

要求：计算完成表 2 – 13。

表 2 – 13 两种成本法下的营业利润   元

完全成本法		变动成本法	
项目	金额	项目	金额
营业收入		营业收入	240 000
期初存货成本	0	本期销售产品生产成本	
加：本期生产成本		变动销售费用	9 600
减：期末存货成本	21 600	变动管理费用	2 400
营业成本		贡献毛益	
营业毛利		固定性制造费用	36 000
减：销售费用	18 000	固定销售费用	
管理费用	18 000	固定管理费用	
营业利润	9 600	营业利润	

第三章

作业成本法

第一节　作业成本计算法概述

在过去20年里，企业的经营环境发生了巨大的变化。在新的环境下，传统的成本管理方法受到了很大的冲击，各种新的成本管理方法不断产生与发展。在这些新的成本管理方法中，作业成本管理是一种很具代表性的方法，其核心是作业成本计算法（简称作业成本法）。

一、作业成本法的背景

20世纪70年代以来，生产日趋高度自动化，使得产品成本结构发生了巨大变化，制造费用在产品成本中所占比例大幅上升，而直接人工在产品总成本中所占的比重大幅下降。传统成本系统建立在"数量是影响成本的唯一因素"这一假定基础上，从而将成本的产生过程过分简单化。在过去高度人工密集型的企业里，这种简单假定通常不会严重扭曲产品成本。先进制造系统的推广带来管理思想的演变，企业从追求规模转向以客户为导向；实时制造（JIT）、弹性制造（FMS）、弹性制造系统（FMS）、物料需求计划（MRP）、企业资源计划（ERP）、全面质量管理（TQM）这些新的管理思想和管理理念，都要求企业的成本信息及时、准确。

二、作业成本理论的产生与发展

高新技术在生产领域的广泛应用改变了企业的产品成本结构，使得直接材料、直接人工成本比重下降，制造费用的比重上升。以往直接人工成本约占产品制造成本的40%~50%，现在却不到10%。高度自动化的设备减少了对一般机器设备的使用，取而代之的是能对设备进行维护的技术工人。同时，制造费用的构成更加复杂。如何科学合理地分配制造费用已成为产品成本计算的重要因素。

作业成本法的思想是由美国杰出会计大师——埃里克·科勒教授提出的，1941年他在《会计评论》杂志上发表论文，首次对作业、作业账户设置等问题进行了讨论，并提出"每项作业都设置一个账户"。

第二位研究作业会计的是乔治·斯托布斯教授。他最大的特点是坚持会计是一个信息系统，认为作业会计是一种和决策有用性目标相联系的会计。1971年，乔治·斯托布斯在具有重大影响的《作业成本计算和投入产出会计》一书中，对作业、成本、作业成本计算等概念做了全面论述。该书是从理论和学术上研究作业会计的最宝贵的著作之一。

20世纪80年代末90年代初，美国芝加哥大学的罗宾·库珀和哈佛大学的罗伯特·卡普兰首次明确提出作业成本这一概念，对作业成本的现实意义、运作程序、成本动因选择、成本库的建立等重要问题进行了全面深入的分析，奠定了作业成本研究的基石。他们认为，产品成本是制造和运送产品所需要全部作业的成本总和，成本计算的基本对象是作业而非资源；作业消耗资源，产品消耗作业。由此，在分配间接费用时，以作业作为基础，才能使成本信息更加真实可靠。作业成本法最大的特点在于，它可以提高成本信息的质量，改善企业的经营过程，为资源决策、产品定价及组合决策提供完善的信息。

自罗宾·库珀和罗伯特·卡普兰之后，英国、美国、加拿大等国的研究人员先后在《管理会计》《成本管理》《哈佛商业评论》《会计评论》多种期刊上发表了大量研究作业成本计算法的文章，作业成本法成为人们广泛接受的一个概念或术语，作业成本法理念也日臻完善。

为解决在新制造环境下传统成本会计的难题，作业成本法作为新的成本核算方法应运而生。传统成本法是一种通用的解决方案，不考虑企业的目标，而新兴的作业成本法从一开始就考虑企业的实施目标和范围，结合企业的实际情况实施，并把成本核算与成本信息分析和应用结合起来，直至采取改善行动，为企业提供一个整体的解决方案。

作业成本法由美国、加拿大、英国迅速向其他国家扩展。其应用领域也由最初的制造行业扩展到商品批发零售行业、金融保险机构、医疗卫生等行业。

第二节　作业成本计算法的基本原理

作业成本法，是一种通过对所有作业活动进行追踪动态反映，计量作业和成本对象的成本，评价作业业绩和资源利用情况的成本计算和管理方法。

它以作业为中心，根据作业对资源耗费的情况将资源成本分配到作业中，然后根据产品和服务所耗用的作业量，最终将成本分配到产品或服务。达成该目标的工具是作业成本法会计系统，首先基于实施的作业累加成本，然后按成本动因分摊成本到产品或其他要素，如项目、市场或客户。它是以细分企业生产经营过程中与成本相关的作业为基础，进行成本归集和分配的一种成本核算方法。企业在生产经营过程中，会产生大量的间接成本，这些间接成本是为生产多种产品或服务发生的，而这些产品或服务的复杂程序又不同，从而造成了间接成本分配的难度较大。同时，有些企业的资源并没有直接形成企业产品或服务的实体，只是为各种辅助作业活动提供支持，以便能够为顾客提供多样化的产品和服务。这些为提供辅助作业而消耗的成本很难分配到最终产品和服务中去。这些间接成本和辅助资源成本就成为成本归集和分配的难题。而作业成本法的特点就是对间接成本和辅助资源的分配。作业成本法首先要根据企业生产经营的具体特征和流程，确定消耗企业间接成本和辅助资源的各种作业，然后将企业发生的间接成本和辅助资源的消耗追溯到相应的作业池中，完成了以上过程后，就进入了作业成本法的第二步，即通过第一个作业的消耗计算出不同作业池中的作业分配率，以及产品和服务所消耗的作业数量，计算分配到不同产品和服务中的间接成本和辅助资源成本。

一、作业成本法的基本概念

（一）作业成本法

作业成本法（activity – based costing）简称 ABC，即基于作业的成本计算方法，是指以作业为间接费用归集对象，通过资源动因的确认、计量、归集资源费用到作业上，再通过作业动因的确认计量、归集作业成本到产品、项目或顾客上去的间接费用分配方法。

（二）作业

作业是指企业为了实现其经营目标而从事的一系列活动，作业贯穿于生产经营的全过程，从产品设计开始，到物料供应、生产工艺等各个环节，直到产品的销售。在这个过程中，每个环节、每道工序都可以视为一项作业，作业的实施必然消耗企业的资源。在作业成本法中，一项作业是最基本的成本归集单位。分为单位层次作业、批层次作业、产品层次作业、总和能力维持层次作业四种类型。

1. 单位层次作业

这是指生产每单位产品必须发生的作业。如每件产品都需要人力加工和机械加工。因而对操作机器这一作业来说，机器运转小时就是其成本动因。为了保证机器正常运转而发生的成本，包括机器的折旧、维修费用、能源消耗等都归属于与机器相关的作业成本库中。以机器运转工时作为成本动因，分配操作机器所耗费的成本。

2. 批层次作业

这是指为每一批产品而发生的作业，而不是为单位产品而发生的作业。这种作业的成本与产品的批数成正比例变动，如对每批产品的检验、机器调整准备、原料处理、生产计划等，与产品的产量变动无关。

3. 产品层次作业

这是指为了维护一条生产线或某一产品的整体运作而发生的作业，而不是为一件产品或一批产品而发生的作业。这种作业的成本与产品产量及批数无关，而与产品种类数成正比例变动。如对某一种产品进行工艺设计、编制材料清单、为个别产品提供技术支持等。

4. 总和能力维持层次作业

这是指为了维持整个生产程序正常运行而发生的作业，这类作业与企业的整体服务、整体管理水平有关。如工厂管理人员薪酬、工厂维修费、财产税等。它与产量、批次、品种无关，而与组织规模与结构有关。现代企业实际上是一个为了满足顾客需要而建立的一系列作业活动实体的组合，可以把企业视为作业链。

（三）成本动因

其也称为成本驱动因素，是指诱导成本发生的原因，是联系成本标的、作业和资源的中介因素，是对作业的量化表现。成本动因是作业成本法实施的关键因素，成本动因选择的合理与否直接关系资源费用能否准确地分配到最后的成本标的。因此选择成本动因必须慎重。一个企业成本动因的数量与企业生产经营过程的复杂程度密切相关。企业生产经营过程越复杂，其成本动因就越多。

成本动因根据作业成本法的原理可以分为资源动因和作业动因两大类。

资源动因是指资源消耗量与作业量之间的因果关系，即作业消耗资源。它是将不同作业中归集的成本费用分配到成本标的的依据，反映了成本库对资源的耗费情况。

作业动因是指作业消耗量与最终产出之间的因果关系，即产品消耗作业。它是将不同作业中归集的成本费用分配到成本标的的依据。通过对作业动因的分析，可以揭示出增值作业与不增值作业，促使企业生产流程的合理化。

（四）作业中心

其也称为成本中心，是指同一成本动因导致的费用项目归集在一起的成本类别，即相同成本动因的作业成本集合。在实际业务中，作业的数目是非常多的。为了简化作业成本的计算，首先应将相关作业划分成若干作业中心，在此基础上，作业中心便形成了同质成本库。作业中心不要划分得过粗。同质成本库的数目应小于或等于作业中心的数目。同质作业库中的作业具备两个相同的属性，即作业类别相同及具有相同的消耗比率。

二、作业成本法的理论基础

作业成本法的理论基础可以简单地概括为：产品消耗作业，作业消耗资源并导致成本的发生。作业成本法在成本核算上突破产品界限，使成本核算深入作业层次；它以作业为单位收集成本，并把作业或作业成本库的成本按作业动因分配到产品中。

作业成本法通过选择多样化的作业动因进行间接费用的分配，使比重日趋增加的间接费用按产品对象化的分配过程大大明细化了，从而使成本的可归属性大大提高，那些能够按照直接人工等固定标准分配的费用在产品成本中的比重已缩减到很低的程度，因此采用作业成本法提高了成本核算信息的准确性。

三、作业成本法的基本原理

作业成本法通过对所有作业活动进行动态的追踪反映，计量作业和成本对象的成本，评价作业业绩和资源利用情况。其目的是准确计量为顾客提供产品和劳务的成本，从而有助于作出合理的定价决策。作业成本法建立在作业消耗资源，成本对象消耗作业两个隐含的假设基础上，根据这两个隐含的假设，作业成本法结合资源耗用的因果关系进行成本分配。由此可见，作业成本法将重点放在作业上，以作业为核心，先根据资源的耗费情况追踪成本到作业，再根据成本对象消耗作业的情况将作业成本分配到成本对象。作业成本法的模型如图 3－1 所示。

图 3－1　作业成本法的模型

四、作业成本法的特点

与完全成本法和变动成本法相比，作业成本法具有以下几个方面的特点：

（一）对产品间接成本的分配趋于合理

作业成本法的分配基础（成本动因）发生了根本的变化，采用多元分配基准，而不是采用单一分配基准，将财务变量和非财务变量综合考量，特别注重非财务变量（如调整准备次数、质量检验次数、运输距离等）。因此，作业成本法所提供的成本信息比传统的成本法更准确。

（二）作业成本法的基本成本对象是作业

与传统成本法以产品作为成本计算对象不同，作业成本法是以作业为最基本的成本计算对象。其他成本对象的成本计算均通过作业成本进行分配。由于作业成本法可以提供各项作业耗费的成本信息，所以作业成本法可以使管理人员开展作业成本管理并有效改善作业链。

(三) 作业成本法不再区分直接费用和间接费用

作业成本法将直接费用和间接费用都视为产品消耗作业而付出的代价,因而将两者同等对待。对直接费用的确认和分配,二者无差别,但对间接费用的处理有差异。传统成本法要求按单一分配标准分配间接费用,如按人工成本或机器成本,而作业成本法则要求按作业归集间接费用,对其分配可以依据作业成本动因,采用多样化的分配标准,从而使成本的可追溯性大大提高,得出的产品成本信息更客观、真实,更有利于企业的经营决策、成本控制和业绩评价。

(四) 所有成本均是变动成本

在变动成本法下,固定成本被认为在一定业务量范围内不随业务量的变化而变化。但从作业成本法看,这部分成本虽然不随产量的变化而变化,却随其他因素的变化而变化。这些因素随产品批次、产品生产线的调整、企业生产能力的变化而变化。作业成本法将这些都视为变动的成本,这种观点有利于企业分析成本产生的动因,以便更好地降低成本。

第三节 作业成本计算法的应用

一、作业成本法的基本步骤

根据上述基本原理,作业成本法可以归纳为作业消耗资源、产品消耗作业。可以将作业成本计算的基本程序分为把资源耗费价值分配给作业,再将各作业的价值分配给最终产品或服务。具体可以分为以下三个步骤:

(一) 确认作业中心,将资源耗费价值归集到各作业中心

在作业成本法下,价值归集的方向受资源种类和作业中心种类两个方面的限制。在实际中,对某制造中心的每一作业中心都按资源类别设立资源库,把该制造中心所耗费资源价值归集到各个资源库。如圆珠笔生产制造中心,分别对制造笔芯和制造笔壳这两个作业中心设立材料费、动力费、办公费和折旧费等资源库,这样,就可以从资源耗费的最初形态把各种资源归集到各作业中心。

(二) 确认作业,将作业中心汇集的各资源耗费价值予以分解并分配到各作业成本库中

分解的原则如下:

(1) 某项资源耗费能直观地确定为某一特定产品所消耗,则直接计入该特定产品成本,此时资源动因也是作业动因,该动因可以认为是终结耗费,如材料费用往往适用于该原则。

(2) 如果某项资源耗费可以从发生额领域划定为各作业所耗,则可以直接计入各作业成本,此时资源动因可以认为是作业专属耗费,如各作业发生的办公费适用这种原则。

(3) 如果某项资源耗费从最初消耗就呈现混合耗费形态,那么就需要选择合适的量化依据对资源进行分析并分配到各作业,这个量化依据就是资源动因,如动力费用一般按各作业实用电力度数进行分配。

(三) 将各作业成本库价值分配计入最终产品成本计算单,计算完工产品成本

为投产的每一种产品设立成本计算单,按生产所涉及的作业种类开立作业成本项目。这

样，就把各作业成本库的价值结转到各产品成本计算单上，耗用量的多少取决于产出量的多少，这种关系就是作业动因。所谓作业动因，是指各作业被最终产品或服务消耗的方式和原因。

二、作业成本法应用举例

【例 3 - 1】

某企业生产甲、乙两种产品，本月有关两种产品的成本资料如表 3 - 1 所示。

要求：用作业成本法计算甲、乙两种产品的总成本和单位成本。

（1）甲、乙两种产品的基本资料如表 3 - 1 所示。

表 3 - 1　成本资料表

项目	甲产品	乙产品
本月产量（全部完工）/件	100	400
单位产品机器工时/小时	4	4
直接材料单位成本/元	20	50
直接人工单位成本/元	40	20

（2）企业每年制造费用总额为 20 000 元，甲、乙两种产品的复杂程度不同，耗用作业量也不同，经过对各项制造费用的分析，该企业归纳出 5 项关键性作业，并将每一项关键性作业作为一个作业中心为之建立成本库。这 5 个作业中心是设备维护、订单处理、机器调整准备、机器运行、质量检验。其中设备维护作业中心主要是为设备的正常运转提供保养和维修活动；订单处理作业中心主要完成与订单生成有关的支出并生成订单份数；机器调整准备作业中心主要是为产品生产做好相应的机器准备工作；机器运行作业中心主要是生产过程中的机器成本耗费；质量检验作业中心主要是产品在生产过程中为保证其质量而作的必要检测消耗的费用。以上 5 个作业中心归集的成本、计算的结果有关资料如表 3 - 2 所示。

表 3 - 2　作业成本归集表　　　　　　　　　　　　　　　　元

作业名称	作业成本（成本库）
设备维护	4 000
订单处理	2 000
机器调整准备	1 600
机器运行	10 000
质量检验	2 400
合计	20 000

下面，用作业成本法计算甲、乙两种产品的总成本和单位成本。

①利用作业成本法计算各项作业的成本动因分配率。为各成本中心选取相应的成本动因，将制造费用按成本动因分配率分配到有关产品成本中。如表 3 - 3 所示。

表 3-3　作业成本动因分配率

作业名称	成本动因	作业成本/元	作业量			
			甲产品	乙产品	合计	分配率
设备维护	维护次数	4 000	16	4	20	200
订单处理	生产订单份数	2 000	140	60	200	10
机器调整准备	机器调整准备次数	1 600	60	20	80	20
机器运行	机器小时数	10 000	400	1 600	2 000	5
质量检验	检验次数	2 400	120	80	200	12
合计	—	20 000	—	—	—	—

$$成本动因分配率 = \frac{作业成本库成本}{成本动因}$$

$$设备维护作业成本动因分配率 = \frac{设备维护作业成本}{维护次数} = \frac{4\ 000}{16+4} = 200\ (元/次)$$

$$订单处理作业成本动因分配率 = \frac{订单处理作业成本}{生成订单份数} = \frac{2\ 000}{140+60} = 10\ (元/份)$$

$$机器调整准备作业成本动因分配率 = \frac{机器调整准备作业成本}{机器调整准备次数} = \frac{1\ 600}{60+20} = 20\ (元/次)$$

$$机器运行作业成本动因分配率 = \frac{机器运行作业成本}{机器小时数} = \frac{10\ 000}{400+1\ 600} = 5\ (元/小时)$$

$$质量检验作业成本动因分配率 = \frac{质量检验作业成本}{检验次数} = \frac{2\ 400}{120+80} = 12\ (元/次)$$

②利用作业成本法计算甲、乙两种产品的制造费用。计算过程如表 3-4 所示。

表 3-4　作业成本法下制造费用成本分配表　　　　　　　　　　　元

项目	设备维护成本	订单处理成本	机器调整准备成本	机器运行成本	质量检验成本	合计
甲产品	3 200	1 400	1 200	2 000	1 440	9 240
乙产品	800	600	400	8 000	960	10 760

③基于作业成本法计算甲、乙两种产品的成本，计算单如表 3-5 所示。

表 3-5　计算单　　　　　　　　　　　元

项目	甲产品（产量100件）		乙产品（产量400件）	
	总成本	单位成本	总成本	单位成本
直接材料	2 000	20	20 000	50
直接人工	4 000	40	8 000	20
设备维护	3 200	32	800	2

续表

项目	甲产品（产量100件）		乙产品（产量400件）	
	总成本	单位成本	总成本	单位成本
订单处理	1 400	14	600	1.5
机器调整准备	1 200	12	400	1
机器运行	2 000	20	8 000	20
质量检验	1 440	14.4	960	2.4
合计	15 240	152.4	38 760	96.9

三、作业成本法与传统成本法的比较

作业成本法是以作业为基础的成本计算系统，把整个企业的生产经营过程分解为若干作业，并贯穿于作业管理的始终，在决策和控制过程中发挥着重要的作用，充分实现了成本计算与成本管理的完美结合，作业成本法作为一种先进的成本计算方法，与传统成本法有一定的联系，也存在明显的区别。

（一）作业成本法与传统成本法的共同点

1. 目的相同

无论是作业成本法还是传统成本法，最终都是计算产品（劳务或顾客）成本，传统成本法是将各项目费用在有关产品之间进行分配，最终计算出产品成本；而作业成本法是将各项费用先在作业中心之间进行分配，建立成本库，然后按照各种产品耗用作业的数量，把各作业成本计入各种产品成本，计算出产品成本。

2. 对直接费用的处理方法相同

无论是传统成本法还是作业成本法，直接材料费和直接人工都是按谁受益谁承担的原则对发生的直接费用予以确认。

（二）作业成本法与传统成本法的差异

1. 成本计算范围不同

在传统成本法下，成本的核算范围是产品的制造成本，包括与生产产品有直接关系的费用，即直接材料费、直接人工和制造费用，对发生的用于企业管理和组织生产经营的费用及产品销售费用均作为期间费用，不计入产品成本。而在作业成本法下，成本核算的范围被放大，包括产品的完全成本，即生产产品所消耗的合理、有效费用，并按作业类别设置成本项目。对于与产品生产没有直接关系的一些合理、必要的费用，如广告费用、质量检验费用、发货费用等，也都计入产品的成本核算范围。在作业成本法下，各作业中心所消耗的无效资源价值和非增值作业消耗的资源价值等支出都作为期间费用。因此在作业成本法下形成的成本信息，能够消除在传统成本法下所扭曲的成本信息，帮助企业管理部门优化作业的经营过程，进而加强企业管理。

2. 成本计算对象不同

传统成本法的计算对象是指企业所生产的各种产品，而在作业成本法下，除了关注产品成本结果本身外，更关注产品成本产生的原因及其形成的全过程。因而作业成本法的计算对象是多层次的，还将资源、作业、劳务、顾客和市场等作为成本计算对象。

3. 间接费用分配方法不同

传统成本法对间接费用的分配一般采用单一标准（如机器工时、生产工时），将其分配到最终产品上，因而无法正确反映在生产过程中不同产品、不同技术因素对间接费用产生的不同影响。而作业成本法对间接费用的分配采用多标准、多步骤的分配方法。首先根据资源动因将间接费用分配到各作业中心，并计算出各作业中心所归集的成本；然后再根据作业动因将作业中心的成本分配到最终产品。

（三）作业成本法的适用范围

作业成本法虽然有其优势，但还不能完全取代传统成本法，只有在具备以下条件的情况下才可以使用作业成本法。

（1）企业规模较大，产品品种多，市场竞争激烈，而且自动化程度高，间接制造费用占比大。

（2）每种产品需要技术服务的程度不同。

（3）现有的成本管理模式无法适应企业管理的要求。企业有优秀的人才以及先进的计算机技术。

四、作业成本法的优点和局限

（一）作业成本法的优点

1. 作业成本法有利于加强企业对间接成本的控制和管理

一方面，通过严格地监控间接成本动因，企业能够实现对间接成本的控制，从而节约更多的成本；另一方面，可以通过对企业生产流程进行持续改进或进行流程再造优化企业的生产经营过程。

2. 作业成本法可以提供更为精确的成本信息

可以满足财务会计对成本核算精确度的要求，同时也为企业进行与成本相关的生产经营决策提供有效的决策核算。

3. 作业成本法为企业进行作业管理提供了科学依据，也为企业进行流程再造提供了支持

（二）作业成本法的局限

1. 作业成本法存在一定的主观判断成本

在作业成本法下的作业不能使用企业生产经营过程中所涉及的全部作业，而是对全部作业按照管理的需要进行了合并或剔除，在这个过程中存在一定的主观判断。

2. 作业成本法实施成本较高

作业成本法的设计和实施过程主要包括作业的确定、分析作业动因、计算作业量和作业率，将间接成本分配到目标成本对象上，在这个过程中会产生大量的成本。

课后习题

一、单项选择题

1. 作业成本法把企业看成为最终满足顾客需要而设计的一系列（　　）的集合。

A. 契约　　　　　　　　　　　　　　B. 作业

C. 产品　　　　　　　　　　　　　　D. 生产线

2. 在现代制造业中，（　　）的比重极大地增加，结构也彻底发生了改变。

A. 直接人工　　　　　　　　　　　　B. 直接材料费

C. 间接费用　　　　　　　　　　　　D. 期间费用

3. （　　）是负责完成某一项特定产品制造功能的一系列作业的集合。

A. 作业中心　　　　　　　　　　　　B. 制造中心

C. 企业　　　　　　　　　　　　　　D. 车间

4. 服务于每批产品并使每一批产品都受益的作业是（　　）

A. 专属作业　　　　　　　　　　　　B. 不增值作业

C. 批层次作业　　　　　　　　　　　D. 价值管理作业

5. 在作业成本法下对于编外人员的工资，应计入（　　）。

A. 制造费用　　　　　　　　　　　　B. 期间费用

C. 直接人工　　　　　　　　　　　　D. 产品成本

6. 采购作业的作业动因是（　　）。

A. 采购次数　　　　　　　　　　　　B. 采购批量

C. 采购数量　　　　　　　　　　　　D. 采购员人数

7. 与传统成本法相比，作业成本法更注重成本信息对决策的（　　）。

A. 有用性　　　　　　　　　　　　　B. 相关性

C. 可比性　　　　　　　　　　　　　D. 一致性

8. （　　）是将作业成本分配到产品或劳务中去的标准，也是将作业耗费与最终产出相沟通的中介。

A. 资源动因　　　　　　　　　　　　B. 作业动因

C. 成本动因　　　　　　　　　　　　D. 价值动因

9. 作业成本法的决策相关性是指基于作业基础计算出的（　　），能满足企业生产经营决策多方面的需要。

A. 价格信息　　　　　　　　　　　　B. 产量信息

C. 销售信息　　　　　　　　　　　　D. 成本信息

10. 企业管理深入作业层次以后，企业为满足顾客需要而设计的一系列作业的集合体，形成了一个由此及彼、由内向外的（　　）。

A. 采购链　　　　　　　　　　　　　B. 作业链

C. 供应链　　　　　　　　　　　　　D. 产品链

二、多项选择题

1. 作业成本法的成本计算对象包括（ ）几个层次。

A. 资源   B. 作业

C. 作业中心   D. 制造中心

2. 在作业成本法下的资源包括（ ）。

A. 货币资源   B. 信息资源

C. 材料资源   D. 人力资源等

3. 划分制造中心的依据可以是（ ）。

A. 生产某一种产品   B. 生产某个系族多种产品

C. 生产步骤   D. 生产批次

4. 按照作业动因可以把作业分为（ ）。

A. 逻辑性作业   B. 不增值作业

C. 共同消耗作业   D. 专属作业

5. 传统的成本计算方法把产品成本区分为（ ）。

A. 直接材料费   B. 直接人工

C. 制造费用   D. 生产成本

三、判断题

1. 作业成本法的成本计算对象是产品步骤或订单。 （ ）

2. 资源即使被消耗，也不一定都是对形成最终产出有意义的消耗。 （ ）

3. 作业中心即成本汇集中心，也是责任考核中心。 （ ）

4. 制造中心只能生产直接对外销售的产品，不能生产半成品。 （ ）

5. 作业成本法认为，产品直接消耗资源。 （ ）

6. 在作业成本法下的产品成本是完全成本。 （ ）

7. 在作业成本法下的成本项目是按照经济用途设置的。 （ ）

8. 生产废品的作业是一项不增值作业。 （ ）

9. 在制造中对产品成本既可以依据产品来划分，也可以依据生产步骤来划分。 （ ）

10. 在作业成本法下，产品成本是指制造成本。 （ ）

四、计算分析题

某制造企业生产甲、乙两种产品，有关资料如下：

1. 甲、乙两种产品1月的基本资料如表3-6所示。

表3-6 甲、乙两种产品1月的基本资料

产品名称	产量/件	单位产品机器工时/小时	直接材料费单位成本/元	直接人工单位成本/元
甲	200	2	100	80
乙	400	4	160	60

2. 该企业月制造费用总额100 000元，与制造费用相关的作业有四个，有关资料如表3-7所示。

作业名称	成本动因	作业成本/元	作业量/件		
			甲产品	乙产品	合计
质量检验	检验次数	8 000	10	30	40
订单处理	生产订单份数	8 000	60	20	80
机器运转	机器小时数	80 000	400	1 600	2 000
设备调整准备	调整准备次数	4 000	12	8	20
合计		100 000	—	—	—

要求：

（1）用作业成本法计算甲、乙产品的单位成本。

（2）以机器小时为制造费用的分配标准，采用传统成本法计算甲、乙产品的单位成本。

（3）根据本例情况，对作业成本法作出适当评价。

第四章

本—量—利分析

第一节 本—量—利分析概述

一、本—量—利分析的意义和作用

对成本、业务量（产量或销售量）、利润三者关系的分析，简称本—量—利分析（或本量利分析、CVP分析），它是现代管理会计学的重要组成部分，其理论正日臻完善，其分析技术已在企业实践中得到日益广泛的应用。

所谓本—量—利分析，是指在成本性态分析的基础上，通过对成本、业务量和利润三者关系的分析，建立数学化的会计模型和图式，进而揭示变动成本、固定成本、销售量、销售单价和利润等诸多变量之间的内在规律性联系，为利润预测和规划、为会计决策和控制提供有价值的会计信息的一种定量分析方法。

本—量—利分析法是管理会计的基本方法之一，它在规划企业经济活动、正确进行经营决策和有效控制经济过程等方面具有广阔的用途。例如，将本—量—利分析与预测技术相结合，企业可进行保本预测，确定保本销售水平，进而预测利润，编制利润计划；将本—量—利分析用于目标控制，可以确定实现目标利润所需控制的目标销售量、目标销售额以及目标成本水平，从而有效实施目标管理；将本—量—利分析与风险分析相联系，可促使企业重视经营杠杆的作用，努力降低经营风险。此外，企业还可以将本—量—利分析应用于生产经营决策、产品竞价决策以及成本控制和责任会计等领域。

本—量—利分析也是一种实用的管理工具。在企业的经营管理活动中，管理人员在决定生产和销售的数量时，往往以数量为起点，以利润为目标，期望能在业务量和利润之间建立起一种直接的函数关系，从而利用这个数学模型，在业务量变动时估计其对利润的影响，或者在利润变动时计算出完成目标利润所需要达到的业务量水平，而本—量—利分析，就可以为企业管理人员提供所需要的这种数学模型。

二、本—量—利分析的基本假定

根据本—量—利分析原理建立和使用的有关数学模型和图形，是以许多假设为前提条件的。虽然这些假设的前提条件造成了企业实际运用本—量—利分析的局限性，但是规定了这些假设的前提条件，一方面，可以比较容易地建立和使用数学模型来揭示成本、业务量和利润等诸因素之间内在联系的规律性，从而有助于初学者深刻理解本—量—利分析的基本原理；另一方面，也说明缺乏假设条件将会影响本—量—利分析的正确性，强调在实际工作中不能盲目套搬本—量—利分析的数学模型，必须根据实际情况加以调整修正，以便克服其本身的局限性。其基本假定如下：

（1）假定全部成本都已可靠地划分为变动成本和固定成本，有关的成本性态模型已经建立起来，产品成本是按变动成本法计算的，即产品成本中只包括变动生产成本，而所有的固定成本包括固定制造费用，均作为期间成本处理，直接在当期的贡献毛益中扣除，期末库存产品不负担固定成本。因此，变动成本与固定成本划分得是否准确，将直接关系到本—量—利分析的准确性。

（2）假定在相关范围内，销售单价、单位变动成本和固定成本总额保持不变，业务量是影响销售收入和总成本的唯一因素（自变量）；并且在一定时期内，业务量总是在保持单价水平和成本消耗水平不变所允许的范畴内变化。因此，反映销售收入和总成本的收入函数和成本函数均成为线性函数，都可以用直线来描述，尽管实际上处在市场经济中销售单价、单位变动成本和固定成本总额不可能一成不变，但只要变动不大，假定仍然可以成立，其本—量—利分析对企业实践仍具有一定的参考价值。

（3）在单一品种的情况下，假定产销平衡，即在企业只生产一种产品的条件下，是以生产出来的产品总是可以实现销售，达到产销平衡为前提条件的。

（4）在多品种产销的情况下，假定品种结构稳定。所谓品种结构，是指各产品的产销额占全部产品产销总额的比重，即在企业生产多品种产品的条件下，不仅假定产销平衡，而且在销售总量（额）发生变化时，是以产品品种结构比重不变为前提条件的。

（5）关于利润的假定，除特别说明外，本—量—利分析中的利润一般假定为不考虑投资收益和营业外收支的营业利润，通常假设投资收益和营业外收支为零。

三、本—量—利分析的基本内容

本—量—利分析的基本内容主要包括保本分析、保利分析及各因素变动对本—量—利分析的影响。

本—量—利分析首先是保本分析，即确定盈亏平衡点（保本点）。保本点，就是在销售单价、单位变动成本和固定成本总额不变的情况下，企业既不盈利也不亏损的销售数量，这是企业经营管理的重要信息，因为盈亏平衡（保本）是获利的基础，也是企业经营安全的前提，只有在销售量超过盈亏平衡点时企业才能获利，企业经营才可能安全，在此基础上才可以进行保利分析，即分析在销售单价、单位变动成本和固定成本总额不变的情况下，销售数量变动对利润的影响，从而确定目标利润，进行利润规划，最后，再进一步分析销售单价、单位变动成本和固定成本总额等各因素的变动对保本点、保利点、经营的安全程度以及对利润的影响。

四、本—量—利分析的基本数学模型及基本概念

（一）基本数学模型

本—量—利分析的目标是利润，计算利润的基本公式即本—量—利分析的基本数学模型。

利润＝销售收入总额－成本总额
＝销售收入总额－（变动成本总额＋固定成本总额）
＝销售量×销售单价－销售量×单位变动成本－固定成本总额
＝销售量×（单价－单位变动成本）－固定成本总额

上式中各因素可分别用下列符号表示：

P——利润；

p——销售单价；

x——销售量（业务量）；

b——单位变动成本；

a——固定成本总额。

那么，上式可表示为：

$$P = px - (bx + a) = x(p - b) - a$$

之所以将其称为本—量—利分析的基本数学模型，不仅是因为保本分析、保利分析均建立在上述基本公式的基础之上，而且若将其分解，恒等变形，还能进行多因素变动分析，这将有助于初学者了解本—量—利分析的其他一些基本概念及其计算公式。

（二）基本概念及其计算公式

进行本—量—利分析，必须掌握下面一些基本概念及其计算公式。

1. **贡献毛益（记作 Tcm）**

贡献毛益是衡量企业经济效益的重要指标，它的概念在变动成本法里已经出现过。也称贡献边际或边际贡献，是指产品销售收入总额减去相应的变动成本总额后的差额，其单位贡献毛益（记作 cm），是指产品的销售单价减去单位变动成本后的余额，即每增加一个单位产品销售可为企业提供的贡献。有关计算公式如下：

（1）在单一产品的产销情况下：

$$贡献毛益 = 销售收入总额 - 变动成本总额$$
$$= 销售量 \times (销售单价 - 单位变动成本)$$
$$= 销售量 \times 单位贡献毛益$$

即

$$Tcm = px - bx = x(p - b) = xcm$$

其中，

$$单位贡献毛益 = 销售单价 - 单位变动成本$$

即

$$cm = p - b = \frac{Tcm}{x}$$

（2）在多种产品的产销情况下：

$$全部产品贡献毛益 = \sum (各种产品贡献毛益)$$
$$= \sum (各种产品销售收入 - 各种产品变动成本)$$

即

$$\sum (Tcm) = \sum (px - bx)$$

若将贡献毛益放入利润基本公式，则为：

$$利润（P）= 贡献毛益 - 固定成本总额 = Tcm - a$$

由此可知，贡献毛益的大小将直接影响企业产品销售盈亏水平的高低，产品销售能否保本以及产品销售利润的高低将取决于贡献毛益能否吸收（抵减）全部固定成本，并有剩余额及剩余额的大小。在固定成本不变的情况下，贡献毛益的增减意味着利润的增减，只有当贡献毛益大于固定成本时，才能为企业提供利润，否则，企业将会出现亏损。

2. **贡献毛益率（记作 cmR）**

贡献毛益率是指产品的贡献毛益总额占产品的销售收入总额的百分比，又等于单位贡献毛益占销售单价的百分比。这是反映产品盈利能力的相对数指标，它表明每增加一元销售能够为企业提供的贡献。其计算公式为：

（1）在单一产品的产销情况下：

$$贡献毛益率 = \frac{贡献毛益}{销售收入} \times 100\% = \frac{单位贡献毛益}{销售单价} \times 100\%$$

（2）在多种产品的产销情况下：

$$综合贡献毛益率 = \sum（各种产品贡献毛益率 \times 该产品销售比重）\times 100\%$$

3. 变动成本率（记作 bR）

变动成本率，是指产品的变动成本总额与产品的销售收入总额之间的比率，又等于单位变动成本占销售单价的百分比。它表明每增加一元销售所增加的变动成本。其计算公式为：

$$变动成本率 = \frac{变动成本总额}{销售收入} \times 100\% = \frac{单位变动成本}{销售单价} \times 100\%$$

4. 贡献毛益率与变动成本率的关系

由于贡献毛益率与变动成本率均表明贡献毛益或变动成本占销售收入的百分比，因此将这两项指标联系起来考虑，可以得到以下关系式：

$$贡献毛益率 + 变动成本率 = 1$$

显然，贡献毛益率与变动成本率具有互补关系。变动成本率低的企业，则贡献毛益率高、创利能力强；反之，变动成本率高的企业，必然贡献毛益率低，创利能力弱。这就可以为企业管理人员提供十分有价值的启示。

【例4-1】

某企业2018年只生产A产品，单价为10元/件，单位变动成本为6元/件，全年固定成本为30 000元，当年生产量为12 000件。

要求：计算贡献毛益、贡献毛益率、变动成本率及营业利润。

解：

$$单位贡献毛益 = 10 - 6 = 4（元/件）$$
$$贡献毛益总额 = 4 \times 12\ 000 = 48\ 000（元）$$
$$贡献毛益率 = 4 \div 10 = 40\%$$
$$变动成本率 = 1 - 40\% = 60\%$$
$$营业利润 = 48\ 000 - 30\ 000 = 18\ 000（元）$$

第二节 本—量—利分析

一、盈亏平衡分析的基本概念和意义

盈亏平衡分析是在本—量—利分析的基础，分析并确定产品的盈亏平衡点，从而确定企业的安全程度，在此基础上进行保利分析和多因素变动分析，为企业的生产经营决策提供必需的信息。

盈亏临界点也称保本点、损益平衡点、够本点等，是指当产品的销售业务量达到某一点时，其总收入等于总成本，贡献毛益正好抵偿全部固定成本，利润为零，企业处于不盈利也不亏损的状态，这种特殊的状态就称为保本状态，使企业达到保本状态的销售量或销售额之点就是保本点。保本点可以按一种产品、一组（多种）产品，也可以按一个独立核算的车间、一个工厂或整个公司来计算。

保本点对于企业的经营决策具有重要意义，它能帮助管理人员正确把握销售业务量与企业盈利之间的关系。只要销售业务量超过保本点，企业就会有盈利；反之，销售业务量低于保本点，就会导致亏损。因为全部固定成本已被保本点的销售业务量提供的贡献毛益抵偿了、吸收了，使超过保本点的销售业务量所提供的贡献毛益即成为利润，所以当销售业务量超过保本点以后，其每增加一个百分点，利润就将以更快的速度增长。企业若能事先知道在一定价格和成本的条件下，销售业务量达到多少时就可以保本，而超过保本点就可能带来规模经济效益，则企业就能有目的地、有针对性地挖掘生产能力，降低消耗，扩大产销量，使企业在规划目标利润、控制目标成本、确定销售价格、追求规模经济效益等各方面都掌握主动权。

保本点主要有两种表现形式：保本销售量（简称保本量）和保本销售额（简称保本额），前者以实物量单位表示，后者以货币价值量单位表示，它们都是标志企业达到收支平衡、实现保本的销售业务量指标。

二、盈亏临界点的计算模型

确定产品的盈亏临界点是本—量—利分析的核心内容，产品盈亏临界点的确定可以按单一品种和多品种分别计算保本点的销售业务量指标。

（一）盈亏临界点计算的基本模型

盈亏临界点计算是指在本—量—利分析的基本数学模型的基础上，根据盈亏临界点定义，即不盈不亏、利润为零时的销售业务量，用数学方法推算盈亏临界点销售量和销售额的方法，又称基本等式法、贡献毛益法等。

本—量—利分析的基本数学模型，即前述的

利润 = 销售量 ×（销售单价 - 单位变动成本）- 固定成本总额

即

$$P = x(p - b) - a$$

设：保本量为 x_0，保本额为 y_0，且令利润 $P = 0$，则

$$保本量\ x_0 = \frac{固定成本总额}{单价 - 单位变动成本} = \frac{a}{p - b} = \frac{a}{cm}$$

$$保本额\ y_0 = 销售单价 × 保本量 = px_0 = \frac{ap}{p - b}$$

由此可见，利用本—量—利分析的基本数学模型、基本概念及保本点定义，就能推导出一系列计算保本量和保本额的公式，在进行保本点分析计算时，掌握一定的数学技巧是必需的。

【例 4 - 2】

仍按例 4 - 1 的资料，用数学推导法计算该公司的保本点指标。

$$保本量 = \frac{30\,000}{10 - 6} = 7\,500（件）$$

$$保本额 = 10 \times 7\ 500 = 75\ 000（元）$$

或

$$单位贡献毛益 = 10 - 6 = 4$$

$$贡献毛益率 = 4/10 = 40\%$$

$$保本量 = 30\ 000/4 = 7\ 500（件）$$

$$保本额 = 30\ 000/40\% = 75\ 000（元）$$

（二）企业经营安全程度评价

1. 安全边际指标及其运用

安全边际是根据实际或预计的销售业务量（包括销售量和销售额两种形式，分别记作 x_1 和 y_1）与保本业务量（包括保本量和保本额两种形式）的差量确定的定量指标。有绝对量和相对量两种表现形式，其中绝对量包括安全边际量（记作 MS 量）和安全边际额（记作 MS 额）；相对量为安全边际率（记作 MSR）

计算公式分别为：

$$安全边际量（MS 量） = 实际或预计销售量 - 保本量$$

$$安全边际额（MS 额） = 实际或预计销售额 - 保本额$$

$$安全边际率 = \frac{安全边际量}{实际或预计销售量} \times 100\%$$

$$= \frac{安全边际额}{实际或预计销售额} \times 100\%$$

$$安全边际额 = 单价 \times 安全边际量$$

安全边际指标都是正指标，数值越大，企业经营安全程度越高，所以安全边际和安全边际率可用来评价企业经营的安全程度。西方国家评价企业经营安全程度的一般标准如表 4 - 1 所示：

表 4 - 1　企业经营安全性评价标准

安全边际率	10%以下	10% ~ 20%	20% ~ 30%	30% ~ 40%	40%以上
安全程度	危险	值得注意	较安全	安全	很安全

2. 保本作业率

保本作业率又叫危险率，是指保本点业务量占实际或预计销售业务量的百分比（记作 dR）。其计算公式为：

$$保本作业率（dR） = \frac{保本量}{实际或预计销售量} \times 100\%$$

$$= \frac{保本额}{实际或预计销售额} \times 100\%$$

安全边际率与保本作业率的关系是：

$$安全边际率 + 保本作业率 = 1$$

保本作业率是一个反指标，数值越小，说明企业经营的安全程度越高。目前，某些西方国家评价企业经营安全程度不用安全边际率，而用保本作业率。

【例 4 – 3】

评价企业经营安全程度指标的计算举例。

已知：用例 4 – 1 和例 4 – 2 所提供的资料。

要求：计算该企业的安全边际指标、保本作业率并评价企业经营安全程度。

解：

$$安全边际量 = 12\ 000 - 7\ 500 = 4\ 500\ （件）$$

$$安全边际额 = 10 \times 12\ 000 - 75\ 000 = 45\ 000\ （元）$$

$$安全边际率 = \frac{4\ 500}{12\ 000} \times 100\% = 37.5\ \%$$

$$保本作业率 = 1 - 37.5\% = 62.5\%$$

因为安全边际率为 37.5%，所以可以判定该企业的经营状况是安全的。

3. 实现目标利润模型

实现目标利润模型是盈亏临界点分析的扩展。因为盈亏临界点分析以企业利润为零、不盈不亏为前提，所以可简化本—量—利分析的过程。但从现实角度看，企业处于现代市场经济激烈的竞争中，如果仅以不亏本和维持简单再生产为满足，那么企业将无法生存和发展。合理合法地取得利润，既符合社会主义的生产目的，又是获得经济效益的具体体现，因此，企业只有在考虑到盈利存在的条件下，才能充分揭示成本、业务量和利润之间的正常关系。

由于现实中的成本、业务量和利润诸因素之间往往存在着错综复杂的制约关系，为简化保利分析，在研究任何一个因素时，总是假设其他因素已知或不变，因此，保利分析实质上是逐一描述业务量、成本、单价、利润等因素相对其他因素而存在的定量关系的过程。

（1）实现税前目标利润模型。

设目标利润为 TP，根据本—量—利分析的基本公式，实现目标利润销售量、销售额的计算公式如下：

$$目标利润（PT）= 销售量 \times 单价 - 销售量 \times 单位变动成本 - 固定成本$$

$$实现目标利润销售量 = \frac{固定成本 + 目标利润}{单价 - 单位变动成本} = \frac{a + TP}{p - b} = \frac{a + TP}{cm}$$

$$实现目标利润销售额 = 单价 \times 保利量 = \frac{固定成本 + 目标利润}{贡献毛益率} = \frac{a + TP}{cmR}$$

$$= \frac{固定成本 + 目标利润}{1 - 变动成本率} = \frac{a + TP}{1 - bR}$$

【例 4 – 4】

计算举例。

已知：仍用例 4 – 1 的资料，假设 2019 年的目标利润为 20 000 元，价格和成本保持上年的水平不变。

要求：计算该年的保利点。

解：

$$保利量 = \frac{30\ 000 + 20\ 000}{10 - 6} = 12\ 500\ （件）$$

$$保利额 = 12\ 500 \times 10 = 125\ 000\ （元）$$

（2）实现税后目标利润模型—保净利点模型。

以上所述的目标利润是指缴纳所得税前的利润，但真正影响企业生产经营中现金流量的现实因素不是税前利润，而是税后利润。所以从税后利润着眼，进行目标利润的规划和分析，将更符合企业生产经营的实际，这就需要考虑所得税率变动对实现目标利润的影响。

保净利点也包括实现目标净利润销售量和实现目标净利润销售额两种形式。在计算保净利点的过程中，除了需要考虑目标净利润外，还必须考虑所得税因素。

保净利点的具体计算公式如下：

$$保净利量 = \frac{固定成本 + \dfrac{目标净利润}{1 - 所得税率}}{单价 - 单位变动成本}$$

$$保净利额 = \frac{固定成本 + \dfrac{目标净利润}{1 - 所得税率}}{贡献毛益率}$$

【例 4 – 5】

保净利点计算举例。

已知：仍用例 4 – 1 所提供的资料，假定 2019 年目标净利润为 7 500 元，所得税率为 25%，价格和成本水平保持不变。

要求：计算该年保净利点。

解：

$$年保净利量 = \frac{30\ 000 + \dfrac{7\ 500}{1 - 25\%}}{4} = 10\ 000（件）$$

$$保净利额 = \frac{30\ 000 + \dfrac{7\ 500}{1 - 25\%}}{40\%} = 100\ 000（元）$$

4. 成本与其他因素的关系

在其他因素既定的条件下，往往需要了解成本水平达到什么程度才能实现目标利润，经常利用下列公式：

$$为保证目标利润实现的单位变动成本 = \frac{销售收入 - 固定成本 - 目标利润}{销售量}$$

$$为保证目标利润实现的固定成本 = 销售额 - 变动成本 - 目标利润$$
$$= 贡献毛益总额 - 目标利润$$
$$= 销售收入 \times 贡献毛益率 - 目标利润$$
$$= 销售收入 \times (1 - 变动成本率) - 目标利润$$
$$= 单位贡献毛益 \times 销售量 - 目标利润$$
$$= （单价 - 单位变动成本）\times 销售量 - 目标利润$$

5. 单价与其他因素的关系

在其他因素既定的条件下，实现目标利润的单价为：

$$为保证目标利润实现的单价 = \frac{变动成本 + 固定成本 + 目标利润}{销售量}$$
$$= 单位变动成本 + \frac{固定成本 + 目标利润}{销售量}$$
$$= 单位变动成本 + 单位目标贡献毛益$$

6. 利润与其他因素的关系

利润与其他因素的关系，可用以下公式表示：

$$利润 = （单价 - 单位变动成本）\times 销售量 - 固定成本$$

$$= 销售收入 \times 贡献毛益率 - 固定成本$$

$$= 单位贡献毛益 \times 安全边际量$$

$$= 贡献毛益率 \times 安全边际额$$

下面的关系式值得注意：

$$销售利润率 = 贡献毛益率 \times 安全边际率$$

这个公式表明企业的销售利润率水平受到贡献边际率和安全边际率两个因素的共同制约。

（三）多品种盈亏临界点分析模型

在企业产销多种产品的情况下，盈亏临界点就不能用实物单位计算，而只能计算盈亏临界点的销售额。通常有以下几种模型可用于多品种盈亏临界点分析。

1. 加权平均模型

如上所述，盈亏临界点的销售额为：

$$盈亏临界点的销售额 = \frac{固定成本}{贡献毛益率}$$

由于企业生产的各种产品的盈利能力不同，即其贡献毛益率有所差异，因此，式中的贡献毛益率应为各产品贡献毛益率的加权平均数，即在各种产品的贡献毛益率的基础上，以各种产品的销售比重为权数进行加权平均，所以该模型的关键在于求出各种产品的贡献毛益率和各自的销售比重。

该模型是计算多品种盈亏临界点最常用的方法，其计算步骤如下：

（1）计算全部产品的销售总额。

$$销售总额 = \sum（各种产品的单价 \times 预计销售量）$$

（2）计算各种产品的销售比重。

$$销售比重 = \frac{各种产品的销售额}{销售总额}$$

（3）计算各种产品的加权平均贡献毛益率。

$$加权平均贡献毛益率 = \sum（各种产品的贡献毛益率 \times 各种产品的销售比重）$$

（4）计算整个企业的综合盈亏临界点销售额。

$$综合盈亏临界点销售额 = \frac{固定成本总额}{加权平均贡献毛益率}$$

（5）计算各种产品盈亏临界点的销售额及销售量。

$$各种产品盈亏临界点销售额 = 综合盈亏临界点销售额 \times 各种产品销售比重$$

$$各种产品盈亏临界点销售量 = \frac{各种产品盈亏临界点销售额}{各种产品单位售价}$$

【例 4 - 6】

某企业生产销售 A、B、C 三种产品，假定产销平衡，固定成本总额为 86 000 元，其他有关资料如表 4-2 所示。

表 4-2 其他有关资料

产品	A 产品	B 产品	C 产品
销售量/件	5 000	10 000	12 500
销售单价/元	40	10	16
单位变动成本/元	25	6	8

要求：

（1）计算企业的综合贡献毛益率、综合盈亏临界点销售额。

（2）计算各种产品的盈亏临界点销售额和销售量。

根据题意，可直接计算出各种产品的贡献毛益、贡献毛益率、销售量、销售百分比，计算结果如表 4-3 所示。

表 4-3 计算结果

产品	A 产品	B 产品	C 产品	合计
销售额/元	200 000	100 000	200 000	500 000
销售百分比/%	40	20	40	100
单位贡献毛益/元	15	4	8	—
贡献毛益率/%	$\frac{15}{40}=37.5\%$	$\frac{4}{10}=40\%$	$\frac{8}{16}=50\%$	—

$$综合贡献毛益率=37.5\%\times40\%+40\%\times20\%+50\%\times40\%=43\%$$

$$综合盈亏临界点销售额=\frac{86\,000}{43\%}=200\,000（元）$$

$$A 产品销售额=200\,000\times40\%=80\,000（元）$$

$$A 产品的销售量=80\,000\div40=2\,000（件）$$

$$B 产品销售额=200\,000\times20\%=40\,000（元）$$

$$B 产品销售量=40\,000\div10=8\,000（件）$$

$$C 产品的销售额=200\,000\times40\%=80\,000（元）$$

$$C 产品的销售量=80\,000\div16=5\,000（件）$$

2. 联合单位法

联合单位法是指在事先掌握多品种之间客观存在的相对稳定产销实物量比例的基础上，确定每一联合单位的单价和单位变动成本，进行多品种本—量—利分析的一种方法。

如果企业生产的多种产品之间的实物量之间存在着较稳定的数量关系，而且所有产品的销路都很好，那么就可以用联合单位代表按实物量比例构成的一组产品。如企业生产的 A、B、C 三种产品的销量比为 1∶2∶3，则一个联合单位就相当于一个 A 两个 B 和三个 C 的集合，其中 A 产品为标准产品。在联合单位销量比的基础上，可进一步计算出每一联合单位的联合单价和联合单位变动成本，进而可以按单一品种的本—量—利分析法计算联合保本量和联合保利量。其计算公式是：

$$联合保本量 = \frac{固定成本}{联合单价 - 联合单位变动成本}$$

$$联合保利量 = \frac{固定成本 + 目标利润}{联合单价 - 联合单位变动成本}$$

其中，联合单价等于一个联合单位的全部收入，联合单位变动成本等于一个联合单位的全部变动成本。

在此基础上，可计算出每种产品的保本量和保利量，其计算公式为：

$$某产品保本量 = 联合保本量 \times 该产品销量比$$

$$某产品保利量 = 联合保利量 \times 该产品销量比$$

在联合单位法下，保利分析与保本分析的计算原理相同，只需将上式的分子改为固定成本加目标利润即可。以下举例说明。

【例4-7】

设某企业的年固定成本为102 000元，生产A、B、C三种产品，有关资料如表4-4所示。

表4-4　有关资料

产品	销售量/单位	单价/元	单位变动成本/元	销售收入/元	单位贡献毛益/元	贡献毛益率/%
A产品	100 000	10	8.5	1 000 000	1.5	15
B产品	25 000	20	16	500 000	4	20
C产品	10 000	50	25	500 000	25	50
固定成本/元	300 000					

要求：用联合单位法进行保本分析。

解：

（1）确定产品销量比A:B:C = 10:2.5:1

$$联合单价 = 10 \times 10 + 20 \times 2.5 + 50 \times 1 = 200 （元）$$

$$联合单位变动成本 = 8.5 \times 10 + 16 \times 2.5 + 25 \times 1 = 150 （元）$$

$$联合保本量 = \frac{300\ 000}{200 - 150} = 6\ 000 （联合单位）$$

（2）计算各种产品保本量：

$$A产品保本量 = 6\ 000 \times 10 = 60\ 000 （件）$$

$$B产品保本量 = 6\ 000 \times 2.5 = 15\ 000 （台）$$

$$C产品保本量 = 6\ 000 \times 1 = 6\ 000 （套）$$

（3）计算各种产品保本额：

$$A产品保本额 = 10 \times 60\ 000 = 600\ 000 （元）$$

$$B产品保本额 = 20 \times 15\ 000 = 300\ 000 （元）$$

$$C产品保本额 = 50 \times 6\ 000 = 300\ 000 （元）$$

3. 分算法

分算法是指在一定的条件下，将全部固定成本按一定标准在各种产品之间进行分配，然后再对每一个品种分别进行本—量—利分析的方法。

有的企业虽然进行多品种产品生产，但由于生产技术的缘故而采用封闭式生产方式。在这种情况下，区分产品的专属固定成本不成问题，共同固定成本也可选择一定的标准（如销售额、贡献毛益、重量等）分配给各种产品。鉴于固定成本需要由贡献毛益来补偿，故按照各种产品之间的贡献毛益比重分配固定成本更为合理。

【例 4 – 8】

分算法的应用举例。

已知：按例 4 – 7 所提供的资料，假定该企业的固定成本按各产品的贡献毛益比重分配。

要求：用分算法进行保本分析。

解：

$$固定成本分配率 = \frac{300\ 000}{500\ 000} = 0.6$$

（1）固定成本的分配：

$$分配给 A 产品的固定成本 = 150\ 000 \times 0.6 = 90\ 000（元）$$
$$分配给 B 产品的固定成本 = 100\ 000 \times 0.6 = 60\ 000（元）$$
$$分配给 C 产品的固定成本 = 25\ 000 \times 0.6 = 150\ 000（元）$$

（2）计算各种产品保本量：

$$A 产品保本量 = \frac{90\ 000}{10 - 8.5} = 60\ 000（件）$$

$$B 产品保本量 = \frac{60\ 000}{20 - 16} = 15\ 000（台）$$

$$C 产品保本量 = \frac{150\ 000}{50 - 25} = 6\ 000（套）$$

（3）计算各种产品保本额：

$$A 产品保本额 = 10 \times 60\ 000 = 600\ 000（元）$$
$$B 产品保本额 = 20 \times 15\ 000 = 300\ 000（元）$$
$$C 产品保本额 = 50 \times 6\ 000 = 300\ 000（元）$$

这种方法可以提供各种产品的保本点资料，故受基层管理部门的重视，但在选择固定成本的标准时，容易出现问题，尤其是当品种较多时更麻烦。

4. 主要品种法

如果企业生产经营的多种产品中有一种是主要产品，它提供的贡献毛益占总的贡献毛益比重很大，且又代表企业的产品专业方向，有发展前途，而其他产品贡献毛益较小，或为不足轻重的副产品，或发展余地不大，则可按该主要产品的有关数据进行本—量—利分析，视同于单一品种。

这种方法的理论依据是：既然主要品种是企业经营的重点，那么，由其承担企业的全部固定成本也是合情合理的。尽管这样做会形成一定的计算误差，但影响不会太大。

【例 4 – 9】

主要品种法的应用举例。

已知：某企业生产三种产品，有关资料如表 4 – 5 所示。

要求：确定主要品种，并按主要品种法计算保本额。

表 4-5　有关资料

品种	销售收入		贡献毛益		贡献毛益率/%
	金额/万元	比例/%	金额/万元	比例/%	
A	2 250	22.5	900	90	40
B	100	1	80	8	80
C	7 650	76.5	20	2	0.26
合计	10 000	100	1 000	100	
全部固定成本/万元	400				

解：

依表 4-5，如果按贡献毛益率的大小看，则 B 产品较大，应为主要品种；若按销售额的大小看，则 C 产品占较大比例，应为主要品种；但这不如按贡献毛益的大小确定主要产品更为科学，因为只有贡献毛益才是补偿固定成本的资金来源。因此，该企业的主要品种应确定为 A 产品。

$$保本额 = \frac{400}{40\%} = 1\ 000\ （万元）$$

显然，该企业只要销售 1 000 万元 A 产品，就可以实现保本。

5. 顺序法

顺序法是指按照事先规定的品种顺序，依次用各种产品的贡献毛益补偿全厂的固定成本，进而完成本—量—利分析任务的一种方法。

该法通常要以事先掌握的各种产品贡献毛益和销售收入计划数为前提，并按各产品贡献毛益率的高低确定品种的销售顺序。

由于人们对风险的态度不同，在确定品种顺序时会选择截然不同的两种标准：一种是乐观的排列，即假定各品种的销售顺序是按其贡献毛益率由高到低排列的，贡献毛益率高的产品先销售，低的后售出；另一种是悲观的排列，即假定销售顺序恰恰与乐观排列相反。

在顺序法下，多品种本—量—利分析的任务可分别采用列表法和图示法两种方式完成。

三、盈亏临界图

（一）盈亏临界图的概念

盈亏临界图是围绕盈亏临界点，将影响企业利润的有关因素及其相应关系集中在一张图上，形象具体地表现出来。利用它可以一目了然地看到有关因素的变动对利润产生的影响，从而有助于决策者在经营管理工作中提高预见性和主动性。盈亏临界图虽有直观、简明的特点，但因为它是依靠目测数据绘制而成的，所以不可能十分准确，通常与其他方法结合使用。

（二）盈亏临界图的类型

盈亏临界图可根据不同的目的及掌握的不同资料绘制成不同形式的图形，通常有基本式、贡献毛益式、量利式三种。

1. 基本式

基本式盈亏临界图的绘制方法如下：

（1）在直角坐标系中，以横轴表示销售量，以纵轴表示成本和销售收入

（2）绘制固定成本线。在纵轴上确定固定成本的数值，并以此为起点，绘制一条平行于横轴的直线，即为固定成本线。

（3）绘制销售收入线。以坐标原点为起点，并在横轴上任取一个整数销售量，计算其销售收入，在坐标上找出与之相对应的纵轴交叉点，连接这两点，就可画出总收入线。

（4）绘制总成本线。在横轴上取一个销售量并计算其总成本，在坐标上标出该点，然后将纵轴上的固定成本点与该点连接，便可画出总成本线。

（5）销售总收入线与总成本线的交点即为盈亏临界点。

图 4-1 便是根据有关资料绘制而成的基本式盈亏临界图。

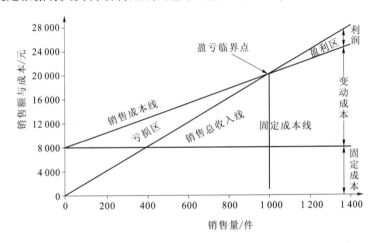

图 4-1 基本式盈亏临界图

图 4-1 从动态上集中而又形象地反映了销售量、成本和利润之间的相互关系，从中可以得到如下规律性认识：

①盈亏临界点不变，销售量越大，能实现的利润越多，或亏损越少；销售量越小，能实现的利润也越少，或亏损越多。

②销售量不变，盈亏临界点越低，能实现的利润就越多，或亏损越少；反之，盈亏临界点越高，能实现的利润就越少，或亏损越多。

③在销售总成本既定的条件下，盈亏临界点受单位售价变动的影响而变动。产品单价越高，销售总收入线的斜率越大，盈亏临界点就越低；反之，盈亏临界点就越高。

④在销售收入既定的条件下，盈亏临界点的高低取决于固定成本和单位变动成本的多少。固定成本越多，或单位产品的变动成本越多，盈亏临界点越高；反之，盈亏临界点就越低。其中，单位产品变动成本的变动对于盈亏临界点的影响是通过变动成本线的斜率的变动而表现出来的。

明确这几点，对于企业根据主客观条件有预见性地采取相应的措施，实现扭亏为盈有较大帮助。

2. 贡献毛益式

贡献毛益式可以使人直观地了解贡献毛益的数值。根据有关资料，如图 4-2 所示。

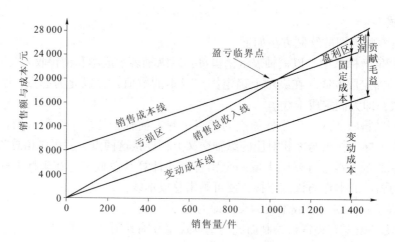

图 4 - 2 贡献毛益式盈亏临界图

贡献毛益式与基本式盈亏临界图的主要区别在于：前者将固定成本置于变动成本之上，以便形象地反映贡献毛益的形成过程和构成，即产品的销售收入减去变动成本以后就是贡献毛益，贡献毛益再减去固定成本便是利润。而后者则将固定成本线置于变动成本线之上，以便表明固定成本在相关范围内稳定不变的特征。

通过两种图形的比较说明，贡献毛益式的绘制方法是先确定销售总收入线和变动成本线，然后以固定成本为起点，再画一条与变动成本线平行的直线，即为总成本线，它与销售总收入线的交点为盈亏临界点。两种方法所依据的数据是相同的，因而两者的盈亏临界点也是一致的。

3. 量利式

这种图也常常被称为利润图，这种图形纵坐标的销售收入及成本因素均被省略，整个图形仅仅反映销售量与利润之间的依存关系，简明扼要，易于理解，如图 4 - 3 所示。

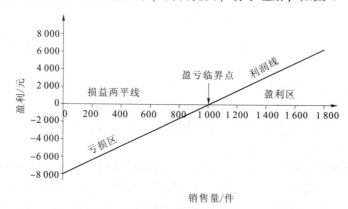

图 4 - 3 量利式盈亏临界图

（1）在直角坐标系中，横轴表示销售量，纵轴表示利润和亏损。

（2）在纵轴利润等于零的点上画一条水平线，代表损益平衡线。

（3）在纵轴标上固定成本点，该点即销售量为零时的亏损数。

（4）在横轴上取任意一个整数销售量，然后计算在该销售量水平下的损益数，并以此在坐标图中再确定一点，连接该点与固定成本点，便可画出利润线。

（5）利润线与损益平衡线的交点即为盈亏临界点。

（6）从量利式盈亏临界图中可得到以下几点规律性的认识：

①当销售量为零时，企业的亏损额等于固定成本；

②当产品的销售价格及成本水平不变时，销售量越大，利润就越多，或亏损越少；反之，销售量越小，利润也越少，或亏损越多。

第三节 有关因素的变动对盈亏临界点及实现目标利润的影响分析

一、有关因素的变动对盈亏临界点的影响

从盈亏临界点计算模型中可见，产品销售价格、固定成本、变动成本及产品品种结构等因素的变动都将对盈亏临界点产生影响，因此，若能事先了解有关因素对盈亏临界点的影响，就能及时采取措施降低盈亏临界点，以避免亏损或减少亏损。

为便于说明，下面将通过简例来分别说明有关因素的变动对盈亏临界点的影响。

【例 4 – 10】

设某产品单位售价为 18 元，单位变动成本为 12 元，固定成本为 120 000 元。据此计算盈亏临界点销售量。

$$盈亏临界点销售量（实物单位）= \frac{120\ 000}{18 - 12} = 20\ 000（件）$$

（一）销售价格变动对盈亏临界点的影响

单位产品销售价格（以下简称单价）的变动是影响盈亏临界点的一个重要因素。在盈亏临界图上，基于一定的成本水平，单价越高，表现为销售总收入线的斜率越大，盈亏临界点就越低，这样，同样的销售量实现的利润就越多，或亏损越少。设例 4 – 10 中产品的单价由原来的 18 元提高到 20 元，则按实物单位计量的盈亏临界点销售量 20 000 件变成 15 000 件，即

$$盈亏临界点销售量（实物单位）= \frac{120\ 000}{20 - 12} = 15\ 000（件）$$

这一变动可用图 4 – 4 进行具体描述。

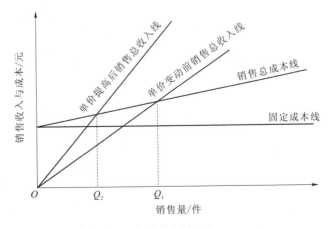

图 4 – 4 单价变动的盈亏临界图

（二）变动成本变动对盈亏临界点的影响

在例 4 - 10 中，如其他因素不变，单位变动成本由原来的 12 元提高到 13 元，则盈亏临界点销售量由原来的 20 000 件变为 24 000 件。

盈亏临界点销售量（实物单位）= 120 000/（18 - 13）= 24 000（件）

这一变动可用图 4 - 5 来表述，由于新的变动成本的斜率大于原来的变动成本的斜率，使盈亏临界点有所提高，盈利减少。

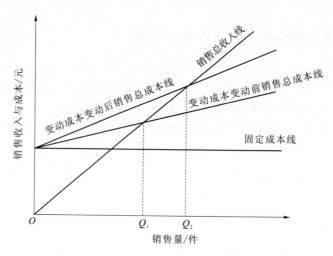

图 4 - 5　变动成本变动的盈亏临界图

（三）固定成本变动对盈亏临界点的影响

在例 4 - 10 中，如其他因素不变，只固定成本由原来的 120 000 元增加到 150 000 元，则按实物单位计量的盈亏临界点销售量由原来的 20 000 件变成 25 000 件，即

盈亏临界点销售量（实物单位）= 150 000/（18 - 12）= 25 000（件）

图 4 - 6 表明，由于固定成本的增加，销售总成本线上移，盈亏临界点有所提高，盈利也相应减少。

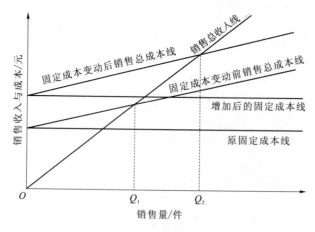

图 4 - 6　固定成本变动的盈亏临界图

（四）产品品种结构变动对盈亏临界点的影响

如果企业生产和销售多种产品，一般来说，各种产品的获利能力不会完全相同，有时差异还比较大，所以当产品品种结构发生变化时，盈亏临界点的临界值也会发生变化。在假定与盈亏临界点计算有关的其他条件不变的情况下，盈亏临界点变动的幅度大小取决于以各种产品的销售收入比例为权数的加权平均贡献毛益率的变化情况。

【例 4 - 11】

某企业的固定成本总额为 62 000 元，该企业生产和销售甲、乙、丙三种产品（假定各种产品的产销完全一致），有关资料如表 4 - 6 所示。

表 4 - 6　有关资料

产品	甲产品	乙产品	丙产品
产销量/件	5 600	4 200	2 800
单价/元	25	20	20
单位变动成本/元	20	14	8

根据表 4 - 6 的资料，计算甲、乙、丙三种产品的品种构成及各自的贡献毛益率，计算结果如表 4 - 7 所示。

表 4 - 7　计算结果

产品	销售量/件	单价/元	单位变动成本/元	销售收入/元	占总收入的比重/%	贡献毛益/元	贡献毛益率/%
甲产品	5 600	25	20	140 000	50	28 000	20
乙产品	4 200	20	14	84 000	30	25 200	30
丙产品	2 800	20	8	56 000	20	33 600	60
合计	—	—	—	280 000	100	86 800	

以各种产品的销售收入占总收入的比例（即产品的品种构成）为权数，计算该企业产品的加权平均贡献毛益率如下：

加权平均贡献毛益率 = 50% × 20% + 30% × 30% + 20% × 60% = 31%

根据加权平均贡献毛益率，可以计算出该企业全部产品盈亏临界点的销售额，即

$$盈亏临界点销售额 = \frac{固定成本}{加权平均贡献毛益率} = \frac{62\ 000}{31\%} = 200\ 000（元）$$

也就是说，在既定的品种构成条件下，当销售额为 200 000 元时，企业处于不盈不亏的状态。或者如在多品种的量利式盈亏临界图中所计算的，设当甲产品销售量为 x 件，乙、丙两种产品按品种构成比例销售时，企业可以达到不盈不亏的状态，则有

$$5x + 6 \times \frac{4\ 200}{5\ 600}x + 12 \times \frac{2\ 800}{5\ 600}x = 62\ 000（元）$$

$$x = 4\ 000（件）$$

也就是说，当甲产品销售 4 000 件，乙产品销售 30 000 件$\left(4\ 000 \times \dfrac{4\ 200}{5\ 600}\right)$，丙产品销售

2 000件$\left(4\ 000 \times \dfrac{2\ 800}{5\ 600}\right)$时，企业处于不盈不亏的状态。

由于不同产品的获利能力不尽相同，所以当产品的品种构成发生变化时，势必改变全部产品的加权平均贡献毛益率，企业的盈亏临界点也自然要发生相应的变化。假定例 4 – 11 中的其他条件不变，只是企业产品的品种构成由原来的 50∶30∶20 改变为 40∶30∶30，则加权平均贡献毛益率也由原来的 31% 改变为 35%（即 40% × 20% + 30% × 30% + 30% × 60%），在该加权平均贡献毛益率下的企业全部产品盈亏临界点的销售额为：

$$盈亏临界点销售额 = \frac{62\ 000}{35\%} = 177\ 142.86\ （元）$$

可见，由于产品的品种结构变了，盈亏临界点也变了。在甲、乙、丙三种产品中，丙产品的贡献毛益率最高（60%），乙产品次之（30%），甲产品最低（20%）。在上述产品品种构成的变动中，贡献毛益率最低的甲产品的比重有所下降（由 50% 降到 40%），而贡献毛益率最高的丙产品的比重有所上升（由 20% 升到 30%），所以全部产品的加权平均贡献毛益率也有所提高，盈亏临界点也就相应地降低了。提高贡献毛益率较高的产品在品种构成中的比重，从结果上看与提高产品的销售价格有相似之处。

对于相关因素的变动对盈亏临界点的影响，还有两点需要指出：

（1）在对该问题的论述中，为了简化说明和突出一致性，所举例子中的因素变动均为积极性变动，即会导致盈亏临界点降低。至于消极性变动，道理也一样，只不过会导致盈亏临界点升高或者在图示法中向右移动罢了。

（2）在进行盈亏临界点分析时，我们都假定企业的产销平衡，而事实上产销经常不平衡。如果从较短的会计期间来考察，不平衡的情况恐怕还要多于平衡的情况。正如第二章所述，在企业产销平衡时，用变动成本法与完全成本法计算损益的结果并无差异，或者至多有形式上的差异；而当产销不平衡时，用两种成本法计算损益的结果存在差异，而且产销越不平衡，差异越大。可以说，产销不平衡是导致变动成本法与完全成本法存在诸多差异的最直接、最根本的原因。盈亏临界点分析作为变动成本法思想自然发展而形成的分析方法，当然也会受产销不平衡情况的影响，这种影响也如两种成本法一样，集中体现在对固定性制造费用的处理上，这里不再赘述。

二、有关因素的变动对实现目标利润的影响分析

本—量—利分析的基本原理，就是通过盈亏临界点的分析，确定企业销售多少产品，才能做到不盈不亏，进而预测企业的目标利润，并测算有关因素的变动对实现目标利润的影响。设 PT 代表计划期目标利润；X_t 代表计划期目标销售量；X_0 代表预计盈亏临界点的销售量；P 代表预计单位售价；b 代表预计单位变动成本；a 代表预计固定成本。则

$$PT = X_t\ (P - b) - a$$
$$PT = (X_t - X_0)\ (P - b)$$

显然，上述各个因素的变动都会对目标利润的实现产生一定的影响。为便于说明，举一例分析如下。

【例 4 – 12】

设某企业产销甲产品（产销平衡），有关资料如下：预计年销售量 28 000 件，每件售价 2 元，单位变动成本 1.5 元。计划期间固定成本 10 000 元。据此，可确定：

$$X_0 = \frac{10\ 000}{2-1.5} = 20\ 000\ （件）$$

$$PT = 28\ 000 \times (2-1.5) - 10\ 000 = 4\ 000\ （元）$$

或

$$PT = (28\ 000 - 20\ 000) \times (2-1.5) = 4\ 000\ （元）$$

下面，我们可依据上述基本数据，计算有关因素的变动对实现目标利润的影响。

（一）单位售价变动的影响

设例 4 – 12 中，其他因素不变，仅产品单价由原来的 2 元提高到 2.5 元，则

（1）盈亏临界点的销售量由原来的 20 000 件降低到 10 000 件。

$$\frac{10\ 000}{2.5-1.5} = 10\ 000\ （件）$$

（2）实现目标利润的销售量由原来的 28 000 件降低到 14 000 件。

$$\frac{10\ 000 + 4\ 000}{2.5-1.5} = 14\ 000\ （件）$$

（3）如果预计销售量 28 000 件的计划仍可完成，则可比原定目标利润多实现利润 14 000元。

$$(28\ 000 - 14\ 000) \times (25 - 1.5) = 14\ 000\ （元）$$

（二）单位变动成本变动的影响

设例 4 – 12 中，其他因素不变，仅单位变动成本由原来的 1.5 元降低到 1.2 元，则

（1）盈亏临界点的销售量由原来的 20 000 件降低到 12 500 件。

$$\frac{10\ 000}{2-1.2} = 12\ 500\ （件）$$

（2）实现目标利润的销售量由原来的 28 000 件降低到 17 500 件。

$$\frac{10\ 000 + 4\ 000}{2-1.2} = 17\ 500\ （件）$$

（3）如预计销售量 28 000 件的计划仍可完成，则可比原定目标利润多实现利润 8 400元。

$$(28\ 000 - 17\ 500) \times (2-1.2) = 8\ 400\ （元）$$

（三）固定成本变动的影响

设例 4 – 12 中，其他因素不变，仅固定成本由原来的 10 000 元提高到 12 000 元，则

（1）盈亏临界点的销售量由原来的 20 000 件提高到 24 000 件。

$$\frac{12\ 000}{2-1.5} = 24\ 000\ （件）$$

（2）实现目标利润的销售量由原来的 28 000 件提高到 32 000 件。

$$\frac{12\ 000 + 4\ 000}{2-1.5} = 32\ 000\ （件）$$

（3）如预计销售量 28 000 件的计划无法超额完成，将比原定目标利润少实现利润
2 000 元。

$$(28\,000 - 32\,000) \times (2 - 1.5) = -2\,000\ （元）$$

（四）多因素同时变动的影响

在现实经济生活中，以上各个因素往往不是孤立存在，而是相互影响的。为如实反映客观实际情况，需要综合计量各有关因素同时变动的影响。

1. 提高单价，同时增加固定成本（广告费）

设例 4 - 12 中，单价由原来的 2 元提高到 2.5 元；但为了使产品预期的销售量能顺利完成，全期需增加广告费支出 2 000 元。

（1）盈亏临界点的销售量由原来的 20 000 件降低到 12 000 件。

$$\frac{12\,000}{2.5 - 1.5} = 12\,000\ （件）$$

（2）实现目标利润的销售量由原来的 28 000 件降低到 16 000 件。

$$\frac{12\,000 + 4\,000}{2.5 - 1.5} = 16\,000\ （件）$$

（3）完成预计销售量 28 000 件，可比原定目标多实现利润 12 000 元。

$$(28\,000 - 16\,000) \times (2.5 - 1.5) = 12\,000\ （元）$$

2. 降低售价，同时增加销售量

设例 4 - 12 中，企业的生产能力还有剩余，能增加产量，可采取薄利多销的措施。经研究确定：单价降低 5%，即由原来的 2 元降低到 1.9 元；可使销售量增加 12.5%，即由原来的 28 000 件增加到 31 500 件。

（1）盈亏临界点的销售量由原来的 20 000 件提高到 25 000 件。

$$\frac{10\,000}{1.9 - 1.5} = 25\,000\ （件）$$

上式中，分母（1.9 - 1.5）为降价后的单位产品贡献毛益；如计算按金额表示的盈亏临界点的销售量，则以降价后的贡献毛益率取代它，降价后的贡献毛益率公式为：

$$降价后的贡献毛益率 = 1 - \frac{1 - 原来的贡献毛益率}{1 - 售价降低率}$$

例 4 - 12 中，原来的贡献毛益率为：

$$\frac{2 - 1.5}{2} \times 100\% = 25\%$$

售价降低率为 5%，降价后的贡献毛益率为：

$$1 - \frac{1 - 25\%}{1 - 5\%} = 21.052\,63\%$$

用金额表示的盈亏临界点的销售量为：

$$\frac{10\,000}{21.052\,63\%} = 47\,500\ （元）$$

即

$$25\,000 \times 1.9 = 47\,500\ （元）$$

（2）实现目标利润的销售量由原来的 28 000 件提高到 35 000 件。

$$\frac{10\ 000 + 4\ 000}{1.9 - 1.5} = 35\ 000\ （件）$$

（3）完成降价后的预计销售量为 31 500 件，可比原定目标利润少 1 400 元。

$$(31\ 500 - 35\ 000) \times (1.9 - 1.5) = -1\ 400\ （元）$$

可见，由于销量增加的幅度过小，采取上述措施仍可使企业因降低单价而蒙受 1 400 元的损失。

课后习题

一、单项选择题

1. 从盈亏临界图上可得知，对单一产品分析，（　　）。

A. 单位变动成本越大，总成本线斜率越大，保本点越高

B. 单位变动成本越大，总成本线斜率越小，保本点越高

C. 单位变动成本越小，总成本线斜率越小，保本点越高

D. 单位变动成本越小，总成本线斜率越大，保本点越低

2. 销售量不变，保本点越高，则能实现的利润（　　）。

A. 越小　　　　　B. 不变　　　　　C. 越大　　　　　D. 不一定

3. 单价单独变动时，会使安全边际销售量（　　）。

A. 不变　　　　　　　　　　B. 不一定变动

C. 同方向变动　　　　　　　D. 反方向变动

4. 下属因素中导致保本销售量上升的是（　　）。

A. 销售量上升　　　　　　　B. 产品单价下降

C. 固定成本下降　　　　　　D. 产品单位变动成本下降

5. 下列指标中，可据以判定企业经营安全程度的指标是（　　）。

A. 保本量　　　B. 贡献毛益　　　C. 保本作业率　　　D. 保本额

6. 某企业只生产一种产品，单价 5 元，单位变动成本 3 元，固定成本 600 元，则保本销售量为（　　）。

A. 400 件　　　B. 300 件　　　C. 200 件　　　D. 120 件

7. 下列因素单独变动时，不会对保利点产生影响的是（　　）。

A. 成本　　　　B. 单价　　　　C. 销售量　　　　D. 目标利润

8. 如果产品的单价与单位变动成本上升的百分率相同，其他因素不变，则保本销售量（　　）。

A. 上升　　　　B. 下降　　　　C. 不变　　　　D. 不确定

9. 下列公式中不正确的是（　　）。

A. 利润 = 贡献毛益率 × 安全边际额

B. 安全边际率 + 保本作业率 = 1

C. 安全边际率 + 贡献毛益率 = 1

D. 贡献毛益率 =（固定成本 + 利润）/销售收入

10. 企业销售利润率等于（　　）。

A. 贡献毛益率与安全边际率之商　　B. 贡献毛益率与安全边际率之积

C. 贡献毛益率与安全边际率之和　　D. 贡献毛益率与安全边际率之差

二、多项选择题

1. 提高企业经营安全性的途径包括（　　）。

A. 扩大销售量　　B. 降低固定成本

C. 降低销售单价　　D. 降低单位变动成本

2. 将会使保本点上升的业务有（　　）。

A. 提高单价　　B. 扩大销售

C. 增加固定成本　　D. 增加单位变动成本

3. 加权平均贡献毛益率 =（　　）。

A. ∑（各产品贡献毛益率×该产品的销售收入）

B. ∑（各产品贡献毛益率×该产品的销售比重）

C. 各产品贡献毛益之和/各产品销售收入之和

D. 各产品销售收入之和/各产品贡献毛益之和

4. 企业税后利润 =（　　）。

A. 安全边际量×贡献毛益率×(1 - 所得税率)

B. 安全边际量×单位贡献毛益×(1 - 所得税率)

C. 实际销售量×贡献毛益率×(1 - 所得税率)

D. 安全边际额×贡献毛益率×(1 - 所得税率)

5. 在进行本—量—利分析时，假定其他因素不变，仅提高销售单价，将会导致的结果有（　　）。

A. 保利点下降　　B. 保本点上升

C. 单位边际贡献增加　　D. 边际贡献率提高

6. 在生产单一品种的条件下，对保本点、保利点和实现目标税后利润都有影响的因素包括（　　）。

A. 固定成本　　B. 单位变动成本

C. 销售单价　　D. 销售量

7. 下列各因素单独变化对保本点的影响是（　　）。

A. 销售单价降低，保本点上升　　B. 销售量上升，保本点不变

C. 单位变动成本降低，保本点上升　　D. 固定成本下降，保本点下降

8. 下列各项中，可以作为判定企业处于保本状态的条件有（　　）。

A. 销售额等于零　　B. 贡献毛益等于固定成本

C. 保本作业率等于零　　D. 安全边际等于零

9. 下列各项的变动能使综合保本点和综合保利点同时下降的有（　　）。

A. 贡献毛益率较低的产品所占销售比重上升

B. 贡献毛益率较高的产品所占销售比重上升

C. 贡献毛益率较低的产品所占销售比重下降

D. 边际贡献率较高的产品所占销售比重下降

10. 某产品单价为 8 元，固定成本总额为 2 000 元，单位变动成本为 5 元，计划产销量 600 件，要实现 400 元的利润，可分别采取的措施有（　　　）。

A. 减少固定成本 600 元　　　　　B. 提高单价 1 元

C. 提高产销量 200 件　　　　　　D. 降低单位变动成本 1 元

三、判断题

1. 若产品销售单价与单位变动成本同方向同比例变动，则单一品种的产品保本点业务量不变。（　　　）

2. 如果变动成本率为 60%，固定成本总额为 30 000 元，则保本销售额为 50 000 元。（　　　）

3. 在其他条件不变的情况下，单位变动成本越小，保本点就越低。（　　　）

4. 在生产多品种的条件下，若其他因素不变，只要提高边际贡献率较大的产品的销售比重，就可以降低全厂综合保本额和保利额。（　　　）

5. 在其他因素不变的情况下，若目标利润变动，则会使保本点业务量发生相应变动，但保利点业务量将保持不变。（　　　）

6. 保本点作业率表明了在保本状态下企业的生产经营能力的利用程度。（　　　）

7. 贡献毛益率小于零的企业，必然是亏损企业。（　　　）

8. 安全边际越小，保本点就越大，利润就越高。（　　　）

9. 正指标保本点作业率与逆指标安全边际率具有互补关系。（　　　）

10. 若贡献毛益等于固定成本，则企业处于保本状态。（　　　）

四、计算题

1. 表 4-8 是四个公司在 2017 年的产销资料，假定每个公司只产销一种产品，且产销均平衡。

表 4-8　四个公司在 2017 年的产销资料

项目	销售数量	销售收入总额/元	变动成本总额/元	固定成本总额/元	单位贡献毛益	利润（或亏损）/元
甲产品	10 000 件	100 000	60 000	25 000	⑥	⑧
乙产品	5 000 台	200 000	160 000	④	⑦	-10 000
丙产品	①套	250 000	③	50 000	15 元	25 000
丁产品	8 000 件	②元	96 000	⑤	8 元	24 000

要求：

（1）根据本—量—利分析的基本数学模型，计算并填列表 4-8 中①②③④⑤⑥⑦⑧中的数字。

（2）根据本—量—利分析的基本概念及其计算公式，分别计算丙和丁两个公司的单位变动成本、贡献毛益率、变动成本率，并验证贡献毛益率与变动成本率的互补关系。

2. 某公司只生产一种产品，2018 年销售收入为 1 000 万元，税前利润为 100 万元，变动成本率为 60%。

要求：

（1）计算该公司 2018 年的固定成本；

（2）假定 2019 年该公司只追加 20 万元的广告费，其他条件均不变，试计算该年的固定成本；

（3）计算 2019 年该公司的保本额。

3. 红星公司生产并销售甲、乙、丙、丁四种产品，有关资料如表 4 - 9 所示。

表 4 - 9　有关资料

项目	甲产品	乙产品	丙产品	丁产品
销售量 销售单价/元 单位变动成本/元	80 件 800 560	100 台 2 000 1 600	50 台 1 200 720	60 台 2 400 1 680
固定成本总额/元	94 800			

要求：

（1）用加权平均贡献毛益率法计算综合保本点。

（2）按销售比重确定各产品的保本点。

4. 康益公司只生产一种产品，2016 年、2017 年两年的销售单价和成本耗用水平不变，其 2016 年、2017 年两年的利润表（简式）如表 4 - 10 所示。

表 4 - 10　利润表　　　　　　　　　　　　　　　　　　　元

项目	2016 年	2017 年
销售收入 减：成本费用 营业利润	100 000 90 000 10 000	120 000 94 000 26 000

要求：

（1）计算该公司的保本销售额和 2017 年的安全边际额及保本点作业率。

（2）当该公司目标利润为 30 000 元时，计算其保利销售额应为多少？

（3）当该公司 2018 年单位变动成本降低 20%，其他因素不变时，计算保本点、保利点将分别下降多少？

（4）当该公司 2018 年产品销售单价上升 10%，其他因素不变时，计算保本点、保利点分别下降多少？

（5）当该公司在增加投入 20 000 元广告费后，据市场预测，产品能比 2017 年扩销 20%，在其他因素不变的情况下，计算其保本点和保利点分别变动多少？在此条件下，2018 年的营业利润将实现多少？

第五章

经营预测分析

学习目标 ◀

1. 理解经营预测的基本原则和程序

2. 了解经营预测的方法和适用条件

3. 掌握成本预测的方法、掌握销售预测的方法、掌握资金需要量预测的方法

4. 理解销售预测与成本预测、利润预测、资金需要量预测的关系，着重理解销售预测的意义

第一节　预测分析概述

从管理的整个过程看，预测分析在决策之前是首要环节，预测分析可以为决策提供依据。如果没有准确预测，要作出符合客观发展规律的科学决策是难以想象的，因此，对每一位企业管理者而言，都不能忽视这方面的工作。

一、预测分析的意义和特征

(一) 预测分析的意义

预测分析是人们依据过去和现在的相关资料和信息，运用已有的知识、经验和科学的方法，对事物的未来发展趋势作出预计和推测的过程。企业经营预测分析则是人们对企业未来经济活动可能产生的经济效益及其发展趋势进行的科学预见和推测。预测分析的意义，就在于把企业的生产经营活动有意识地引导到提高经济效益的轨道上来，它不仅可以提高决策的科学性，而且可以使企业的经营目标同整个社会经济的发展和消费者的需求相适应。因此，预测分析在提高企业经营管理水平和改善经济效益等方面具有重要意义。

1. 预测分析是企业进行经营决策的基础和主要依据

在市场经济条件下，企业的生存和发展与市场息息相关，企业的经营决策离不开科学的经营预测。通过预测分析，企业可以科学地确定有关商品的品种结构、最佳库存结构等，合理安排和使用现有的人力、物力和财力，全面协调整个企业的经营活动。

2. 预测分析是编制全面预算的前提

为了减少生产经营活动的盲目性，企业要定期编制全面预算。而预算的前提就是预测工作所提供的信息资料。通过科学的预测分析，能够避免主观预计或任意推测，使企业计划与全面测算合理、科学，切实可行。

3. 预测分析有利于提高企业的竞争能力

企业依靠科学的经营预测，可以充分了解竞争的形势和竞争对手的情况，通过采取合理的策略，在竞争中争取主动，从而提高竞争能力。

(二) 预测分析的特征

在市场经济条件下，企业的生产经营受到社会、经济、技术和自然等方面因素的影响。这些因素往往相互交织，错综复杂。因此必须深刻认识预测分析的特征，遵循科学的原则，不断改善预测方法。

1. 预测分析具有一定的科学性

预测是根据实地调查和历史统计资料，通过一定程序和计算方法，推测未来的经营状况。基本上能够反映和代表未来发展的趋势，从这一角度来说，预测具有一定的科学性。

2. 预测具有一定的不确定性

因为预测是事先对未来经营状况的预计和推断，而企业的经营活动会受到不同因素的影响，未来的经营活动又不是过去的简单重复，所以预测值和实际值不可能完全一致，从这一角度来说，预测具有一定的不确定性。

3. 预测具有一定的局限性

预测是人们对未来经营活动的认识和预见，总带有一定的主观性和局限性，而且预测所掌握的资料有时不全、不太准确或在计算过程中忽略了某些因素。所以，预测的结果不可能完整地、全面地反映未来的经营状况，因而具有一定的局限性。

二、预测分析的内容

预测分析是决策分析的基础和依据，是计划预算工作的最重要的基本假设和前提。因此，预测的范围十分广泛。不同的部门、不同的目的，会有不同的预测内容。就管理会计而言，预测分析的基本内容主要包括以下几个方面：

（一）销售预测分析

销售是企业的重要经营活动，关系到企业目标利润的实现和市场需求的满足。在市场经济条件下，销售预测分析具有极为重要的意义。它主要包括市场需求和企业销售量（销售额）的预测分析。

（二）利润预测分析

利润预测是指通过对影响企业利润高低的各项因素（如成本、业务量、价格等）进行分析，对企业未来一定时期的利润水平及其升降的预计和测算，为企业确定最优目标提供依据。

（三）成本预测分析

产品成本是反映企业经营管理水平的综合性指标，降低成本是提高企业经济效益的重要途径。因此，成本预测分析作为成本管理的重要内容，是补偿生产消耗、制定价格的重要依据，也是企业进行生产经营决策和核算经济效果的基础。它主要包括目标成本、成本降低幅度等方面的预测分析。

（四）资金预测分析

企业的目标是实现资产的不断增值和所有者财富的最大化。为实现这一目标，企业就要进行资本运营。资金预测分析是资本运营，即资金筹集、使用、分配与控制的基础和前提。它主要包括固定资产和流动资产需要量及追加资金的预测分析。

三、预测分析的方法和程序

（一）预测分析的基本方法

预测分析的方法很多，一般可以分为定量分析法和定性分析法两大类。

1. 定量分析法

定量分析法（简称定量分析），又称数量分析法，是指运用数学方法对有关的数据资料进行加工处理，据以建立能够反映有关变量之间规律性联系的各类预测模型的方法。此类方法适用于历史资料齐备的企业。定量分析法又分为趋势预测分析法和因果预测分析法。

（1）趋势预测分析法。

趋势预测分析法又称时间序列分析法，是指根据某项指标过去的、按时间排列的历史数据，运用一定的数学方法进行计算，借以预测未来发展趋势的方法。包括算术平均法、移动平均法、趋势平均法、加权平均法、指数平滑法和修正的时间序列回归分析法等。

（2）因果预测分析法。

因果预测分析法是指从某项指标与其他指标的相互联系中进行分析，将它们之间的规律性联系作为预测依据的方法。包括本量利分析法、投入产出法、回归分析法和经济计量法等。

2. 定性分析法

定性分析法（简称定性分析），又称非数量分析法、判断分析法或集合意见法，是指由熟悉情况和业务的专家根据个人的经验进行分析判断，提出初步意见，然后再通过一定的形式（如座谈会）进行综合分析，最后作为预测未来状况和发展趋势主要依据的方法。该类方法一般是在缺乏完备的资料或有关因素之间缺乏明显的数量关系，难以进行定量分析的条件下采用。

定量分析法和定性分析法两种方法各有其特点，往往需要互相检验和补充。一般遵循以定性分析法为指导、定量分析法做验证的原则，两者结合运用。

（二）预测分析的程序

1. 确定预测目标

即首先要弄清楚预测什么，然后才能根据预测的具体对象和内容，确定预测的范围，并规定预测的时间期限和数量单位等。

2. 收集数据和信息

经营预测有赖于系统、准确和全面的数据和信息，所以收集全面、可靠的信息是开展经营预测的前提条件之一。

3. 选择预测方法

预测的方法多种多样，既有定性预测法，又有定量预测法。我们要根据预测对象的特点及收集到的信息，选择恰当的、切实可行的预测方法。

4. 进行实际预测

运用所收集的信息和选定的预测方法，对预测对象提出实事求是的预测结果。

5. 对预测结果进行修正

随着时间的推移，情况会发生各种各样的变化，所以，还应该根据形势的变化和采取的对策，对初步的预测结果进行修正，保证预测结果尽可能符合实际情况。

6. 输出预测结论

根据上一阶段的修正、补充，形成文字报告，把最后的预测结论交给有关管理部门。

以上预测分析的程序是必要的，但不是简单机械的排列。可根据具体情况而简繁有度。

第二节　销售预测

销售预测是根据某种产品的历史销售资料和其他有关数据，对其在未来一定期间内的销售变动趋势作出科学的预计和推断，以确定该种产品的销售期望值的过程。销售预测的方法和数学模型有很多，一般常用的有判断分析法、调查分析法、趋势预测分析法和因果预测分析法四类，前两类属于定性分析法，后两类属于定量分析法。

一、判断分析法

判断分析法主要是根据熟悉市场未来变化的专家的丰富实践经验和判断能力，在对预测期的销售情况进行综合分析后所作出的产品销售趋势的判断。参与判断的预测专家，既可以是企业内部的人员，如销售部门经理和销售人员，也可以是企业外部人员，如有关经销商和经济分析专家等。

判断分析法的具体方式可以分为以下三种：

（一）意见汇集法

意见汇集法是由本企业熟悉销售业务、对市场未来变化趋势比较敏感的领导人、主管人员和业务人员根据其多年的实践经验集思广益，分析各种不同意见并对其进行综合分析评价后作出的判断预测。

（二）专家小组法

专家小组法（也叫专家判断法）是由一些专家组成预测小组，共同研究有关资料，运用集体的智慧作出判断，以保证预测结果全面、可靠。

（三）德尔菲法

德尔菲法又称专家调查法，该方法是由美国兰德公司在20世纪40年代首创的，它是采用函询的方法，征集各方面专家的意见，加以整理，并经过多次不断反复，最后归纳多方专家的意见，作出预测的方法。

二、调查分析法

调查分析法是指通过对有代表性的顾客的消费意向进行调查，了解市场需要的变化趋势的一种销售预测方法。

公司的销售取决于顾客的购买，顾客的消费意向是销售预测中最有价值的信息。如通过调查，可以了解到顾客明年的购买量、财务状况、爱好、习惯和购买力的变化，以及顾客购买本公司的产品占其总需要量的比重和选择供应商的标准。

在调查时应当注意以下事项：

（1）选择的调查对象要具有普遍代表性，调查对象应能反映市场中不同阶层或行业的购买需求；

（2）调查的方法必须简单、方便、易行，要使调查者乐于接受；

（3）对调查所取得的数据要进行科学分析，舍弃其中不符合实际的部分，使所得的资料更具有代表性和真实性。

凡是顾客数量有限，调查费用不高，每位顾客意向明确又会轻易改变的，均可以采用调查分析法进行预测。

三、趋势预测分析法

趋势预测分析法也称时间序列分析法或历史引申法，是应用事物发展的延续性原则来预测事物发展的趋势。这种方法是将历史数据按时间的顺序排列，构成一个与时间成函数关系的动态统计序列，根据这个统计序列的统计规律进行外推，作为未来的预测值。这种方法的优点是简单易行，缺点是对市场供需情况的变动趋势未加充分考虑。

趋势预测分析法根据所采用的具体数字方法的不同，又可分为算术平均法、移动加权平均法、指数平滑法、二次曲线法以及季节指数法等。下面主要介绍前三种方法。

（一）算术平均法

算术平均法是以过去若干期的销售量或销售额的算术平均数作为计划期的销售预测值。其计算公式为

$$计划期的销售预测值 = \frac{各期销售量（或销售额）之和}{期数}$$

即

$$\bar{x} = \frac{\sum x}{n}$$

【例 5 – 1】

假设红星工厂 2017 年下半年甲产品销售额资料如表 5 – 1 所示。

表 5 – 1 甲产品销售额资料

月份	销售额/万元
7	520
8	480
9	500
10	560
11	600
12	620

要求：运用算术平均法对该企业 2018 年 1 月的销售额进行预测。

解：

$$\bar{x} = （520 + 480 + 500 + 560 + 600 + 620)/6 = 547 （万元）$$

这种方法的优点是计算简便。但由于它是将不同时期的销售量（额）平均计算，没有考虑远近期实际销售量（额）对计划预测数的不同影响，其结果往往误差较大，因而一般只适用于常年销售情况比较稳定的产品销售预测。对于某些没有季节性的商品，如食品、文具、日常用品等，这是一种很有用的方法。

（二）移动加权平均法

移动加权平均法是对过去若干期的销售量或销售额，按其距离预测期的远近分别进行加权（近期权数大些，远期权数小些），然后计算其加权平均数，并以此作为计划期的销售预测值。

应该注意的是：所谓移动，是指所采用的观测值（历史数据）随时间的推移而顺延。由于接近预测期的实际销售情况对预测值的影响较大，故加权数应大些；反之，则应小些。若取三个观测值，其权数可取 0.2、0.3、0.5。注意，权数之和为 1。若取五个观测值，其权数可取 0.03、0.07、0.15、0.25、0.5。移动加权平均法的计算公式如下：

计划期的销售预测值 = 各期销售量（额）分别乘其权数之和，即

$$\bar{x} = \sum x_i w_i$$

当 $\sum w_i = 1$ 时，称为饱和权数加权。当 w 随时期的不同而分别取 1、2、3 等自然数，则称为自然数加权。

为了能反映近期的销售发展趋势，还可以在上述基础上，再加上平均每月的变化趋势值 b，以此作为计划期的销售预测值。因此，上述公式可修正为

$$\bar{x} = \sum x_i w_i + b$$

$$b = \frac{本季度平均每月实际销售量（额）- 上季度平均每月实际销售量（额）}{3}$$

【例 5 - 2】

依例 5 - 1，要求根据 10 月、11 月、12 月三个月的观察值，按移动加权平均法预测 2018 年 1 月的销售额。

解：

（1）计算平均每月销售变动趋势值：

$$三季度月平均实际销售额 = \frac{520 + 480 + 500}{3}$$

$$= 500（万元）$$

$$四季度月平均实际销售额 = \frac{560 + 600 + 620}{3}$$

$$= 539（万元）$$

$$b = \frac{593 - 500}{3} = 31（万元）$$

（2）取权数 $w_1 = 0.2$，$w_2 = 0.3$，$w_3 = 0.5$，有

$$\bar{x} = (560 \times 0.2 + 600 \times 0.3 + 620 \times 0.5) + 31$$

$$= 633（万元）$$

移动加权平均法强调了近期销售量（额）对计划期预测数的影响，计算也比较简便。但由于只选用了历史资料中的部分数据作为计算依据，因而代表性差。该方法适用于销售情况略有波动的产品。

（三）指数平滑法

指数平滑法是利用平滑系数（加权因子）对过去不同期间的实际销售量和预测销售量进行加权计算，作为计划期的销售预测值（因其权数按指数规律递减而得名）。

其计算公式为

$$\bar{x}_t = \alpha \cdot x_{t-1} + (1 - \alpha) \cdot \bar{x}_{t-1}$$

其中：$\bar{x}$ 为 t 期的预测数；

α 为平滑系数；

x_{t-1} 为 $t-1$ 期的实际数；

x_{t-1} 为 $t-1$ 期的预测数。

【例 5 - 3】

依例 5 - 1，设 α 为 0.3，12 月的预测数为 630 万元，用指数平滑法预测明年 1 月的销售额。

解：

$$\overline{x_t} = 0.3 \times 620 + (1 - 0.3) \times 630 = 627 \text{（万元）}$$

在指数平滑法的计算中，关键是 α 值的选择。α 的取值大小，决定了上期实际数和预测数对预测值的影响。α 取值越大，上期实际数对预测值的影响越大；反之，则近期实际数对预测结果的影响越小。因此，如果要预测长期变动趋势，可选用较小的平滑系数；如果预测近期的变动趋势，则应选用较大的平滑系数。

这个方法的优点是，采用一个平滑系数，在确定其数值时，可以结合考虑某些可能出现的偶然因素的影响，从而使预测值更符合实际情况。在实际工作中，平滑系数也可以试用若干不同数值分别试算预测值，以预测值与实际值差异最小的平滑系数作为最佳数值。

指数平滑法具有递推性，已知对本期的预测值，就能很方便地预测下期的数值；而且该方法需要保存的历史数据最少，信息最全。

四、因果预测分析法

因果预测分析法的理论基础是：假设某因素与产品销售量之间存在某种函数关系，只要找出这些函数关系，就可以利用这些函数关系进行产品销售量（额）的预测。因果预测分析法中最常见的一种方法是回归分析法。

回归分析法又称最小二乘法，它是根据历史的销售量 y 与时间 x 的函数关系，利用最小二乘法的原理建立回归分析模型 $y = a + bx$ 进行的销售预测。其中，a、b 称为回归系数，

其计算公式为

$$b = \frac{n \sum xy - \sum x \sum y}{n \sum x^2 - (\sum x)^2}$$

$$a = \frac{\sum y - b \sum x}{n}$$

当 x 是时间变量时，相邻各期是等距的，由于实际数据资料的个数 n 有奇数和偶数之分，所以可以分两种情况对 x 取值，从而简化计算。

（一）n 为奇数

令第 $\frac{n+1}{2}$ 项的 x 值为 0，以 1 为间隔，确定前后各期的 x 值。如 $n = 5$，则各期的 x 值依次为 -2、-1、0、1、2。

（二）n 为偶数

令第 $\frac{n}{2} + 1$ 项分别为 -1 和 1，以 2 为间隔，确定前后各期的 x 值。如 $n = 6$，则各期的 x 值依次为 -5、-3、-1、1、3、5。

则 $\sum x = 0$，那么

$$b = \frac{\sum xy}{\sum x^2}$$

$$a = \frac{\sum y}{n}$$

求出 a 和 b 的值后，结合自变量 x 的预计销售量（或销售额）情况，代入公式 $y = a + bx$，即可求得预测对象 y 的预计销售量或销售额。

【例 5 - 4】

依例 5 - 1，运用回归分析法对该企业明年 1 月的销售额进行预测。

根据资料计算的有关数据如表 5 - 2 所示。

表 5 - 2　有关数据

月份	x	y	xy	x^2
7	- 5	520	- 2 600	25
8	- 3	480	- 1 440	9
9	- 1	500	- 500	1
10	1	560	560	1
11	3	600	1 800	9
12	5	620	3 100	25
$n = 6$	$\sum x = 0$	$\sum y = 3\ 280$	$\sum xy = 920$	$\sum x^2 = 70$

将表 5 - 2 的数据带入公式，可得

$$b = \frac{920}{70} = 13$$

$$a = \frac{3\ 280}{6} = 547$$

则

$$y = 547 + 13x$$

明年 1 月的预计销售额 $= 547 + 13 \times 7 = 638$（万元）

第三节　成本预测

一、成本预测的意义

成本预测就是根据企业目前的经营状况和发展目标，利用定量和定性分析的方法，对企业未来成本水平和变动趋势进行的预测。

成本预测是成本管理的重要环节，是企业进行产品设计方案选择、零件自制或外购、是否增加新设备等成本决策的基础。通过成本预测，掌握未来的成本水平和变动趋势，有利于提高经营管理工作的预见性，减少盲目性，为编制成本计划，进行成本控制、成本分析和成本考核提供依据，为提高企业生产经营的效益提供切实可行的有力保证。

二、成本预测的步骤

成本预测的步骤如下：

（一）根据企业的经营总目标，提出目标成本草案

目标成本是指企业为实现经营目标所达到的成本，也是企业未来期间成本管理所应达到的目标。它的形式可以是标准成本、计划成本、定额成本，但无论如何，都是经过全体职工的辛勤努力才能实现的成本。目标成本肯定比实际成本低些，一般应该按产品的标准产量或设计生产能力来考虑。只有这样，才能使目标成本和目标利润水平保持一致。总之，目标成本应当是现实可行的，既不能过高，也不可偏低，只有如此，才能激励企业员工承担更多的责任，并争取更多的机会去获得成就，有所发展。

目标成本的确定一般可采用以下两种方法：

1. 以某一先进的成本水平作为目标成本

目标成本可以是本企业历史上最好的水平，可以是国内外同行业同类产品的先进成本水平，也可以是标准成本或计划成本。这种做法的缺点是，目标成本没有与目标利润挂钩，两者的水平不能协调一致。

2. 根据企业预期的目标利润来测算目标成本

在确定目标成本的基础上，通过市场调查，根据该项产品在市场上的经济信息，先确定一个销售单价，根据预测销售量计算出预计销售收入，然后减去目标利润，就作为该产品进行生产的目标成本。这样做，有利于使目标成本和目标利润的水平保持一致。

$$目标成本 = 预计单价 \times 预测销售量 - 目标利润$$
$$= 预计销售收入 - 目标利润$$

【例 5 – 5】

某企业生产某产品，预测的 2018 年全年预计销售收入为 150 000 元，目标利润为 22 500 元。则该企业 2018 年的目标成本是多少？

$$目标成本 = 150\,000 - 22\,500 = 127\,500（元）$$

这种方法可以使目标成本与目标利润的水平相互衔接，它在西方国家被广泛采用。但它无法直接确定目标固定成本和目标单位变动成本指标，还需在此基础上继续分析。

（二）初步预测在当前生产经营条件下成本可能达到的水平，并找出与初选目标成本的差距

采用各种专门方法建立相应的数学模型，来预测本期当前实际情况下产品成本可能达到的水平，并计算出预测成本与目标成本的差距。预测成本最常用的方法有高低点法、加权平均法与回归直线法等。

（三）提出各种降低成本的方案，对比、分析各种成本方案的经济效果

动员企业内部一切潜力，拟订出降低成本的各种可行方案，并力求缩小预测成本与目标成本的差距。降低成本可以从以下三个方面入手：

（1）改进产品设计，努力节约原材料、燃料和人力等消耗。

（2）改进生产经营管理，合理组织生产。

（3）建立费用控制制度，严格控制费用开支，努力减少管理费用。

（四）选择成本最优方案并确定正式目标成本

对降低成本的各种可行方案进行技术经济分析，从中选出经济效益和社会效益最佳的降低成本的方案，据以修订初选目标成本，正确制定企业正式的目标成本。

三、成本预测的方法

成本预测一般都是根据本企业产品成本的历史数据，按照成本习性的原理，应用数理统计的方法来推测、估计成本的发展趋势。

如前所述，成本的发展趋势一般可用直线方程式来反映，即

$$y = a + bx$$

只要求出 a 和 b，就可以根据这个方程来预测在任何产量（x）下的产品总成本（y）的值。

必须注意，作为预测根据的历史资料，所选用的时期不宜过长，也不宜过短。因为当今世界经济形势发展太快，过长，则失去可比性，过短，则不能反映出成本变动的趋势，通常以最近 3 ~ 5 年的资料为宜。另外，对于历史资料中某些资金较大的偶然性费用，例如意外的停工损失、材料或产品的盘盈盘亏等，在引用时应予以剔除。

应用 $Y = a + bx$ 模型，通过确定 a（代表固定成本额）与 b（代表单位变动成本）的值进行成本预测。成本预测的方法具体可分为高低点法、加权平均法、回归直线法。

（一）高低点法

高低点法是将成本费用的发展趋势用 $y = a + bx$ 方程式表示，选用一定时期历史资料中的最高业务量与最低业务量的总成本之差与两者业务量之差进行对比，先求出 a、b 的值，然后据以预测计划期成本。其计算公式如下：

$$y = a + bx$$

$$b = \frac{y_{高} - y_{低}}{x_{高} - x_{低}}$$

$$a = y_{高} - bx_{高}$$

或

$$a = y_{低} - bx_{低}$$

其中：$x_{高}$ 和 $x_{低}$ 分别代表高、低点业务量，$y_{高}$ 和 $y_{低}$ 分别代表高、低点业务量的总成本。

【例 5 – 6】

某企业甲产品 2017 年 8—12 月的产量及成本资料如表 5 – 3 所示，2018 年 1 月预计产量为 60 件，预测 2018 年 1 月的总成本和单位产品成本。

表 5 – 3　甲产品 2017 年 8—12 月的产量及成本资料

月份	产量（x）/件	固定成本总额（a）/元	单位变动成本（b）/元
8	30	20 000	30
9	20	22 000	32
10	25	20 000	30
11	45	23 000	34
12	55	23 400	28

解：

（1）找出产量最高与最低月份的产量和总成本数，计算其差异，如表 5 – 4 所示。

表 5 - 4　高点、低点产量及成本差异计算表

项目	高点（12月）	低点（10月）	差异
产量（x）/件	55	20	35
总成本（y）/元	$23\,400 + (28 \times 55) = 24\,940$	$22\,000 + (32 \times 20) = 22\,640$	$2\,300$

$$b = \frac{24\,940 - 22\,640}{55 - 20} = 66 \text{（元）}$$

$$a = 22\,640 - 66 \times 20 = 21\,320 \text{（元）}$$

则

$$y = 21\,320 + 66x$$

（2）当 2018 年 1 月的产量为 60 件时，总成本为：

$$y = 21\,320 + 66 \times 60 = 25\,280 \text{（元）}$$

单位成本为：

$$\frac{25\,280}{60} = 21 \text{（元）}$$

（二）加权平均法

加权平均法是根据过去若干期的单位变动成本和固定成本总额的历史资料，按其时间远近给予不同的权数，用加权平均数计算计划期的产品成本。其计算公式如下：

$$y = \sum a_i w_i + \sum b_i w_i \cdot x$$

其中：

$$\sum w_i = 1$$

单位成本为：

$$b = \frac{y}{x}$$

【例 5 - 7】

依例 5 - 6 的数据，用加权平均法预测 2018 年 1 月产量为 60 件的产品总成本和单位成本。

解：

令 w_i 依次为 0.03、0.07、0.15、0.25、0.5，则 1 月总成本预测值为：

$$y = \sum a_i w_i + \sum b_i w_i \cdot x$$

$$= (20\,000 \times 0.03 + 22\,000 \times 0.07 + 20\,000 \times 0.15 + 23\,000 \times 0.25 + 23\,400 \times 0.5) +$$

$$(30 \times 0.03 + 32 \times 0.07 + 30 \times 0.15 + 34 \times 0.25 + 28 \times 0.5) \times 60$$

$$= 24\,398.4 \text{（元）}$$

1 月的单位成本为：

$$b = \frac{y}{x} = \frac{24\,398.4}{60} = 406.64 \text{（元）}$$

（三）回归直线法

回归直线法也称一元回归分析法，它是假定预测对象销售量的变量因素只有一个，根据

直线方程 $y = a + bx$，按数学上最小二乘法来确定一条误差最小，能正确反映 x 和 y 之间关系的直线。a 和 b 的值按以下公式计算：

$$b = \frac{n \sum xy - \sum x \sum y}{n \sum x^2 - \left(\sum x\right)^2}$$

$$a = \frac{\sum y - b \sum x}{n}$$

【例 5 - 8】

某产品 2013—2017 年的产量及成本资料如表 5 - 5 所示。

表 5 - 5　某产品的产量及成本资料

年份	产量/件	成本/元
2013	20	16 000
2014	30	25 000
2015	25	22 000
2016	35	31 000
2017	50	39 000

现将上述已知历史成本资料按 a、b 值求解公式要求整理为表 5 - 6。

表 5 - 6　数据计算表

年份	产量 (x) /件	成本 (y) /元	xy	x^2
2013	20	16 000	320 000	400
2014	30	25 000	750 000	900
2015	25	22 000	550 000	625
2016	35	31 000	1 085 000	1 225
2017	50	39 000	1 950 000	2 500
合计	160	133 000	4 655 000	5 650

$$单位变动成本（b）= \frac{5 \times 4\,655\,000 - 160 \times 133\,000}{5 \times 5\,650 - (160)^2} = 752.83（元）$$

$$固定成本（a）= \frac{133\,000 - 752.83 \times 160}{5} = 2\,509.44（元）$$

则成本预测模型为：

$$y = 2\,509.44 + 752.83x$$

假定 2018 年的产量预测为 45 件，则产品总成本、单位成本为：

$$产品总成本 = 2\,509.44 + 725.83 \times 45 = 36\,386.79（元）$$

$$产品单位成本 = 36\,386.79 \div 45 = 808.60（元）$$

第四节 利润预测

一、利润预测的意义

利润是衡量企业经济效益综合性最强的主要指标，它能反映企业一定时期内的生产经营成果，也是衡量和考核企业效益和工作成绩的重要依据。利润预测是对企业未来（计划期）可实现的利润进行的预测。利润预测对于一个企业来说，在经营活动中的地位是至关重要的，如果没有利润，企业将难以生存下去，也谈不上生产规模的扩大和生产水平的发展。因此，利润是企业生产经营活动和管理工作质量的综合成果，也是反映多种财务要素的综合性指标。每个企业都应对利润进行有效管理，做好利润预测，对于经营管理者的战略规划、决策工作都具有非常重要的意义。

二、利润预测的内容

（一）利润预测的内容

利润预测是在销售预测、成本预测的基础上，通过对产量、价格、成本的预测数据进行综合分析，进一步反映利润在未来时期的状况。做好这一工作的中心任务就是要确定目标利润，即指企业在未来一段时期内，经过努力应达到的最优化利润目标。

（二）影响利润变动的主要因素

在本量利分析原理中涉及众多因素对利润变动产生不同方向、不同程度的影响。一般主要考虑以下因素对利润的影响：

1. 产品的产销量

在市场需求及企业生产能力的基础上，如果其他因素不变，那么产品的产销量与利润额保持正相关关系，即产品的产销量增加，利润也随之增加。

2. 产品的销售价格

在其他因素不变的情况下，价格与利润保持正相关关系，即价格上升，利润也随之增长。但是要注意到，当与第一个因素结合在一起研究产销量和价格对利润的影响时，产销量和价格一般呈负相关关系，因此在考虑价格因素变动时，对利润额的影响，要注意从中扣除销售量逆方向的变动影响。

3. 单位产品变动成本和固定成本

由于这两个因素与利润为负相关关系，因此减少成本的任何一部分，都会使利润提高，所以对这两个成本双管齐下，那么利润的变动会有倍数提高效应。

4. 产品的产销结构

当利润额反映多种产品的经营成果时，那么在以上各种因素都不变的情况下，也能导致利润的增加或减少。这是由于多种产品之间的获得水平不一，当获利高的产品产销量增长时，那么利润总额会增加。当获利低的产品产销量增加，而获利高的产品产销量减少时，利润总额会减少。

三、利润预测的方法

利润预测一般可根据销售预测中计划期的预计销售量和成本水平，应用本量利的相互关系和经营杠杆系数等方法进行。

（一）本量利方法

本量利方法也称边际贡献法，它是根据利润、销售量、成本之间的数量关系来确定目标利润。其具体公式为：

$$目标利润 = \sum_{}^{预计产品产销量} \times (单位产品销售单价 - 单位产品变动成本) - 固定成本$$

$$= \sum [x(p-b) - a]$$

或

$$目标利润 = (单位边际贡献 \times 产销量预测数) - 固定成本$$

【例 5 - 9】

某企业根据市场需求情况分析，预计计划期间可销售甲产品 10 000 件。假定甲产品的销售单价为 35 元，单位变动成本为 20 元，固定成本总额 50 000 元。要求预测该企业甲产品在计划期间可实现多少利润？

$$预计目标利润 = 10\ 000 \times (35 - 20) - 50\ 000$$

$$= 100\ 000\ （元）$$

在实际工作中，如果企业生产销售多种产品，则企业预计利润的计算公式为：

$$多种产品预计的目标利润 = 综合边际贡献率 \times 实际销售额 - 固定成本$$

或

$$多种产品预计的目标利润 = \sum (单位边际贡献 \times 销售量) - 固定成本$$

【例 5 - 10】

某企业经营甲、乙两种产品，全年的固定成本为 850 000 元。其销售资料如表 5 - 7 所示。

表 5 - 7　产品销售资料

项目	甲产品	乙产品
预测销售数量/件	14 500	7 000
预测销售收入/元	1 595 000	1 260 000
销售比重/%	55.87	44.13
单位边际贡献	50	80
边际贡献率/%	45.45	44.44

根据以上资料计算企业预计可实现的利润是多少？

解：

$$企业预测的利润 = 2\ 855\ 000 \times (55.87\% \times 45.45\% + 44.13\% \times 44.44\%) - 850\ 000$$

$$= 435\ 000\ （元）$$

或

$$企业预测的利润 = [(14\,500 \times 50) + (7\,000 \times 80)] - 850\,000$$
$$= 435\,000 （元）$$

（二）经营杠杆法

1. 经营杠杆的含义

在利润预测中，在其他因素不变的条件下，销售量一定程度的变动会使利润以更大的幅度变动，将利润变动率大于产销量变动率的特殊现象称为经营杠杆效应。这种现象如同物理学中的杠杆设置原理，只要给予一个较小的力，便可以举起较重的物体。从财务角度看，经营杠杆效应源于固定成本的存在。在产品售价和单位变动成本不变的情况下，当产销量变动时，固定成本成为增加利润的杠杆，使得单位固定成本成反比例变动，即产销量越大的单位产品所负担的固定成本越小，单位产品获利能力越高；反之，单位产品获利能力就越低，从而带来单位利润相对变化，最终导致利润的变动率总是大于产销量变动率。因此，经营杠杆是指在销售量变动时，利用固定成本，使利润实现更大的变动。

2. 经营杠杆系数的计算

经营杠杆系数又称经营杠杆率，简记为 DOL，它是指利润变动率对于产销变动率的倍数，或利润变动率与产销变动率的比值。其理论计算公式为：

$$经营杠杆系数（DOL）= 利润变动率/产销变动率$$

【例 5 – 11】

某企业生产甲产品的有关资料如表 5 – 8 所示。

表 5 – 8　甲产品的有关资料

项目	基期	计划期	变动额/元	变动率/%
销售量/件	10 000	20 000	10 000	100
单位边际贡献	40	40	—	—
边际贡献	400 000	800 000	40 000	100
固定成本/元	300 000	300 000	—	—
利润/元	100 000	500 000	400 000	400

$$计划期的经营杠杆系数（DOL）= 400\%/100\% = 4$$

按以上理论公式计算经营杠杆系数，必须先知道利润变动率和产销量变动率，因而计算比较烦琐，不便于利用经营杠杆系数进行利润预测分析。为了事先能简便计算并确定经营杠杆系数，在实际中经营杠杆系数通常可按以下简化公式计算：

$$经营杠杆系数（DOL）= 基期边际贡献/基期利润$$
$$= 1 + 固定成本/基期利润$$

经营杠杆系数在利润预测中预测产销量变动对利润的影响。因此，在一定业务量范围内，经营杠杆率确定后即可结合计划期的销售增长率来预测计划期的利润。其计算公式为：

$$预计利润 = 基期利润 \times (1 + 销售增长率 \times 经营杠杆系数)$$

【例 5 - 11】

某企业 2017 年的利润为 20 万元，其固定成本为 60 万元。该企业经市场调查可知，2018 年的市场需求仍很旺盛，销售增长率为 40%，那么 2018 年的预计利润是多少？

解：

$$经营杠杆系数（DOL）= 1 + 60/20 = 4$$
$$目标利润 = 20 \times (1 + 40\% \times 4) = 52（万元）$$

3. 经营杠杆系数的变动规律

从以上经营杠杆系数的含义和计算可以看出，经营杠杆系数越大，销售量变动对利润的影响就越大。因此，企业的成本组合、单价等因素将对企业的经营风险和利润水平产生很大的影响。由此可得出经营杠杆系数与相关因素影响的变动规律：

（1）只要固定成本存在，经营杠杆系数的变动总是大于 1。

（2）成本指标的变动方向与经营杠杆系数的变动方向相同。

（3）单价的变动方向与经营杠杆系数的变动方向相反。

（4）在同一产销量水平上，经营杠杆系数越大，利润变动幅度就越大，因而经营风险也就越大。

因此，研究经营杠杆系数与相关因素之间的规律性联系，对于利用经营杠杆系数增强企业的获利能力、减少经营风险是十分必要的。

第五节　资金预测

资金预测是以预测企业生产经营规模的发展和资金利用效果的提高等为依据，在分析有关历史资料、技术经济条件和发展规律的基础上，运用一定的数学方法，对计划期资金需要量所进行的科学预计和推测。

一、资金预测的意义

资金预测是企业生产经营预测中不可缺少的组成部分，在提高企业经营管理和企业经济效益方面有着重要意义。

（一）资金预测为进行筹资决策提供依据

由于资金来源渠道的多元化，以及受筹资规模、时间、结构、方式、成本等因素的影响，筹资风险客观存在。因此，筹资决策正确与否至关重要，而搞好资金预测，可以为进行筹资决策提供依据。

（二）资金预测关系到企业的经济效益

企业筹资规模是否适度，直接关系到筹资成本和投资收益，是企业市场竞争能力强弱的明显标志，对企业的生存和发展有着决定性的影响。企业筹集的资金数量应根据生产经营活动的需要确定，即筹资规模要适度。因此，做好资金预测，对保证资金供应、合理组织资金运用、提高资金利用效果具有极为重要的意义。

（三）资金预测是编制资金预算的必要步骤

二、资金预测的方法

资金预测的方法有很多种，这里主要介绍销售百分比法和回归分析法。

（一）销售百分比法

销售百分比法，就是以未来的销售变动率为主要依据，考虑随销售变动率而变动的资产负债项目以及其他因素对资金的影响，从而预测未来需要追加资金量的一种方法。即根据资金各个项目与销售收入总额之间的依存关系，按照计划期销售额的增长情况来预测需要相应地追加多少资金。

销售百分比法一般按以下两个步骤进行：

1. 确定随销售额变动而变动的资产和负债项目

1）资产类项目

周转中的货币资金、正常的应收账款和存货等流动资产项目，一般都会因销售额的增长而相应地增加。固定资产是否要增加，则取决于企业对生产能力的利用情况，即需视基期的固定资产是否已被充分利用。如尚未充分利用，甚至大量闲置，则可通过进一步挖掘其利用潜力，就可以产销更多的产品，此时固定资产与销售收入增长无关；如基期对固定资产的利用已达到饱和状态，则增加销售额就需要扩充固定设备。至于长期投资和无形资产等项目，一般不随销售额的增长而增长。

2）负债类项目

应付账款、应付票据、应缴税费、短期借款和其他应付款等流动负债项目，通常会因销售量的增长而自动增加。至于长期负债和股东权益等项目，则不随销售额的增长而增加，它们和销售额的增减无关。

2. 计划期所提取的折旧准备（应扣除计划期用于更新改造的金额）和留存收益两项，通常可作为计划期需要追加资金的内部资金来源

按公式计算出计划期预计需要追加的资金数额。

计算公式为：

$$\Delta F = K \cdot (A - L) - D - R + M$$

其中：ΔF——预计未来需要追加的资金数额；

$\qquad K$——未来销售收入增长率；

$\qquad A$——随销售额变动的资产项目基期数额；

$\qquad L$——随销售额变动的负债项目基期数额；

$\qquad D$——计划期提取的折旧摊销额与同期用于更新改造的资金差额；

$\qquad R$——按计划期销售收入及基期销售净利润率计算的净利润与预计发放股利之差额；

$\qquad M$——计划期新增的零星资金开支数额；

【例 5 – 12】

某公司 2018 年销售收入 1.2 亿元，净利润 480 万元，股利发放率为 50%，厂房设备利用已达到饱和状态。该企业 2019 年简化的资产负债表如表 5 – 9 所示。

表 5 – 9　资产负债表

2018 年 12 月 31 日 　　　　　　　　　　　　　　　　　　　　　　　万元

资产		负债及所有者权益	
货币资金	120	应付账款	600
应收账款	400	应交税费	300
存货	2 600	长期负债	1 310
固定资产净额	4 800	股本	5 400
无形资产	40	留存收益	350
资产总计	7 960	负债及所有者权益总计	7 960

若该企业 2019 年销售收入增至 1.5 亿元，销售净利率与上年相同，该企业仍按 2018 年股利发放率支付股利。按折旧计划提取 60 万元折旧，其中 50% 用于设备改造。又假定计划期零星资金需要量应增加 30 万元。

要求：预测该企业 2019 年需要追加的资金数额。

解：

$$K = (15\ 000 - 12\ 000) / 12\ 000 \times 100\% = 25\%$$
$$A = 120 + 400 + 2\ 600 + 4\ 800 = 7\ 920（万元）$$
$$L = 600 + 300 = 900（万元）$$
$$D = 60 \times (1 - 50\%) = 30（万元）$$
$$R = 15\ 000 \times (480 / 12\ 000) \times (1 - 50\%) = 300（万元）$$
$$M = 30（万元）$$
$$\begin{aligned}\Delta F &= K \cdot (A - L) - D - R + M \\ &= 25\% \times (7\ 920 - 900) - 30 - 300 + 30 \\ &= 1\ 455（万元）\end{aligned}$$

（二）回归分析法

回归分析法就是应用最小平方法的原理，对过去若干期的销售额及资金总量（即资金占用总额）的历史资料进行分析，确定反映销售收入总额（x）与资金总量（y）之间相互关系的回归直线 $y = a + bx$，并据以预测计划期的资金需要量，具体计算方法与销售预测和成本预测相同。

【例 5 – 13】

某企业 2013—2018 年 6 年的销售额及资金需要量如表 5 – 10 所示，该企业的生产较稳定，若 2019 年企业计划销售额为 500 万元，利用回归分析法预测企业 2019 年的资金需要量。

表 5 – 10　某企业 6 年的销售额及资金需要量

年份	2013	2014	2015	2016	2017	2018
销售额（x）	380	460	400	480	520	560
资金需要量（y）	200	240	120	250	280	290

利用回归分析法，假设资金需要量（x）与销售额（y）之间存在线性关系：

利用表 5 – 11 可以计算：

表 5 – 11　数据计算表

年份	x	y	X^2	xy
2013	380	200	144 400	76 000
2014	460	240	211 600	110 400
2015	400	220	160 000	88 000
2016	480	250	230 400	120 000
2017	520	280	270 400	145 600
2018	560	290	313 600	162 400
合计	2 800	1 480	1 330 400	702 400

$$b = \frac{n\sum xy - \sum x \sum y}{n\sum x^2 - (\sum x)^2} = \frac{6 \times 702\,400 - 2\,800 \times 1\,480}{6 \times 1\,330\,400 - 2\,800^2} = 0.49$$

$$a = \frac{\sum y - b\sum x}{n} = (1\,480 - 0.49 \times 2\,800)/6 = 18$$

即

$$y = 18 + 0.49x$$

当 2019 年的销售额为 500 万元时，资金需要量为：

$$y = 18 + 0.49x = 18 + 0.49 \times 500 = 263（万元）$$

课后习题

一、单项选择题

1. 预测是西方国家在（　　）发展起来的一门综合性学科，即未来学，亦称预测技术。

A. 19 世纪 60 年代　　　　　　　　B. 19 世纪 80 年代

C. 20 世纪 60 年代　　　　　　　　D. 20 世纪 80 年代

2. 企业根据现有的经济条件和掌握的历史资料以及客观事物的内在联系，对生产经营活动的未来发展趋势和状况进行的预计和测算称为（　　）。

A. 销售预测　　　　　　　　　　　B. 经营预测

C. 成本预测　　　　　　　　　　　D. 资金预测

3. 在一定生产规模范围内，各项产品成本总额中的固定成本是基本不变的，那么各期成本中最高点与最低点的差异是因为产量因素变动而引起各期变动成本总额中最高点与最低点的差异，这种描述方法是（　　）。

A. 高低点法　　　　　　　　　　　B. 平滑系数法

C. 加权平均法　　　　　　　　　　D. 因素分析法

4. 在其他因素不变的条件下，销售量一定程度的变动会使利润以更大幅度变动，这种现象称为（　　）。

A. 经营杠杆效应　　　　　　　　　B. 财务杠杆效应

C. 复合杠杆效应　　　　　　　　　D. 经济杠杆效应

5. 以未来的销售变动率为主要依据，考虑随销售变动率变动的资产负债项目以及其他因素对资金的影响，从而预测未来需要追加资金量的方法是（　　　）。

A. 平滑系数法　　　　　　　　　　B. 因素分析法

C. 销售百分比法　　　　　　　　　D. 回归直线法

6. 某企业根据市场需求情况分析，预计计划期可销售 A 产品 10 000 件。假定 A 产品的销售单价为 50 元，单位变动成本为 30 元，固定成本总额为 80 000 元。该企业 A 产品在计划期可实现的利润是（　　　）万元。

A. 20　　　　　　B. 12　　　　　　C. 50　　　　　　D. 22

7. 某企业按基期资料计算的经营杠杆率（DOL）为 1.5，基期利润为 100 万元，销售收入为 180 万元。若计划期销售收入总额为 270 万元，则计划期可实现的利润为（　　　）万元。

A. 175　　　　　　B. 190　　　　　　C. 150　　　　　　D. 200

8. 预测的特征有（　　　）。

A. 预见性　　　　B. 难以检验性　　　C. 客观性　　　D. 全面性

9. 对于制造行业的企业来说，经营预测的对象包括对产品销售市场、产品生产成本、利润以及（　　　）等方面的预测。

A. 资金需要量　　　　　　　　　　B. 流动资金需要量

C. 固定资金需要量　　　　　　　　D. 材料需要量

10. 在社会主义市场经济条件下，市场决定着企业的生存和发展。在企业经营预测中，起决定作用的是（　　　）。

A. 成本预测　　　　　　　　　　　B. 利润预测

C. 销售预测　　　　　　　　　　　D. 资金需要量预测

二、多项选择题

1. 下列属于经营预测内容的有（　　　）。

A. 销售预测　　　　　　　　　　　B. 资金预测

C. 利润预测　　　　　　　　　　　D. 成本预测

2. 下列公式中正确的是（　　　）。

A. 经营杠杆系数（DOL）＝基期边际贡献/基期利润

B. 经营杠杆系数（DOL）＝利润变动率/产销变动率

C. 预计利润＝基期利润×（1＋销售增长率×经营杠杆系数）

D. 经营杠杆系数（DOL）＝边际贡献/产销变动率

3. 下列关于销售百分比法的观点，正确的有（　　　）。

A. 货币资金、应收账款和存货等流动资产项目，一般都会因销售额的增长而相应地增加

B. 固定资产是否要增加，则取决于企业对生产能力的利用情况

C. 长期投资和无形资产等项目，随销售额的增长而增长

D. 长期负债和股东权益等项目，一般和销售额的增减无关

4. 下列属于定量预测法的是（　　）。

A. 高低点法

B. 移动平均法

C. 回归直线法

D. 因素分析法

5. 流动资金需要量的预测常用的方法有（　　）。

A. 回归直线法

B. 资金占用比例法

C. 周转期预测法

D. 因素测算法

6. 属于趋势外推法的是（　　）。

A. 移动平均法

B. 指数平滑法

C. 回归分析法

D. 高低点法

7. 在资金需要量预测中，根据公式 $\Delta F = K \cdot (A - L) - D - R + M$，则计入 A 的项目有（　　）。

A. 应付账款

B. 存货

C. 周转中的货币资金

D. 正常的应收账款

8. 预测分析的方法一般分为两大类，这两大类是（　　）。

A. 定量分析法

B. 因果预测分析法

C. 判断分析法

D. 定性分析法

9. 具体的成本预测方法包括（　　）。

A. 专家判断法

B. 高低点法

C. 加权平均法

D. 回归分析法

10. 在利用专家判断法进行销售预测时，应包括的专家有（　　）。

A. 本企业经理或其他高级领导人

B. 同行业其他企业的高级领导人

C. 销售部经理

D. 企业聘请的长期顾问

三、计算分析题

1. 冰城家具厂通过调查发现，双人床的销售量与结婚人数有很大关系。已知本市四年的销售资料如表 5 - 12 所示。

表 5 - 12　四年的销售资料

年份	结婚人数/万对	双人床销售量/千件
2014	8	50
2015	7	45
2016	10	60
2017	9	54

冰城家具厂在本市的市场占有率为 20%，每年销往外地的双人床是 800 件。

要求：假设 2019 年预计结婚人数是 11 万对，用回归分析法预测 2019 年冰城家具厂的双人床销售量。

2. 某公司近 5 年来甲产品的产量及成本水平如表 5 - 13 所示。

表 5 - 13　某公司近 5 年来甲产品的产量及成本水平

项目	2013 年	2014 年	2015 年	2016 年	2017 年
产量/台	250	200	300	360	400
总成本/元	275 000	24 000	315 000	350 000	388 000
其中：固定成本总额/元	86 000	88 000	90 000	89 000	92 000
单位变动成本/元	756	760	750	725	740

若计划年度（2019 年）的预计产量为 450 台。

要求：预测 2019 年甲产品的总成本和单位成本。

（1）采用高低点法。

（2）采用加权平均法（自然权数法）。

3. 某企业基期固定成本为 80 000 元，销售量为 500 件，利润为 20 000 元。

要求：

（1）计算经营杠杆系数；

（2）如果计划期追加 8 000 元广告费，预计销售量将增长 20%，那么利润将是多少？

（3）如果计划期目标利润为 40 000 元，固定成本保持在 88 000 元水平。那么需要增加多少销量？

4. 某公司 2018 年年底的资产负债表如表 5 - 14 所示。

表 5 - 14　某公司 2018 年年底的资产负债表　　　　　　　　　万元

资产		负债及所有者权益	
货币资金	25 000	应付账款	90 000
应收账款	115 000	应交税金	108 000
存货	270 000	长期借款	98 000
长期投资	38 000	股本	288 000
固定资产	252 000	未分配利润	116 000
合计	700 000	合计	700 000

2018 年实际销售收入 1 000 万元，获得税后净利润 60 万元，按税后净利润 10% 支付普通股股利，假定公司的厂房设备能力已经达到饱和，计划期 2019 年预计销售额为 1 200 万元。

要求：用销售百分比法来预测 2019 年资金的需求量（假设不考虑计划期固定资产折旧和零星资金需求情况）。

第六章

短期经营方案的分析评价

1. 了解短期经营的含义和分类
2. 理解短期经营决策的程序及特征
3. 掌握短期经营决策的内容和方法，掌握稀缺资源条件下产品组合决策的方法

第一节　决策分析的含义、分类和程序

一、决策分析的含义

所谓决策，是指人们为了实现一定的目标，借助于科学的理论与方法，进行必要的计算、分析和判断，从若干可供选择的方案中，选择并决定采用一个最优方案的过程。企业的决策主要是涉及经济方面的决策。决策分析只是决策全过程的一个组成部分，是企业会计人员参与决策活动的主要内容。

管理会计中的决策分析是指对企业未来经营活动所面临的问题，由各级管理人员作出的有关未来经营战略、方针、目标、措施与方法的决策过程。它是企业经营管理的核心内容，通常由有关人员对各种备选方案进行成本、利润等方面的比较，以便确定最终决策方案。

二、决策的分类

（一）按决策影响时间的长短分类

按决策影响时间的长短进行分类，决策可以分为短期经营决策和长期经营决策。

1. 短期经营决策

短期经营决策是指企业对一年以内的生产经营活动所进行的决策。这种决策只对年度内收支盈亏产生影响，并在年度内实现决策目标。短期经营决策主要探讨如何在生产经营过程中最有效、最经济、最合理地充分利用现有资源以获取最大的经济效益，它一般不涉及大量资金的投入，且见效快，因此又称为战术性决策。主要包括生产决策、成本决策、定价决策和存货决策等。

2. 长期投资决策

长期投资决策是指在较长时间内（一年以上）才能实现的决策，这种决策一般是针对需要投入大量资金的项目，涉及企业的发展方向和规模，资金回收时间长，受许多外界因素的影响，对企业发展具有战略意义。它的特点是投入资金量大，见效慢。

（二）按决策条件的肯定程度分类

按决策所依据的环境、条件的状况进行分类，决策可以分为确定性决策、风险性决策和非确定性决策。

1. 确定性决策

确定性决策是指与决策相关的各种备选方案的各项条件或自然状态都是已知的，而且每个方案只有一个确定的结果，各种类型的决策只要进行比较分析就能作出，不存在不确定性因素。

2. 风险性决策

风险性决策是指与决策相关的各种备选方案的各项条件或自然状态虽然是已知的，但不是完全确定的，可能存在多种状况，每一个方案的执行都可能出现两种或两种以上的结果，决策者需要预知未来可能出现的若干种状态，依据有关数据通过预测确定其出现的概率。这类决策由于其结果具有不唯一性，使决策存在一定的风险。

3. 非确定性决策

非确定性决策是指决策者对与决策相关的各种备选方案的各项条件的未来情况不仅不能完全确定，而且对其出现的概率也不清楚，只能通过决策者的经验来进行主观判断作为决策依据。这类决策的难度较大，需要决策人员具有较高的理论知识和丰富的实践经验。

(三) 按决策的层次分类

按决策的层次进行分类，决策可以分为高层决策、中层决策和基层决策。

1. 高层决策

高层决策是指企业适应时刻变化的外部环境的一种决策。它具有全局性、长期性与战略性的特点。由于这类决策对企业而言是最大的决策，因此又称为战略性决策。

如确定或改变企业的经营方向和经营目标、新产品开发、企业上市、企业并购、开拓海外市场、合资经营、拓展生产能力等。

2. 中层决策

中层决策（又称为战术性决策）是指对企业的人、财、物等资源进行合理配置，以及对经营组织机构加以改变的决策。其特点是局部性、中期性和战术性，它的制定必须纳入战略决策的轨道，为实现企业的战略目标服务。如机构重组、人事调整、资金筹措和使用等。

3. 基层决策

基层决策又称为执行性决策，是指在一定的企业运行机制的基础上，处理日常业务的决策，它具有琐碎性、短期性和日常性的特点。如确定品种、每日产量等。

三、决策分析的程序

(一) 决策分析的内容

调研经济形式，明确经营问题，确定公司所要解决的具体问题，调查研究决策分析对象系统的外部环境，分析内部结构，根据理想与现实的差距进行企业诊断，找出存在的问题。为进一步开展决策分析工作创造条件。

(二) 决策分析的程序

1. 提出决策分析目标

针对企业经营存在的问题，确定进一步经营的目标，也就是确定企业未来努力的方向。要注意分清战略目标与战术目标、远景目标与近期目标、主要目标与从属目标、必达目标与期望目标等。理顺目标排列顺序，简化、归并目标，使综合目标系统化。

2. 设计各种备选方案

在明确决策分析目标的前提下，应充分考虑现实的可能性，提出各种可能实现决策目标的备选方案。在提出备选方案的过程中要充分体现解放思想、鼓励创新和集思广益的精神。提出备选方案，一般要经过形成基本设想、提出初步方案、最后形成备选方案的多次调整的过程。

3. 评价方案的可行性

对形成的各种备选方案采用定性和定量的方法进行可行性研究论证，从技术、经济等方面在先进性、合理性及可能性上对各方案进行评价。

4. 选择最优方案

确定与各个可行备选方案有关的成本与收益,把成本和收益分为相关与不相关两类,排除不相关的成本和收益;将各个可行备选方案有关的相关成本与相关收益筛选出来,进行汇总;比较汇总出的各个备选方案的成本和收益,从中选出相关成本较低、相关收益较高的方案。

5. 检查与控制

对决策的结果进行反馈、修正,以提高决策的合理性与科学性,更好地保证决策目标的实现。

第二节　短期经营决策的特征和常用方法

一、短期经营决策的含义及特征

(一) 短期经营决策的含义

短期经营决策是指决策结果只会影响或决定企业近期(一个或一个营业周期)的经营活动,侧重于资金、成本、利润等方面,确定如何充分利用企业现有的资源和经营环境,以取得尽可能大的经济效益而实施的决策。由于短期经营决策一般不涉及固定资产投资,因此短期经营决策又称为经营决策。

(二) 短期经营决策的特征

1. 对企业的影响时间较短

短期经营决策所涉及的时间一般在一年或一个营业周期以内,因此承担的风险较小,决策失误也仅仅影响当年的收益,而且可以在第二年决策中加以调整。

2. 一般不涉及固定资产投资

固定资产投资通常需要投入大量资金,并在较长时期内对企业产生持续影响,因此不可能由当年的销售收入来补偿,而只能在未来很长的时期内得以收回,如更新设备、扩建厂房等。由于时间的界限,固定资产投资问题不属于短期经营决策的范围。

二、短期经营决策的相关概念

(一) 相关收入

相关收入是指与特定决策方案相联系的、能对决策产生重大影响的、在短期经营决策中必须予以充分考虑的收入,又称有关收入。

如果某项收入只属于某个经营决策方案,即若这个方案存在,就会发生这项收入;若这个方案不存在,就不会发生这项收入,那么,这项收入就是相关收入。相关收入的计算,要以特定决策方案的单价和相关销售量为依据。

无关收入是与相关收入相对应的概念,如果无论采用哪种经营决策方案,某项收入均不会发生,那么这个收入就是上述方案的无关收入。在短期经营决策中无须考虑无关收入,否则，会导致决策失误。

（二）相关成本

相关成本是指与特定决策方案相联系、对决策产生重大影响、在短期经营决策中必须予以充分考虑的成本。如果某项成本只属于某个经营决策方案，即如果某个方案存在，就会发生这项成本；若某个方案不存在，就不会发生这项成本，那么，这项成本就是相关成本。相关成本主要包括机会成本、边际成本、增量成本、重置成本、付现成本、应负成本、专属成本。

1. 机会成本

机会成本是指由于执行最优方案而损失的次优方案的潜在收益。我们知道每项资源通常存在多种用途，资源用于某一方面就不能同时用于另一方面。在决策过程中，在若干备选方案中，选择最优方案而放弃另一个次优方案丧失的潜在利益，就构成实施最优方案的机会成本。

例如，某公司有一大型机械设备，可以用于生产 A 产品，也可用于对外出租。如果用于生产 A 产品，其收入为 30 000 元，成本费用为 15 000 元，可获得净利 15 000 元；用于出租可获得租金 10 000 元。在决策中，如果选择用于生产 A 产品，则出租方案必然放弃，其本来能获得的租金收入 10 000 元应作为生产 A 产品的机会成本由生产 A 产品负担。生产 A 产品将比出租多获净利 5 000 元。

由于机会成本并没有构成企业的实际成本支出，所以在实务中，对机会成本并不在任何会计账户中予以登记。但在决策分析中只有考虑机会成本，才能对该方案的经济效益作出全面、合理的分析，最后正确判断被选用方案是否真正最优。

2. 边际成本

边际成本是一个数学概念，它可用成本函数的一阶导数来表现。根据经济学的一般理论，边际成本是指当业务量发生极小变化时所引起的成本变动额。在现实的经济活动中，业务量无限小变化，最小只能小到一个单位，业务量的变化小到一个单位以下，如十分之一、百分之一单位，就没有实际意义了。因此，边际成本的经济含义就是指每增加或减少一个单位产品所引起的总成本的变动数额。其他因素不变时，每增加一个单位产品的生产，成本总额就会相应增加；反之，每减少一个单位产品的生产，成本总额就会减少。

例如，原生产 1 000 件产品，总成本 6 000 元，现在要生产 1 001 件产品，成本总额变为 6 006 元。增加一件产品的生产使总成本增加了 6 元，这 6 元就是增加一个单位产品的成本增加额，即边际成本。边际成本主要用于判断增加或减少某种产品的产销在经济上是否合算。和变动成本一样，边际成本一般随产量范围的变动而变动。

3. 增量成本

增量成本又称为狭义的差量成本，是指单一决策方案由于生产能力利用程度的不同而表现在成本方面的差额。在一定条件下，某一决策方案的增量成本就是该方案的相关变动成本。即等于该方案的单位变动成本与相关业务量的乘积。在短期经营决策的生产决策中，增量成本是较为常见的相关成本。如在亏损产品的决策、是否转产或增产某种产品的决策以及是否接受特殊价格追加订货的决策中，最基本的相关成本就是增量成本。

4. 重置成本

重置成本是指假设以现在的价格重新购置或重新建造目前持有的资产所需支付的成本，又称现时成本或现时重置成本。在短期经营决策的定价决策以及长期投资决策的以新设备替换旧设备的决策中，需要考虑以重置成本作为相关成本。

例如，某企业两个月前购进了甲产品，当时的单位进价为500元，假设今天甲产品的市场价格由于通货膨胀因素，发生了较大的变化，其单位进价变为600元。这时，甲产品的现行价格变为600元就是其重置成本。企业在定价时要认真考虑重置成本这个因素。如果从历史成本信息出发，企业以成本为基础进行定价，将价格定为580元，那么每出售一件甲产品可以获利80元。然而，仔细分析后可以看到，这实际上只是一种假象。因为企业要持续经营，将甲产品出售后，重新购进甲产品每件要花600元。这样，按580元定价，企业不但不能盈利，反而亏了20元。这种错误的定价决策将导致企业现金流量不足，长此以往，企业将走向破产。因此，重置成本对于企业的定价决策具有重要的现实意义。

5. 付现成本

付现成本又称现金支付成本，是指某个项目计划实施时需要立即支付现金或需要在短期内支付现金的成本。在企业现金短缺、支付能力不足、筹资又十分困难的情况下，对于那些急需实施的方案进行决策时，必须以付现成本而不是以总成本作为方案取舍的标准。

例如，某企业拥有一台旧设备，某租赁公司愿意以"以旧换新"的方式收购该旧设备，期权条件是新设备的价格为50 000元，旧设备按市场价格折价20 000元，余款以现金支付。虽然新设备的价格是50 000元，但是企业只需要支付30 000元。因此，企业的付现成本就是需要动用企业现金支付的数额30 000元。在进行短期经营决策时，付现成本就是动用现金支付的有关成本。当企业处于本身的现金流量严重不足、近期又没有应收账款可收回、向金融市场融资又有困难或者资本成本太高这样的困境时，管理者在决策的过程中，对付现成本的考虑重于对总成本的考虑，通常会选择付现成本较低而总成本相对较高的方案，即在付现成本最低方案与总成本最低方案之间，选择付现成本最低方案取代总成本最低方案。

6. 应负成本

应负成本也称假计成本，是机会成本的一种表现形式。它既不是企业的实际支出，也不必记账，是使用某种经济资源的代价。这种代价，在进行方案的选择时必须认真加以考虑。

例如，企业在进行生产性资产投资时，可以选择不同的方案，各个方案所需要的资金数量、资金来源和投入时点可能不同。为了保证评价的口径一致，正确地进行决策，企业为此所需要的资金不论其来源如何，都必须把利息作为机会成本进行假计。应负成本实际上是机会成本和货币时间价值观念在决策中的具体运用。

7. 专属成本

专属成本是指那些能够明确归属于特定决策方案的固定成本或混合成本。它往往是为了弥补生产能力不足的缺陷，而增加的有关装置、工具、设备等长期资产而发生的成本。

例如，专门生产某种产品的专用设备折旧费、保险费等。

（三）无关成本

无关成本是指过去已经发生、与某一特定决策方案没有直接联系的成本。其发生与否不受决策项目的影响。在短期经营决策中，不能考虑无关成本，否则可能会导致决策失误。主要包括不可延缓成本、不可避免成本、共同成本、沉没成本等。

1. 不可延缓成本

不可延缓成本是指在短期经营决策中如果暂缓开支，就会对企业的生产经营产生重大不利影响的那部分成本。由于不可延缓成本具有较强的刚性，马上就要发生，所以必须保证对它的支付没有什么选择的余地，因此也属于无关成本。例如，企业污水处理，必须马上执行，否则企业将面临停产或关闭，与之相关的成本为不可延缓成本。

2. 不可避免成本

不可避免成本是指与某一特定备选方案不直接相关联的成本。其发生与否及发生数额多少，并不取决于备选方案是否被选定。即不可避免成本的发生与否、发生额的多少不受某一特定决策行动的影响，与某一特定决策方案没有直接联系。例如，约束性固定成本就是比较典型的不可避免成本。

3. 共同成本

共同成本是指由多个方案共同负担的注定要发生的固定成本或混合成本。由于共同成本的发生与特定方案的选择无关，因此，在短期经营决策中不予考虑，属于无关成本。

4. 沉没成本

沉没成本又称旁置成本或沉入成本，是指由过去决策结果引起并已经实际支付过款项的成本。企业大多数固定成本均属于沉没成本。沉没成本与特定的经营决策无关，不可能通过现在或将来的任何决策改变，因此在决策时可以不予考虑，属于无关成本。

例如，某企业有一台旧设备要提前报废了，该设备的历史成本为 200 000 元，已提折旧 180 000 元，设备净值 2 000 元，这 2 000 元的净值就是沉没成本。假设处理这台旧设备有两个方案：一是将其直接出售，可得变价收入 500 元；二是经修理后出售，需要支付修理费 1 000 元，但可得收入 1 800 元。在进行决策时，由于旧设备折余价值 2 000 元为沉没成本，所以不予考虑，只将这两个方案加以比较，直接出售可得 500 元收入，而修理后再出售可得 800 元收入，可见，第二个方案可以多给企业带来 300 元收益。

三、短期经营决策常用的方法

短期经营决策的基本依据是经济效益的高低，反映经济效益的指标有边际贡献、利润和成本。如用利润、边际贡献指标评价各个方案，则应选择利润、边际贡献高的方案；如用成本指标评价各个方案，在各个方案收入相同的条件下，应选择成本低的方案。

短期经营决策常用的方法有边际贡献分析法、差别分析法、相关成本分析法和成本无差别点分析法。

（一）贡献毛益分析法

贡献毛益分析法是在成本性态分析的基础上，通过比较各备选方案贡献毛益的大小来确定最优方案的分析方法。短期经营决策一般在原有的生产能力范围内进行，固定成本通常是无关成本。在不存在专属成本的情况下，应比较不同备选方案的贡献毛益总额。如果决策方案中存在专属成本，则应从贡献毛益中扣除专属成本，扣除后的余额一般称为剩余贡献毛益。它既不是原来意义上的贡献毛益，也不是最终的利润，如果要计算利润，还要扣除分摊的原有固定成本。

需要指出的是，对某一种产品来说，单位贡献毛益指标反映了产品的盈利能力。在不同备选方案之间进行比较分析时，不能以单位贡献毛益指标作为评价标准。这是因为在生产能力一定的条件下，方案不同，单位产品耗费的生产能力可能有所不同，因此各方案能够生产的产品总量也可能不同。如果用单位贡献毛益评价各方案，可能导致决策失误，因为单位贡献毛益最大的方案不一定是贡献毛益总额最大的方案。

（二）差量分析法

差量分析法是在计算两个备选方案之间产生的差别收入与差别成本的基础上，计算差别损益，根据差别损益来选择决策方案的分析方法。差量分析法涉及差量收入、差量成本、差量损益三项指标。

差量收入是指两个备选方案之间的收入差异额；差量成本是指两个备选方案之间的成本差异额；差量损益是差量收入扣除差量成本后的余额。它仅适用于两个备选方案的比较，如果有多个备选方案可供选择，采用差量分析法时，只能分别两两进行比较、分析，逐步筛选，选出最优方案。

（三）相关成本分析法

相关成本分析法是在各备选方案收入相同的前提下，只分析每个备选方案新增加的变动成本和固定成本，也就是计算每个方案的增量成本和专属成本，两项之和即为相关成本。在收入相同的前提下，相关成本最低的方案必然是利润最高的方案，因此，应选择相关成本最低的方案。

采用相关成本分析法，必须在各备选方案业务量确定的前提下进行，如果各备选方案的业务量不确定，则不宜采用相关成本分析法。

（四）成本无差别点分析法

成本无差别点是指在该业务量上，两个不同方案的成本相等，该业务量就称为成本无差别点。

通常在高于或低于该业务量时，分别适用于两个方案中的不同方案，这种通过计算成本无差别点进行决策的方法就称为成本无差别点分析法。该方法一般适用于未知有关业务量，且两个方案的固定成本分别为 a_1 和 a_2，单位变动成本分别为 b_1 和 b_2 的方案决策。

即

$$y_1 = a_1 + b_1 x; \ y_2 = a_2 + b_2 x$$

令

$$Y_1 = y_2, \ a_1 + b_1 x = a_2 + b_2 x$$

成本无差别点业务量

$$x_0 = (a_2 - a_1) \ / \ (b_1 - b_2)$$

如果预计未来的业务量在成本平衡点之下，应选择固定成本较低的方案，因为相比之下，此方案总成本较低；如果预计未来的业务量在成本平衡点之上，则应选择固定成本较高的方案，因为相比之下，此方案总成本较低。

第三节　短期经营决策的具体应用

短期经营决策一般只涉及一年以内的有关经济活动，其内容主要有产品品种选择决策、新产品是否开发的决策、亏损产品是否停产的决策、零部件自制还是外购的决策、是否接受或拒绝某一特殊订单的决策、半成品立即出售或继续加工的决策、联产品是否进一步继续加工的决策、不同生产工艺技术方案的决策等，以下详细介绍前6种。

一、产品品种选择决策

一个企业的生产能力是有限的，它不能同时满足所有产品生产的要求。产品品种选择决策就是指企业在现有的生产条件下应选择生产什么产品，才能取得最大经济效益的决策问题。通常情况下，这种决策分析较为简单，可以采用边际贡献分析法、差量分析法、利润总额对比法等。

【例6-1】

某企业现有生产设备可用于甲、乙、丙三种产品的生产，相关资料如表6-1所示。该企业为获取最大的经济效益，应选择生产哪种产品？

表6-1　相关资料

项目	甲产品	乙产品	丙产品
销售量/件	8 000	10 000	12 000
单价/元	12	10	9
单位变动成本/元	6	5	4
固定成本/元	11 000	11 000	11 000

根据上述资料，分别按照不同的方法进行产品品种选择的决策。

（一）边际贡献分析法

计算结果如表6-2所示。

表6-2　各种产品的边际贡献计算结果

产品	销售数量/件	单价/元	单位变动成本/元	边际贡献总额/元
甲产品	8 000	12	6	48 000
乙产品	10 000	10	5	50 000
丙产品	12 000	9	4	60 000

由表6-2的计算结果可以看出，丙产品的边际贡献总额最大，应选择生产丙产品对企业更有利。

（二）差量分析法

（1）比较甲、乙两种产品的经济效益，结果如表6-3所示。

表6-3　比较甲、乙两种产品的经济效益

产品	销售数量/件	单价/元	单位变动成本/元	差别收入/元	差别成本/元	差别利润/元
甲产品	8 000	12	6	-4 000	-2 000	-2 000
乙产品	10 000	10	5			

由表6-3的计算结果可以看出，生产乙产品获得的利润大于生产甲产品获得的利润。

（2）比较乙、丙两种产品的经济效益，结果如表6-4所示。

表6-4　比较乙、丙两种产品的经济效益

产品	销售数量/件	单价/元	单位变动成本/元	差别收入/元	差别成本/元	差别利润/元
乙产品	10 000	10	5	-8 000	2 000	-10 000
丙产品	12 000	9	4			

由表6-4的计算结果可以看出，生产丙产品获得的利润大于生产乙产品获得的利润。根据计算结果可以得出，生产丙产品获得的利润最大，应选择生产丙产品。

（三）利润总额法

计算结果如表6-5所示。

表6-5　各种产品的利润总额计算结果

产品	销售量/件	单价/元	单位变动成本/元	固定成本/元	利润总额/元
甲产品	8 000	12	6		36 000
乙产品	10 000	10	5	12 000	38 000
丙产品	12 000	9	4		48 000

由表6-5的计算结果可以看出，生产丙产品的利润总额最大，所以应选择丙产品进行生产。

二、新产品是否开发的决策

这里介绍的新产品开发的品种分析是指利用企业现有剩余生产能力来开发某种在市场上有销路的新产品，而且企业已经掌握可供选择的多个新品种方案的有关资料。按照是否涉及专属成本的两种情况进行分析。

（一）不涉及追加专属成本的决策分析

在新产品开发的品种决策中，如果有关方案均不涉及追加专属成本，就可以用单位资源边际贡献分析法直接进行新产品开发的品种决策。

单位资源边际贡献分析法是指以有关方案的单位资源边际贡献指标作为决策评价指标的一种方法。如果企业生产只受到一种资源（如人工工时、某种材料、机器台时等）的约束，并且已知备选方案中各种产品的单位边际贡献和单位产品资源消耗额，那么可以按下列公式计算单位资源边际贡献指标。

$$单位资源边际贡献 = \frac{单位边际贡献}{单位产品资源消耗定额}$$

单位资源边际贡献是正指标，哪个方案的指标大，就选择哪个方案。

【例6－2】

某企业现具有开发一种新产品的生产经营能力，有关的经营能力成本（约束性固定成本）为50 000元，可以生产A、B、C三种新产品中的某一种类。已知A、B、C三种新产品的相关资料如表6－6所示。不需要追加专属成本。

要求：对A、B、C三种新产品进行品种决策。

表6－6　A、B、C三种新产品的相关资料

项目	A产品	B产品	C产品
单价/元	100	60	35
单位变动成本/元	65	45	25
单位产品定额台时/小时	20	10	5
固定成本/元	2 200		

根据已知条件，利用单位资源边际贡献分析法进行决策分析，计算结果如表6－7所示。

表6－7　A、B、C三种新产品单位资源边际贡献计算结果

项目	A产品	B产品	C产品
单位边际贡献/元	35	15	10
单位产品定额台时/小时	20	10	5
单位资源边际贡献/元	1.75	1.5	2

由表6－6的计算结果可以看出，C产品的单位资源边际贡献最大，所以应当选择生产C产品。

由此可见，在开发新产品的多方案决策中，不能单纯地以新产品的单位售价或单位边际贡献的大小作为取舍优劣的标准。

（二）涉及追加专属成本的决策分析

如果开发新产品需要增加专属固定成本，在决策时应该以各种产品的剩余边际贡献总额作为判断方案优劣的标准。

【例6-3】

某企业有一条闲置的生产线，按最初的投资额计算，每年应发生的折旧额为28 000元，现可用于生产甲、乙两种产品中的某一种，有关预测资料如表6-8所示。

表6-8　有关预测资料

项目	甲产品	乙产品
可生产量/件	8 000	6 000
单价/元	18	32
单位变动成本/元	12	23
追加专属成本/元	10 000	20 000

要求：确定应该生产何种产品？

具体计算结果如表6-9所示。

表6-9　剩余边际贡献计算结果

项目	甲产品	乙产品
可生产量/件	8 000	6 000
单位边际贡献/元	6	9
边际贡献总额/元	48 000	54 000
追加专属成本/元	10 000	20 000
剩余边际贡献/元	38 000	34 000

从表6-9可知，生产乙产品的边际贡献虽然大于生产甲产品的边际贡献，但扣除追加的专属成本之后，生产甲产品的剩余边际贡献大于生产乙产品的剩余边际贡献，所以应选择生产甲产品。

三、亏损产品是否停产的决策

如果按照财务会计核算的结果，亏损产品继续生产只能产生负效益，但按照管理会计成本性态分析的理论，对于亏损产品，不能简单地予以停产，而必须综合考虑企业各种产品的经营状况以及生产能力的利用情况等相关因素，作出亏损产品停产还是继续生产的最优选择。

（一）剩余生产能力无法转移时，亏损产品是否停产的决策分析

所谓剩余生产能力无法转移，是指当亏损产品停产以后，闲置下来的生产能力无法被用于其他方面，既不能转产，也不能将有关设备对外出租。在这种情况下，只要亏损产品的边

际贡献大于零，就不应该停产。这是因为，停产亏损产品只能减少其变动成本，并不能减少其承担的固定成本。如果继续生产亏损产品，亏损产品提供的边际贡献就可以补偿一部分固定成本，而停产亏损产品不但不会减少亏损，还会导致亏损加大。

【例 6 – 4】

某企业组织多品种产品的生产，2018 年甲产品发生亏损 30 000 元。已知该年甲产品的完全成本为 50 000 元，其变动成本率为 80%。假定 2019 年其他条件不变，剩余生产能力无法转移。

要求：作出 2019 年是否继续生产甲产品的决策，并说明若停止生产甲产品会造成什么后果。

解：

依题意，计算如下指标：

$$甲产品的收入 = 50\ 000 + (-30\ 000) = 20\ 000（元）$$
$$甲产品的变动成本 = 20\ 000 \times 80\% = 16\ 000（元）$$
$$甲产品的边际贡献 = 20\ 000 - 16\ 000 = 4\ 000（元）$$

因为甲产品的收入大于其变动成本，即边际贡献大于零，所以不能停止生产甲产品。如果停止生产甲产品，会使企业多损失 4 000 元利润。

（二）剩余生产能力可以转移时，亏损产品是否停产的决策分析

如果亏损产品停产以后，闲置下来的生产能力可以转移，如转产其他产品，或将设备对外出租，就需要考虑继续生产亏损产品的机会成本。如果亏损产品创造的边际贡献大于与生产能力转移有关的机会成本，就不应当停产；否则，企业将因此而多损失相当于该亏损产品创造的边际贡献与有关机会成本之差那么多的利润。反之，如果亏损产品创造的边际贡献小于与生产能力转移有关的机会成本，就应当停产。

【例 6 – 5】

沿用例 6 – 4 所列的资料，假定 2019 年其他条件均不变，但剩余生产能力可以转移，若将闲置设备对外出租，1 年可获得租金收入 5 000 元。

要求：不通过计算，直接作出 2019 年是否继续生产甲产品的决策，并说明理由。

解：

由于继续生产甲产品的边际贡献为 4 000 元，小于其机会成本 5 000 元，因此应该停止生产甲产品，这样可以使企业多获得 1 000 元利润。

四、零部件自制还是外购的决策

企业生产所需要的零部件是自制还是外购，在这类决策中，最常见的错误是将自制成本和外购的供应商价格进行比较，忽略了自制成本中包含的不相关成本，从而导致错误决策。

【例 6 – 6】

假设某企业每期生产需要用 A 零件 30 000 件，相关资料如表 6 – 10 所示。

表6-10 A零件相关资料　　　　　　　　　　元

项目	单位成本	总成本
直接材料费	5	150 000
直接人工	6	180 000
变动制造费用	7	210 000
固定制造费用	7	210 000
合计	25	750 000

企业自身的生产能力没有得到充分利用。现在假设有一供应商愿意以每件20元的价格提供A零件，那么，A零件是自制还是外购。

从表面上看，外购的总成本为600 000元，而自制成本为750 000元。但进一步分析可以看到，固定性制造费用为210 000元，不论A零件是自制还是外购都会发生，属于无关成本，这样，自制的相关成本为540 000元，自制成本小于外购成本，选择以自制为宜。

【例6-7】

以例6-6的资料为基础，进一步假设企业用于生产A零件的生产设施可以用来生产B产品20 000件，每件可获利5元。

要求：作出A零件是自制还是外购的决策。

这时企业的生产能力用来生产A零件与用来生产B产品是互斥方案。如果企业所需要的A零件采用自制方案，就不能用来生产B产品。因此，生产B产品所能得到的利润100 000元就是自制A零件的机会成本。由于存在机会成本，自制A零件的相关成本不仅包括原来的变动成本540 000元，还包括放弃生产B产品而产生的机会成本100 000元，相关成本总额为640 000元，而外购成本为600 000元，显然，外购成本低于自制成本。企业选择外购A零件对企业更有利。

【例6-8】

以例6-6的资料为基础，假设企业为了生产A零件，需要购买专用设备100 000元，在这种情况下，A零件是自制还是外购？

根据上述资料，先确定购买专用设备后A零件自制或外购的成本无差别点。

$$成本无差别点 = \frac{追加的专属固定成本}{零件外购单价 - 追加专属固定成本前A零件自制的单位成本}$$
$$= 100\ 000 \div (20 - 18) = 50\ 000（件）$$

上述计算表明，如果A零件需要量在50 000件以上，自制成本低于外购成本，选择自制；如果A零件需要量在50 000件以下，自制成本高于外购成本，选择外购。如果A零件需要量刚好等于50 000件，选择自制或外购均可。

五、是否接受或拒绝某一特殊订单的决策

在实际工作中，企业常常会遇到一些特殊订单，如低于正常价格的订货订单、重要关系客户的具有特殊要求的订单。企业是否接受，对此，不能一概而论，要作出具体分析。

当追加订货量小于或等于剩余生产能力时，企业可利用剩余生产能力完成追加订货的生产，在接受追加订货不追加专属成本，而且剩余生产能力又无法转移时，只要特殊订货单价大于该产品的单位变动成本，就可以接受该追加订货。

当追加订货量大于剩余生产能力时，接受追加订货一定会影响正常订货量的完成，在决策分析时，应将因接受追加订货而减少的正常收入作为追加订货方案的机会成本。当企业剩余生产能力能够转移时，转产所能产生的收益也应作为追加订货方案的机会成本。若追加订货需要增加专门的固定成本，则应将其作为追加订货的专属成本。

【例 6 -9】

设某公司生产乙产品，年设计生产能力为 1 000 件，目前产销 800 件。单位售价 1 000 元，其正常单位成本构成如下：直接材料费 300 元，直接人工 200 元，变动制造费用 100 元，固定制造费用 200 元。

根据以下几种情况，作出是否接受追加订货的决策。

（1）接受追加订货 200 件，出价 700 元。

（2）接受追加订货 400 件，出价 700 元。

（3）接受追加订货 200 件，出价 700 元，剩余生产能力可以出租，租金收益 30 000 元。

解：

（1）根据提供的资料，接受这项追加订货似乎是不合算的。因为把对方的出价 700 元与该产品的单位成本 800 元比较，每件要亏损 100 元。但是如果考虑到这批订货可以利用现有的剩余生产能力生产，接受订货并不会增加原有的固定成本，可以只从决策的相关成本考虑。从这一观点出发，追加订货的单价 700 元超过该订货的相关成本，即变动成本 500 元，追加订货可以给企业带来增量的贡献毛益 200 元，因此，可以接受此项追加订货。差量分析计算表如表 6 -11 所示。

表 6 -11　差量分析计算表　　　　　　　　　　　　　元

项目	接受追加订货	拒绝追加订货	差异额
相关收入	140 000	0	140 000
相关成本			
直接材料费	60 000	0	
直接人工	40 000	0	
变动性制造费用	20 000	0	
相关成本小计	120 000	0	120 000
差别利润			20 000

表 6 -11 中的计算结果表明，接受此项追加订货可使该企业增加利润 20 000 元，应该接受此项追加订货。

（2）接受追加订货 400 件，出价 700 元。追加订货 400 件，已超出了现有生产能力 200 件。如果接受该追加订货，将减少正常产销量 200 件，所以存在机会成本（减少正常产销 200 件的收益）。差量分析计算表如表 6 -12 所示。

表 6 – 12　差量分析计算表　　　　　　　　　　　　元

项目	接受追加订货	拒绝追加订货	差异额
相关收入	280 000	0	280 000
相关成本			
直接材料费	120 000	0	
直接人工	80 000	0	
变动性制造费用	40 000	0	
削减正常生产的机会成本	80 000	0	
相关成本小计	320 000	0	320 000
差别利润			– 40 000

其中：机会成本 = 200 × [1 000 – (300 + 200 + 100)] = 80 000（元）

接受追加订货的相关收入 = 400 × 700 = 280 000（元）

接受追加订货的相关成本 = 400 × (300 + 200 + 100) + 80 000 = 320 000（元）

接受追加订货的差量损益 = 280 000 – 320 000 = – 40 000（元）

上述计算结果表明，如果接受该追加订货会给企业带来 4 000 元的经济损失，所以不应接受。

（3）接受追加订货 200 件，出价 700 元，剩余生产能力可以出租，租金收益 30 000 元。由于剩余生产能力可出租，所以如果接受追加订货，存在机会成本 30 000 元。差量分析计算表如表 6 – 13 所示。

表 6 – 13　差量分析计算表　　　　　　　　　　　　元

项目	接受追加订货	拒绝追加订货	差异额
相关收入	140 000	0	140 000
相关成本			
直接材料费	60 000	0	
直接人工	40 000	0	
变动性制造费用	20 000	0	
生产能力出租的机会成本	30 000	0	
相关成本小计	150 000	0	150 000
差别利润			– 10 000

上述计算结果表明，接受该项追加订货会给企业带来 10 000 元的损失，所以不接受该追加订货，而把剩余生产能力出租，对企业更有利。

六、半成品立即出售或继续加工的决策

在企业内部，所生产的产品在完成一定的加工阶段后，可以作为半成品出售，如铸件

等，也有些产品经过进一步加工后出售，如纺织厂生产的棉纱，可以立即出售，也可以加工成布匹。经过深加工后，半成品的售价一定要高于原半成品的售价，但是也要追加一定的加工成本。所以，为了在这两种方案中能够作出正确的抉择，就必须计算分析进一步加工后预期所增加的收入是否超过进一步加工时追加的成本，如果进一步加工后增加的收入超过进一步加工后追加的成本，那么进一步加工的方案较好；反之，直接出售半成品更好。

在产品加工程度的决策分析中，深加工前的半成品（无论是固定成本还是变动成本）都属于沉没成本，是与决策无关的非相关成本。相关成本只包括与深加工直接有关的成本。

【例 6 – 10】

某肉联厂加工猪肉，每天可加工五花肉 2 000 斤，可以立即对外出售，单价为12 元/斤，也可以继续加工成速冻水饺，每斤五花肉可加工 10 斤速冻水饺，追加的水电原料等加工成本 10 元/斤，速冻水饺售价 15 元/斤。

要求：分析五花肉是立即出售还是进一步加工成速冻水饺。

采用差别分析法进行决策分析，差量分析计算表如表 6 – 14 所示。

表 6 – 14　差量分析计算表　　　　　　　　　　　　　　　　　　　元

项目	进一步深加工	直接对外出售	差异额
相关收入	2 000 × 10 × 15 = 300 000	2 000 × 12 = 24 000	276 000
相关成本	200 000	0	200 000
其中：增量成本	2 000 × 10 × 1 × 10 = 200 000	0	
增量收益			76 000

从上述分析可知，2 000 斤五花肉进一步加工成速冻水饺比直接对外出售可以每天多获得 76 000 元的收益，在现有的条件下，企业应选择进一步加工。

七、联产品是否进一步加工的决策

在某些企业里，在同一生产过程中，投入一定的原材料就可同时生产出两种或两种以上性质不同或用途不同的主要产品，这些产品就称为联产品。如石油化工企业中，经过炼油环节就可以提炼燃料油、汽油和其他类型的石油产品等。这些联产品的综合成本称为联产品成本，该成本要在全部联产品之间分摊，常用的标准有按单价或有关的技术系数比例分摊。如果分离后每种产品还要继续加工，就必须另外追加成本，这种成本称可分成本，应由分离后继续加工的产品承担。关于联产品是否进一步加工的决策类似于半成品的相应决策，联产品分离前几种产品共同发生的成本即联产品成本，与出售或进一步加工的决策无关，为非相关成本；而分离后发生的成本，与决策有关，为相关成本。现举例说明如下：

【例 6 – 11】

某企业是生产联产品的企业，经过第一生产过程，即可分离出 A、B、C 三种联产品，产出比例是 2∶1∶1，原料在生产加工过程中的自然损耗率为 10%。假定本期投入原料 1 000 吨，当期全部产出，其发生联合成本 108 000 元，成本按销售收入比重分配，B 联产品可以深加工为 D 产品，B、D 的投入产出比为 3∶1，每深加工 1 吨 B 联产品要发生可分成本 95

元。A、B、C、D 四种产品的售价分别为每吨 200 元、150 元、100 元和 480 元。

要求：作出是直接出售 B 产品还是将其深加工为 D 产品的决策。

解：

根据资料，总产出产量为 900 吨 [1 000 × (1 − 10%) = 900]，各种联产品的相关产量为：A 产品的相关产量为 450 吨 [900 ÷ (2 + 1 + 1) × 2 = 450]，B 产品的相关产量为 225 吨 [900 ÷ (2 + 1 + 1) × 1 = 225]，C 产品的相关产量为 225 吨 [900 ÷ (2 + 1 + 1) × 1 = 225]，D 产品的相关产量为 75 吨 (225 ÷ 3 = 75)。

采用差量分析法进行决策分析，差量分析计算表如表 6 − 15 所示。

表 6 − 15 差量分析计算表

元

项目	进一步深加工为 D 产品	直接对外出售 B 半成品	差异额
相关收入	480 × 75 = 36 000	150 × 225 = 33 750	2 250
相关成本	21 375	0	21 375
其中：增量成本	95 × 225 = 21 375	0	
增量收益			− 19 125

由表 6 − 15 可以得出结论，应将 B 产品直接出售对企业有利，可多获得 19 125 元的利益。

第四节 资源稀缺条件下的产品组合决策

企业在进行产品生产时可能会受到原料供应、机器时间、特定劳动技能、资金等方面的制约，从而使企业不可能将生产能力全部用于单一产品的生产。在某些资源的供应存在限制时，企业必须对产品和服务的组合作出决策，即作出资源稀缺条件下的产品组合决策。在这种情况下，制约企业产品生产量和销售量的是企业的特定资源，而非市场的需求。因此，企业在作出这类决策时，要着重考虑在现有条件下，通过安排产品或劳务的组合，使企业的盈利能力最大化，即企业的边际贡献最大化。不同的组合代表不同的备选方案，对应不同的盈利水平。因为固定成本不随业务量的变化而变化，因此，不同组合的固定成本都相同，属于不相关成本。在进行决策时，关键在于选择使企业贡献毛益最大的产品组合。

一、贡献毛益分析法

在只有一种资源稀缺的情况下，一个企业生产两种产品，如果这两种产品的生产在企业生产能力上相互影响，或在市场需求上相互影响，就需要进行决策，以确定最佳的产品产量组合。一般而言，在市场需求相互影响的情况下，两种产品的生产应考虑单位产品所创造的贡献毛益。单位产品创造的贡献毛益大的产品优先生产。如果两种产品在企业的生产能力上相互影响，一种产品的增产，要以另一种产品的减产为代价，则应该考虑单位生产能力所创造的贡献毛益。单位生产能力所创造的贡献毛益大的产品应优先生产。

【例 6 – 12】

某企业生产甲、乙两种产品，市场销路极好，在现有的售价下，需求不受限制。甲、乙两种产品有关的单位售价、单位变动成本和机器工时等相关资料如表 6 – 16 所示。

表 6 – 16　甲、乙两种产品的相关资料

项目	甲产品	乙产品
单位售价/元	10	6
单位变动成本/元	8	3
单位贡献毛益/元	2	3
单位产品所需机器工时/小时	1	4
单位机器工时的贡献毛益/元	2	0.75
月固定成本总额/元	1 000	

企业可用的机器工时为 1 000 小时，分析如何安排生产才能使企业的利润最大？

由于市场销路好，需求没有限制，企业应当尽量生产贡献毛益大的产品，本例中乙产品的贡献毛益大于甲产品，表面上看应该优先安排生产乙产品。但是，因为企业的机器工时有限，从占用单位工时所创造的贡献毛益看，甲产品的盈利能力更高。生产 4 个甲产品所耗用的机器工时等于生产 1 个乙产品所耗用的机器工时，但是从对利润的贡献来看，4 个甲产品的贡献毛益为 8 元，1 个乙产品的贡献毛益 3 元，因此应当将机器工时全部安排生产甲产品，可以生产 1 000 件，可以给企业带来最大的利润。

$$1\,000 \times 2 - 1\,000 = 1\,000（元）$$

【例 6 – 13】

沿用例 6 – 12，假设市场需求有限，对甲产品的需求量为 520 件，对乙产品的需求量为 500 件，分析如何安排生产才能使企业的利润最大？

对这样的问题，仍然按单位资源稀缺条件下的贡献毛益的大小顺序排序，来确定优先安排生产的产品，从表 6 – 16 可以看出，甲产品的单位机器工时贡献毛益大于乙产品的单位机器工时贡献毛益，应优先安排生产。因为甲产品的需求量为 520 件，则甲产品消耗的机器工时为 520 小时（520 × 1 = 520），剩余机器工时为 480 小时（1 000 – 520 = 480），剩余工时可以用于生产乙产品 120 件（480/4 = 120）。

通过以上分析可知，在目前的生产条件下，应安排生产甲产品 520 件、乙产品 120 件，才能使企业的利润达到最大。

$$最大利润 = 520 \times 2 + 120 \times 3 - 1\,000 = 400（元）$$

如果企业在现有的条件下先安排生产乙产品，则只能生产 250 件（1 000/4 = 250），实现的利润为：

$$最大利润 = 250 \times 3 - 1\,000 = -250（元）$$

由此可见，导致企业亏损 250 元。

二、线性规划分析法

在资源稀缺的条件下，如何安排生产的问题，也可以用线性规划分析法来解决。线性规划是在所有可行解中求最优解的方法。在线性规划理论下，许多个解可以忽略不计，只考虑有限个解。其基本步骤如下：

（一）确定目标函数和约束条件

把确定的目标函数和约束条件用代数式表示。

（二）求解目标函数的最优解

【例 6 -14】

沿用例 6 -13 的资料，用线性规划分析法分析如何安排生产才能对企业最有利？

（1）确定目标函数和约束条件。

设 x 代表甲产品的产量，y 代表乙产品的产量，P 代表可提供的利润。

目标函数和约束条件可描述如下：

目标函数：

$$P = 2x + 3y - 1\ 000$$

约束条件：

$$\begin{cases} x \leq 520 & (1) \\ y \leq 500 & (2) \\ x + 4y \leq 1\ 000 & (3) \\ x \geq 0 & (4) \\ y \geq 0 & (5) \end{cases}$$

根据上述约束条件，可做图 6 -1。

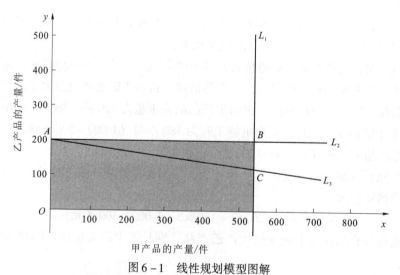

图 6 -1　线性规划模型图解

图 6 -1 表明，满足上述约束条件的可行解一定位于多边形 *OABC* 区域。

（2）确定能使目标函数达到最大值的最优解。

目标函数 $P = 2x + 3y - 1\,000$，变形为：

$$y = \frac{1\,000 + P}{3} - \frac{2}{3}x$$

可见，目标函数的斜率为 $-2/3$，在图 6-1 上做一组斜率为 $-2/3$ 的平行线，这组平行线为等利润线，用虚线表示。它的纵截距为 $\frac{1\,000 + P}{3}$，纵截距越大，目标函数 P 的值越大。

这就需要我们在图 6-1 的多边形 $OABC$ 区域里找到一个点，通过这一点的等利润线的纵截距最大。直线 L_2 和 L_3 的交点 B（520，120）刚好符合这个约束条件，即生产甲产品 520 件、乙产品 120 件，能使企业的生产能力得到充分利用，同时企业的经营利润也能达到最大值 400 元。（$P = 2 \times 520 + 3 \times 120 - 1\,000$）。这与前面分析的结论是一致的。

这种方法只适用于同时生产两种产品时最优产量组合的决策，对于同时生产三种或三种以上产品的情况，就要用单纯形法来求解，在这里不再赘述，请参考相关书籍。

课后习题

一、单项选择题

1. 某企业 2018 年生产某亏损产品的贡献毛益总额为 3 000 元，固定成本是 1 000 元，假定 2019 其他条件不变，但生产该产品的设备可对外出租，当出租增加收入为（　　）元时，应停产该种产品。

A. 2 001　　　　　　　B. 3 000　　　　　　　C. 1 999　　　　　　　D. 2 900

2. 在有关产品是否进行深加工的决策中，深加工前的半产品成本属于（　　）。

A. 估算成本　　　　　　　　　　　　B. 重置成本

C. 机会成本　　　　　　　　　　　　D. 沉没成本

3. 在两个可供选择的方案之间预期成本的差异即是（　　）。

A. 边际成本　　　　　　　　　　　　B. 变动成本

C. 差量成本　　　　　　　　　　　　D. 机会成本

4. 在短期经营决策中，企业不接受特殊价格追加订货的原因是买方出价低于（　　）。

A. 正常价格　　　　　　　　　　　　B. 单位产品成本

C. 单位变动成本　　　　　　　　　　D. 单位固定成本

5. 当企业的剩余生产能力无法转移时，不继续生产某亏损产品的条件之一是（　　）。

A. 该产品的单价等于单位变动成本　　B. 该产品的单价小于单位变动成本

C. 该产品的单位贡献毛益大于零　　　D. 该产品的变动成本率大于 100%

6. 当利润实现最大化时，边际成本与边际收入的关系是（　　）。

A. 边际收入大于边际成本　　　　　　B. 边际收入小于边际成本

C. 边际收入等于边际成本　　　　　　D. 边际收入与边际成本无关

7. 在存在专属成本的情况下，通过比较不同备选方案的（　　）来进行择优决策。

A. 贡献毛益总额　　　　　　　　　　B. 剩余贡献毛益总额

C. 单位产品贡献毛益　　　　　　　　D. 单位剩余贡献毛益

8. 在企业的某项资源受到限制的情况下，通过比较不同备选方案的（　　）来进行择优决策。

A. 贡献毛益总额   B. 剩余贡献毛益总额

C. 单位产品贡献毛益   D. 单位资源贡献毛益

9. 剩余贡献毛益与贡献毛益之差为(　　)。

A. 变动成本   B. 固定成本

C. 专属成本   D. 联合成本

10. 设某厂需要零件甲，其外购单价为 10 元，若自行生产，单位变动成本为 6 元，且需要为此每年追加 10 000 元的固定成本，通过计算可知，当该零件的年需要量为(　　)件时，两种方案等效。

A. 2 500   B. 3 000   C. 2 000   D. 1 800

11. 有一企业同时生产三种产品甲、乙、丙，它们的贡献毛益分别是 200 元、120 元和 130 元，现在这三种产品的年利润分别是 5 000 元、52 000 元和 – 800 元，这时企业有多种方案可供选择，其中最好的是(　　)。

A. 将亏损 800 元的丙产品停产

B. 丙产品停产，用其腾出的生产能力生产总贡献毛益较大且超过丙产品的产品

C. 亏损的丙产品继续生产

D. 丙产品停产，利用其腾出的生产能力转而生产利润最高的乙产品

12. 假设某厂有剩余生产能力 1 000 机器小时，有四种产品甲、乙、丙、丁，它们的单位贡献毛益分别为 4 元、6 元、8 元、10 元，生产一件产品所需要的机器小时各为 4 小时、5 小时、6 小时和 7 小时，则该厂应增产的产品是(　　)。

A. 甲产品   B. 乙产品   C. 丙产品   D. 丁产品

13. 在确定两种产品生产的最优组合时，运用线性规划方法，得到产品组合 (x_1, x_2) 的可行解区域为：A (0, 0)，B (0, 60)，C (40, 0)，D (25, 35)，则总贡献毛益 $x = 3x_1 + 2x_2$ 的最大值为(　　)。

A. 120   B. 150   C. 175   D. 145

14. 某企业生产某种半成品 2 000 件，完成一定加工工序后，可以立即出售，也可以进一步深加工之后再出售。如果立即出售，售价为 15 元/件，若深加工后出售，售价为 24 元/价，但要多付加工费 9 500 元，则直接出售方案的相关成本为(　　)元。

A. 48 000   B. 30 000   C. 9500   D. 0

15. 在产销平衡的情况下，一个企业同时生产多种产品，其中一种单位贡献毛益为正的产品最终变为亏损产品，其根本原因在于(　　)。

A. 该产品存在严重积压

B. 该产品总成本太高

C. 该产品分担的固定成本相对较高

D. 该产品销量太小

二、多项选择题

1. 当剩余生产能力无法转移时，亏损产品不应停产的条件有 (　　)。

A. 亏损产品的变动成本率大于 1

B. 亏损产品的变动成本率小于 1

C. 亏损产品的贡献毛益大于零

D. 亏损产品的单位贡献毛益大于零

2. 短期经营决策分析主要包括( )。

A. 生产经营决策分析　　　　　　　　B. 定价决策分析

C. 销售决策分析　　　　　　　　　　D. 战略决策分析

3. 贡献毛益法适用于( )。

A. 收入成本开支方案的择优决策　　　B. 企业的各种经营决策

C. 收益开支方案的择优决策　　　　　D. 不需要的机器设备是出售还是出租决策

4. 差量成本这一概念经常用于( )的决策。

A. 不同生产能力利用率下的成本差别

B. 接受追加订货

C. 零部件是外购还是自制

D. 某项不需要的设备是出租还是出售

5. 下列各项中，属于生产经营决策的有( )。

A. 深加工的决策　　　　　　　　　　B. 最优售价的决策

C. 生产工艺技术方案的决策　　　　　D. 亏损产品的决策

6. 在半成品进一步深加工决策中，差量成本的构成项目有( )。

A. 原有生产能力的维持成本　　　　　B. 新增专属固定成本

C. 原有生产能力对外出租收入　　　　D. 继续深加工的变动成本

7. 下列各项中，属于生产经营相关成本的有( )。

A. 增量成本　　　　　　　　　　　　B. 机会成本

C. 不可避免成本　　　　　　　　　　D. 沉没成本

8. 对亏损产品进行变动成本分析之后，可作出( )的选择。

A. 停产　　　　　B. 继续生产　　　　C. 出让　　　　　D. 出租

9. 短期经营决策的特征有( )。

A. 时间一般在一年之内　　　　　　　B. 一般只涉及固定资产投资

C. 影响时间短　　　　　　　　　　　D. 风险比较小

10. 产品寿命周期可以分为( )。

A. 投入期　　　　　　　　　　　　　B. 成长期

C. 成熟期　　　　　　　　　　　　　D. 衰退期

三、计算分析题

1. 某制造厂有一种通用设备，可以生产 A 产品，也可以生产 B 产品，两种产品预期的销售数量、销售单价和单位变动成本如表 6－17 所示。

表 6－17　两种产品预期的销售数量、销售单价和单位变动成本

项目	A 产品	B 产品
预期销售数量/件	1 000	500
预期销售单价/元	11	26
预期单位变动成本/元	8	22

要求：利用差量分析法对该企业应该选择生产哪种产品对企业更有利进行决策。

2. 某企业现有设备生产能力是 30 000 个机器工时，其利用率为 80%，现准备利用剩余的生产能力开发新产品 A、B、C，三种产品的资料如表 6 – 18 所示。

表 6 – 18　三种产品的资料

项目	A 产品	B 产品	C 产品
单位产品定额工时/小时	2	3	5
单位销售价格/元	15	25	35
单位变动成本/元	5	15	20

另外，在生产 C 产品时，需要增加设备 2 000 元，假设三种产品的市场销售不受限制。

要求：利用贡献毛益法进行决策。

3. 某汽车齿轮厂生产汽车齿轮，可用普通铣床、万能铣床或数控铣床进行加工，有关资料如表 6 – 19 所示。

表 6 – 19　有关资料

成本项目	普通铣床	万能铣床	数控铣床
变动成本/元	2.4	1.2	0.6
专属成本/元	90	180	360

要求：利用成本无差别点分析法进行加工方案的决策。

4. 某企业有一闲置设备，既可用于生产甲产品，又可用于出租。如果用于生产甲产品，其收入为 50 000 元，成本费用为 30 000 元；如果用于出租，可得租金收入 15 000 元。

要求：

（1）分别计算将设备用于生产甲产品和用于出租的机会成本。

（2）运用差量成本的概念帮助企业决策。

5. 某企业生产甲产品，其中下个年度需要 A 零件 18 000 个，如外购，每个 A 零件进价 60 元。如利用车间生产能力自行生产，每个 A 零件的直接材料费 30 元，直接人工 20 元，变动制造费用 8 元，固定制造费用 6 元，合计 64 元。

要求：

（1）假设该车间的设备不接受自制任务，也不作其他安排。决策下个年度 A 零件是自制还是外购？

（2）假定自制 A 零件需要增加专用设备两台，每台价值 100 000 元，使用期限 5 年，没有残值，按直线法计提折旧，每年为 40 000 元。根据这一变化，判断该厂 A 零件是自制还是外购？

6. 某化工企业在生产过程中同时生产 A、B、C、D 四种产品，其中，B 产品可以在分离后立即出售，也可能继续加工后出售。资料有：产量 8 吨，分离后销售单价为 6 000 元，加工后销售单价为 10 000 元，联合成本为 2 000 元，可分为单位变动成本 5 000 元。固定成本 20 000 元。

要求：对 B 产品是否进一步加工作出决策。

7. 某企业生产甲、乙两种产品，有关资料如表 6 - 20 所示。

表 6 - 20　有关资料

项目	甲产品	乙产品
最大销售量/件	2 500	2 000
每件产品在甲车间加工时间/小时	10	4
每件产品在乙车间加工时间/小时	4	8
单位售价/元	30	20
单位变动成本/元	20	12
单位贡献毛益/元	10	8

甲车间加工能力为 30 000 小时，乙车间加工能力为 24 000 小时。

要求：计算甲、乙产品的最优组合（用图解法）。

8. 某企业只生产一种产品，全年最大生产能力为 1 200 件。年初已按 100 元/件的价格接受正常任务 1 000 件，该产品的单位完全生产成本 80 元/件（其中，单位固定生产成本为 30 元）。现有一客户要求以 70 元/件的价格追加订货。

要求：请考虑以下互不相关情况，用差量分析法为企业作出是否接受低价追加订货的决策。并说明理由。

（1）剩余能力无法转移，追加订货量为 200 件，不增加专属成本；

（2）剩余能力无法转移，追加订货量为 200 件，但因有特殊要求，企业需要追加 1 000 元专属成本；

（3）同（1），但剩余能力可用于对外出租，可获得租金收入 5 000 元；

（4）剩余能力无法转移，追加订货量为 300 件，因有特殊要求需追加 1 000 元专属成本。

9. 某企业本年计划生产甲产品 2 000 台，销售单价为 200 元，单位变动成本为 140 元，现有一公司向企业发出订单，要求订货 500 台，订单报价为 170 元/台。

要求：根据以下各种情况分别作出是否接受此订货的决策。

（1）如果企业的最大生产能力为 3 000 台，剩余生产能力不能转移，且追加订货不需要追加专属成本。

（2）如果企业的最大生产能力为 2 200 台，且追加订货不需要追加专属成本。

（3）如果企业的最大生产能力为 2 500 台，但追加订货需要使用某专用设备，该设备的使用成本为 2 000 元；若不接受追加订货，则该部分生产能力可以出租，可得租金 5 000 元。

（4）如果企业的最大生产能力为 2 400 台，追加订货需要追加 3 000 元的专属成本；若不接受追加订货，则该部分生产能力可以承揽零星加工业务，预计可能获得贡献毛益总额为 4 000 元。

第七章

长期投资方案的分析评价

1. 掌握长期投资方案的现金流量分析方法
2. 了解货币时间价值的含义和表现形式
3. 掌握长期投资方案经济评价的动态指标的经济意义和计算方法
4. 掌握长期投资方案对比与选优的原理和方法
5. 了解长期投资方案经济评价中的风险因素

第一节　长期投资决策的特征和程序

长期投资决策就是关于长期投资方案的选择。长期投资主要是固定资产增加、扩建、改造等方面的资金投入，有时也指购买长期债券、股票等证券方面的资金投入，在通常情况下专指前者。目前，我国做项目建设都要进行技术上、财务上、经济上的可行性分析，财务上与经济上的可行性分析，实际上就是长期投资决策。

一、长期投资决策的特征

与短期经营决策相比，长期投资决策的特征具体表现在以下两点：

（1）它涉及企业生产（或服务）能力的变动，而短期经营决策一般不涉及生产能力的变动。

（2）由于长期投资一般数额巨大，而其效益往往要经历较长时期才能实现。因此，决策的结果对企业有着较长的影响，一般至少在一年以上。而短期经营决策的结果对企业的影响较短，一般在一年（或一个营业周期）以内。

二、长期投资决策的程序

鉴于长期投资本身所具有的投入金额大、影响持续时间长、回收慢的特点，从而决定了长期投资直接影响着企业未来的长期效益与发展，甚至关系到企业的生死存亡。因此，企业通常对长期投资的决策比较慎重，有一套较为严密的程序。

（一）项目规划

项目规划就是根据市场情况以及自身发展的需要，提出项目建设的构想。

（二）编制项目建议书

编制项目建议书就是对项目建设的必要性以及在技术上、财务上、经济上的可行性进行初步分析，并按管理权限报批后，分别列入各级前期工作计划，也就是对项目作出初步决策。

（三）编制可行性研究报告与设计任务书

就是对项目建议书已批准并已列入前期工作计划的项目，由上级部门、企业单位委托设计或咨询单位按规定进行可行性研究，具体研究分析项目的产品市场和产供销情况，以及地点、技术设计方案、财务、经济效益等，编出可行性研究报告与设计任务书。

（四）确立项目

可行性研究报告与设计任务书应按管理权限报经有关部门批准，对项目作出最后决策。

以上程序是对基建项目的要求。至于更新改造项目，大中型的，应比照基建项目办理；小型的，则可根据具体情况简化程序。

会计人员参与长期投资决策，其重点在于进行可行性研究报告的财务、经济效益分析。

第二节　现金流量

一、现金流量的含义与内容

在长期投资决策中，投资收入与投资支出都是以现金实际收支为基础的。在未来一定时期内的现金流入量与现金流出量统称为现金流量，反映了广义现金（货币资金）的运动，具体地说，在现金流量中有三个概念。

（一）现金流出量

现金流出量通常包括四个方面。

1. 建设投资

这是指在建设期内发生的各种固定资产、无形资产和递延资产的投资。

2. 为制造和销售产品所发生的各种料、工、费付现成本

这里的付现成本是指从产品成本中扣除固定资产折旧后的差额，其理由在于折旧费作为生产产品所必不可少的一项费用已计入产品成本，但实际上这笔折旧费并不是当期的现金开支，而是以前期间的开支在本期的摊销额。所以在计算现金流出量时，必须予以剔除，以真实反映现金流出的情况。

3. 垫支的流动资金

固定资产投资扩大了生产能力，引起了对流动资产需求的增加，因此需要垫付一笔流动资金以满足日常的周转，只有当项目终止时，才能收回这笔流动资金用于其他目的。

4. 所得税支出

从企业的角度出发，只有税后现金流量才真正属于自己，因此将所得税支出看作一种现金流出量。

（二）现金流入量

现金流入量通常包括三个方面。

1. 项目投产后每年的营业收入（或付现成本节约额）

2. 项目终止时，固定资产的变价收入

3. 项目终止时，回收的流动资金

（三）现金净流入量

现金净流入量，是指现金流入量扣除现金流出量后的余额。通常以年为单位，称为年现金净流入量，记作 NCF。在评价项目时主要以 NCF 为基础。

二、现金净流入量的计算

（一）项目建设期内的现金净流入量的计算

由于项目建设期内通常没有现金流入，因此现金净流入量表现为投资额的相反数。即

$$NCF = 0 - 投资额 = -投资额$$

（二）项目经营期内的现金净流入量的计算

$$NCF = 销售收入 - 付现成本 \qquad （公式 7-1）$$

$$NCF = 年利润 + 年折旧 \qquad （公式 7-2）$$

公式 7-1 是根据现金流入量减去现金流出量的原则得到的；公式 7-2 是将权责发生制的结果调整为收付实现制的结果，由于利润中已扣除了所有成本，而折旧是沉没成本，并没有发生现金流出，不该扣除，因此要加回去。

需要注意的是，如果存在着无形资产与递延资产的摊销额，应将其折旧作相同的处理。通常在经营期的最后一年，会发生固定资产变价收入以及流动资金的回收，应在上述公式的基础上加上。

【例 7-1】

某企业拟新建一条流水线，投资 200 万元，预计可用 8 年（假定按直线法计提折旧，无残值），每年可生产产品 2 000 件，产品售价 700 元，单位变动成本 300 元，除折旧以外的固定成本 400 000 元。请计算各年的现金净流入量。

$$NCF_0 = -2\,000\,000$$

按公式 7-1 计算：

$$NCF_{1-8} = 700 \times 2\,000 - (300 \times 2\,000 + 400\,000) = 400\,000 （元）$$

按公式 7-2 计算：

$$NCF_{1-8} = -\left[200 \times (700 - 300) - \left(400\,000 + \frac{2\,000\,000}{8}\right)\right] + \frac{2\,000\,000}{8}$$

$$= 400\,000 （元）$$

【例 7-2】

某企业拟更新已用了 2 年的旧设备。旧设备原值 42 000 元，账面价值 26 000 元，尚可使用 3 年，期满有残值 2 000 元，变现价值为 10 000 元。旧设备每年收入 70 000 元，付现成本 55 000 元。新设备购入价 60 000 元，可用 3 年，使用新设备后每年可增加收入 10 000 元，并降低付现成本 15 000 元，期满无残值。

要求：

（1）分别计算两个方案的现金净流入量。

（2）计算更新方案的差量净流入量。

解：

（1）继续使用旧设备的现金净流量，

$$NCF_0 = -10\,000 元$$

第 0 年无付现成本，其变现价值为机会成本。

$$NCF_{1-2} = 70\,000 - 55\,000 = 15\,000 （元）$$

$$NCF_3 = 15\,000 + 2\,000 = 17\,000 （元）$$

采用新设备的现金净流量：

$$NCF_0 = -60\,000 元$$

$$NCF_{1-3} = (70\,000 + 10\,000) - (55\,000 - 15\,000)$$

$$= 40\,000 （元）$$

（2）更新方案的差量净流入量：

$$\Delta NCF_0 = -60\,000 - (-10\,000) = -50\,000 \text{（元）}$$
$$\Delta NCF_{1-2} = 40\,000 - 15\,000 = 25\,000 \text{（元）}$$
$$\Delta NCF_3 = 40\,000 - 17\,000 = 23\,000 \text{（元）}$$

（三）考虑所得税因素

以往在长期投资决策中，人们较多地以税前利润为基础来确定现金流量，因为利税均是新创造的价值，都是为国家作出的贡献。随着社会主义市场经济的发展，企业越来越注意自己的微观效益，因此所得税作为一项费用，必须在确定现金流量时予以考虑。所得税对现金流量的影响主要表现在两个方面：

1. 经营期的现金流量

年现金净流入量的计算公式可表述为：

$$NCF = 销售收入 - 付现成本 - 所得税 \qquad \text{（公式7-3）}$$
$$NCF = 税后利润 + 折旧 \qquad \text{（公式7-4）}$$
$$NCF = 销售收入 \times (1 - 税率) - 付现成本 \times (1 - 税率) + 折旧 \times 税率$$
$$\text{（公式7-5）}$$

在上述三个公式中，公式7-3与公式7-4比较容易理解。公式7-5较难理解，但应用范围比较广，因为采用公式7-3、公式7-4计算 NCF，必须先将税前利润算出来，而有时候收入与支出的情况比较复杂，计算税前利润也就比较困难，这时就可采用公式7-5来计算，公式7-5共分三项：

第一项可称为税后收入，其含义是假定后两项不变，收入增加多少，利润就增加多少，而企业只得到税后部分；

第二项可称为税后付现成本，其含义与第一项相同，但方向正好相反；

第三项可称为折旧抵税，其含义是折旧本身既不增加现金流量，也不减少现金流量，但折旧的发生将减少税前利润，从而可以少交所得税，流出的减少视同流入。

【例7-3】

某企业投资130 000元购买机器一台，可用5年。期满有残值10 000元。该设备投入使用后每年可增加营业收入80 000元，同时付现成本将增加36 000元。假定按直线法计提折旧，所得税税率为25%，计算经营期的现金净流入量。

按公式7-3计算：

$$NCF = 80\,000 - 36\,000 - \left[80\,000 - \left(36\,000 + \frac{130\,000 - 10\,000}{5}\right)\right] \times 25\%$$
$$= 80\,000 - 36\,000 - 5\,000$$
$$= 39\,000 \text{（元）}$$

按公式7-4计算：

$$NCF = \left[80\,000 - \left(36\,000 + \frac{130\,000 - 10\,000}{5}\right)\right] \times (1 - 25\%) + \frac{130\,000 - 10\,000}{5}$$
$$= 15\,000 + 24\,000$$
$$= 39\,000 \text{（元）}$$

按公式 7-5 计算：

$$NCF = 80\,000 \times (1-25\%) - 36\,000 \times (1-25\%) + \frac{130\,000 - 10\,000}{5} \times 25\%$$

$$= 39\,000 \text{（元）}$$

由以上计算可知，三个公式的结果是一致的。在具体应用时，可视占有的资料，采用比较合适的方法。

2. 建设期的现金流量

如果是新建项目，所得税对现金流量没有影响。年现金净流入量 $NCF = -$ 投资额；但如果是更新改造项目，固定资产的清理损益也应考虑所得税问题。

【例 7-4】

某企业甲机器原值 150 000 元，可用 5 年，期满无残值，按直线法计提折旧，所得税税率为 25%。假定 3 年后，该企业花费 200 000 元以乙机器更换甲机器，甲机器的变现价值为 18 000 元。计算第 0 年的差量现金净流入量。

若不考虑所得税因素，那么

$$\Delta NCF_0 = 18\,000 - 200\,000 = -182\,000 \text{（元）}$$

若考虑所得税因素，那么

$$\Delta NCF_0 = 18\,000 - 200\,000 + \left[\left(150\,000 - \frac{150\,000}{5} \times 3 \right) - 18\,000 \right] \times 25\%$$

$$= 18\,000 - 200\,000 + 10\,500$$

$$= -171\,500 \text{（元）}$$

上述第三项 10 500 元的含义是营业外支出抵税部分。由于该机器已用 3 年，尚可使用 2 年。因此更新时的净值为

$$150\,000 - \frac{150\,000}{5} \times 3 = 60\,000 \text{（元）}$$

而变现价值只有 18 000 元，于是就发生了 42 000 元的固定资产清理损失，计入营业外支出账户，减少了税前利润，可少交所得税 10 500 元。

第三节 长期投资方案经济评价的主要数量方法

一、长期投资决策分析的主要经济评价指标

投资方案的主要经济评价指标，按照其是否按货币时间价值进行统一换算，可分为静态指标与动态指标两大类。

（一）静态指标

静态指标，是指不按货币时间价值进行统一换算，而直接按投资项目形成的现金流量或净利润进行计算的指标，包括投资利润率、投资回收期（静态）等。

（二）动态指标

动态指标，是指对投资项目形成的现金流量按货币时间价值在统一换算的基础上进行计

算的各项指标，包括投资回收期（动态）、净现值、净现值率、内部收益率、外部收益率等。

二、静态指标的计算

（一）年平均投资报酬率法

年平均投资报酬率是指平均每年的现金净流量或净利润与投资总额的比率。这个指标是正指标，该指标越高，说明投资方案的获利能力越强。计算公式为：

$$年平均投资报酬率 = \frac{年均现金净流量}{投资总额} \times 100\%$$

或

$$年平均投资报酬率 = \frac{年均利润}{投资总额} \times 100\%$$

从上面的公式可以看出，公式中的分子可以用净利润指标，也可以用现金净流量指标。用净利润指标作为分子，是只把净利润作为投资的报酬，这符合传统会计观念。用现金净流量作为分子，是把利润、折旧等均作为投资的报酬，因为折旧是固定资产投资的回收额，也可看作投资的报酬。分母中的投资总额包括固定资产投资、流动资金投资及资本化利息。

在采用年平均投资报酬率法进行决策分析时，首先要确定企业所希望达到的期望投资报酬率，然后计算投资方案的年平均投资报酬率，如果投资方案的年平均投资报酬率达到或超过期望投资报酬率，则该方案可行；反之，则不可行。在多方案决策时，如果有两个或两个以上方案的年平均投资报酬率超过了期望投资报酬率，则应选择投资报酬率最高的方案。

【例7-5】

某企业准备增加一条生产线，有一个投资方案，固定资产投资50 000元，具体资料如表7-1所示。该企业希望达到的年平均投资报酬率为12%，该企业的期望投资报酬率是按净利润与投资总额的比率确定的。

表7-1　预测利润表　　　　　　　　　　　　　　　　　　　　元

年份	1	2	3	4	5
金额	60 000	75 000	85 000	80 000	70 000

要求：计算该方案年平均投资报酬率，并分析该方案的可行性。

由于期望投资报酬率是按净利润与投资总额的比率确定的，也就是把净利润作为分子，投资总额作为分母，所以，计算该投资方案的年平均投资报酬率也要保持相同的口径。

年平均投资报酬率 =（6 000 + 7 500 + 8 500 + 800 + 700 005）÷5÷500 000×100%
　　　　　　　　= 14.8%

该方案的年平均投资报酬率为14.8%，大于该企业期望的年平均投资报酬率（12%），所以，该方案可行。

【例7-6】

某企业准备新建一个分厂，有甲、乙两个备选方案，具体资料如表7-2所示。该企业把现金净流量作为投资报酬，期望的年平均投资报酬率为28%。

要求：计算甲、乙两个投资方案的年平均投资报酬率，评价甲、乙方案的可行性，并选择最优方案。

该企业计算年平均投资报酬率的分子是年平均现金净流量，分母是投资总额。因此，计算甲、乙方案年平均投资报酬率的口径应与此一致。

表 7-2 投资方案资料

万元

方案	甲方案						乙方案					
	固定资产投资	流动资产投资	利润	折旧	流动资金回收	固定资产余值	固定资产投资	流动资产投资	利润	折旧	流动资金回收	固定资产余值
0	500	200					450	200				
1			90	80					60	73		
2			100	80					80	73		
3			120	80					100	73		
4			110	80					90	73		
5			100	80					80	73		
6			90	80	200	20			80	73	200	12

甲方案投资额 = 500 + 200 = 700（万元）

甲方案利润总额 = 90 + 100 + 120 + 110 + 100 + 90 = 610（万元）

甲方案折旧总额 = 80 × 6 = 480（万元）

甲方案年平均投资报酬率 = $\dfrac{(610 + 480 + 200 + 20) \div 6}{700} \times 100\%$ = 31.19%

乙方案投资额 = 450 + 200 = 650（万元）

乙方案利润总额 = 60 + 80 + 100 + 90 + 80 + 80 = 490（万元）

乙方案折旧总额 = 73 × 6 = 438（万元）

乙方案年平均投资报酬率 = $\dfrac{(490 + 438 + 200 + 12) \div 6}{650} \times 100\%$ = 29.23%

甲、乙方案年平均投资报酬率分别为 31.19% 和 29.23%，都超过了该企业期望的年平均投资报酬率（28%），所以，两个方案都具有投资可行性。由于甲方案的年平均投资报酬率较高，因此，应选择甲方案。

年平均投资报酬率法的优点是计算简单，指标直观，便于理解；缺点是没有考虑货币时间价值，忽视了各年现金净流量（或利润）在时间上的差异，不能反映投资方案的风险程度。

（二）非贴现的回收期法

回收期是指收回原始投资额所需要的时间，也就是用每年现金净流量抵偿原始投资额所需要的全部时间。非贴现的回收期就是不考虑货币时间价值的回收期。投资回收期有两种形式：一种是包括建设期的投资回收期，另一种是不包括建设期的投资回收期。一般来说，备选方案的回收期越短越好。

运用回收期法进行投资决策分析时，首先应计算备选方案的回收期，然后将备选方案的回收期与企业主观上既定的期望回收期相比较，若投资方案回收期小于期望回收期，则投资方案可行；若投资方案回收期大于期望回收期，则投资方案不可行。

如果有两个或两个以上的方案均可行且其他情况相当，应选择回收期较短的方案。确定非贴现的回收期可以采用公式法和列表法。

1. 公式法

如果某一项的投资均集中发生在建设期内，投产后一定期间内每年的现金净流量相等，且其合计大于或等于原始投资额，可按以下公式计算出不包括建设期的投资回收期：

$$不包括建设期的投资回收期 = \frac{原始投资额}{年相等的现金净流量}$$

$$包括建设期的投资回收期 = 不包括建设期的投资回收期 + 建设期$$

【例 7 - 7】

某投资方案的建设期为 1 年，生产经营为 10 年，该方案各年现金净流量如表 7 - 3 所示。假定期望回收期（含建设期）为 4 年。

表 7 - 3　投资方案各年现金净流量　　　　万元

年份	原始投资	年利润	年折旧	回收残值	年现金净流量
0	− 400				600
1	0				0
2		62	38		100
3		62	38		100
4		62	38		100
5		62	38		100
6		62	38		100
7		62	38		100
8		62	38		100
9		62	38		100
10		62	38		100
11		62	38	20	120

要求：运用非贴现的回收期法作出该投资方案是否可行的决策。

$$不包括建设期的投资回收期 = \frac{400}{100} = 4（年）$$

$$包括建设期的投资回收期 = 4 + 1 = 5（年）$$

投资方案回收期 5 年 > 期望回收期 4 年，该投资方案不可行。

2. 列表法

当生产经营期各年现金净流量不相等时，先计算累计现金净流量。当累计现金净流量为 0 时，此年限即为投资回收期。当无法直接找到累计现金净流量为 0 的时点时，可按下列公式计算包括建设期的投资回收期。

包括建设期的投资回收期 = 最后一项为负值的累计现金净流量对应的年份数 +

$$\frac{最后一项为负值的累计现金净流量的绝对值}{下一年现金净流量}$$

【例7-8】

某企业要进行一项投资，有甲、乙两个方案，两个投资方案的现金净流量如表7-4所示。该企业的期望回收期为4.5年（含建设期）。

表7-4 投资方案现金净流量 万元

年份	甲方案	乙方案
0	-500	-500
1	0	0
2	120	160
3	180	190
4	200	200
5	200	180
6	190	160
7	180	160
8	170	150
9	160	150
10	200	200

要求：运用非贴现的回收期法作出决策。

首先计算甲、乙两个方案的累计现金净流量，如表7-5所示。

表7-5 投资方案的累计现金净流量 万元

年份	甲方案		乙方案	
	各年现金净流量	累计现金净流量	各年现金净流量	累计现金净流量
0	-500	-500	-500	-500
1	0	-500	0	-500
2	120	-380	160	-340
3	180	-200	190	-150
4	200	0	200	50
5	200	200	180	230
6	190	390	160	390
7	180	570	160	550
8	170	740	150	700
9	160	900	150	850
10	200	1 100	200	1 050

从表 7 – 5 中可知，甲方案在第 4 年年末的累计现金净流量为 0，也就是说甲方案的投资回收期为 4 年。乙方案在表 7 – 5 中无法找到累计现金净流量为 0 的年份，但可知回收期在第 3 年至第 4 年之间，运用插值法计算如下：

$$乙方案的投资回收期 = 3 + \frac{150}{200} = 3.75 （年）$$

甲、乙方案的投资回收期均小于该企业的期望回收期（4.5 年），两个方案均是可行的，但乙方案的投资回收期较短，因此，应选择乙方案。

（1）非贴现的回收期法的优点如下：

①方法简便，易于广泛采用。

②可在一定程度上反映备选方案的风险程度。一般来说，投资回收期越短，投资方案的风险越小；反之，投资方案的风险越大。

（2）非贴现的回收期法的缺点如下：

①没有考虑货币时间价值因素。

②没有考虑回收期满后继续发生的现金净流量的变化情况，忽视了投资方案的获利能力。

三、动态指标的计算方法

（一）贴现的回收期法

贴现的回收期是指按投资项目设定的折现率计算的生产经营期现金净流量现值补偿原始投资现值所需要的全部时间，也就是考虑货币时间价值的投资回收期。贴现的回收期法一般只计算包括建设期的投资回收期，方案是否可行的标准与非贴现的回收期法相同。

【例 7 – 9】

某企业有一项固定资产投资的现金净流量如表 7 – 6 所示，该业设定的折现率为 8%，期望贴现的投资回收期为 4 年。

表 7 – 6　投资方案的现金净流量　　　　　　　　　　　　　万元

年份	0	1	2	3	4	5	6	7	8
金额	– 200	– 100	120	130	150	130	120	100	120

要求：采用贴现的回收期法评价该方案是否可行。

根据已知资料，计算投资方案的投资回收期，具体如表 7 – 7 所示。

从表 7 – 7 中可以看出，该方案的投资回收期在第 3 年至第 4 年之间，利用插值法计算如下：

$$投资回收期 = 3 + \frac{86.54}{110.25} = 3.78 （年）$$

该方案贴现的投资回收期为 3.78 年，小于期望贴现的投资回收期（4 年），所以，该投资方案可行。

表 7 – 7 计算表　　　　　万元

年份	年现金净流量	复利现值系数	折现现金净流量	累计折现的现金净流量
0	– 200	1	– 200	– 200
1	– 100	0.926	– 92.60	– 292.60
2	120	0.857	102.84	– 189.76
3	130	0.794	103.22	– 86.54
4	150	0.735	110.25	23.71
5	130	0.681	88.53	112.24
6	120	0.630	75.60	187.84
7	100	0.584	58.40	246.24
8	120	0.540	64.80	311.04

贴现的回收期法考虑了货币时间价值，能够更加客观地评价投资方收回投资的时间，但仍保留着无法揭示回收期后继续发生的现金流量变动情况的缺点，有一定的片面性。

（二）净现值法

净现值是指投资方案生产经营期各年现金净流量的现值合计与原始投资额现值合计之间的差额。其计算公式如下：

净现值 = 生产经营期各年现金净流量的现值合计 – 原始投资额的现值合计

净现值是一个正指标，该指标越大，投资方案的经济效益越好；该指标越小，投资方案的经济效益越差。当净现值 > 0 时，投资方案能实现要求的报酬率，而且还有剩余；当净现值 < 0 时，投资方案不能实现要求的报酬率；当净现值 = 0 时，投资方案正好实现所要求的报酬率。

因此，只有当投资方案净现值 ≥ 0 时，投资方案才可以接受，否则，只能拒绝投资方案。当有两个或两个以上的投资方案的净现值均大于 0 时，若其他情况相当，应选择净现值较大的方案。

【例 7 – 10】

某企业进行一项固定资产投资，建设期为 2 年，生产经营期为 5 年，设定的折现率为 10%，各年现金净流量如表 7 – 8 所示。

表 7 – 8 各年现金净流量　　　　　万元

年份	年现金净流量	复利现金系数	折现的年现金净流量
0	– 30	1	– 30
1	– 20	0.909	– 18.18
2	0	0.826	0
3	20	0.751	15.02
4	22	0.683	15.026
5	23	0.624	14.283
6	21	0.563	11.865
7	24	0.513	12.312

净现值 = （15.02 + 15.026 + 14.283 + 11.865 + 12.312） － （30 + 18.18） = 20.326（万元）

该方案净现值大于零，该方案可行。

多方案比较时，选择净现值大的方案。

（三）获利能力指数法

获利能力指数是指投资方案生产经营期各年现金净流量的现值合计与原始投资额的现值合计之比。获利能力指数是相对数，是反映投资方案相对经济效益的指标。其计算公式如下：

$$获利能力指数 = \frac{生产经营期各年现金净流量的现值合计}{原始投资额的现值合计}$$

如果将获利能力指数公式中的分子与分母相减，就是净现值。因此，上式中分子、分母的现值计算与净现值法的现值计算相同。

获利能力指数大于1，投资方案能实现要求的报酬率，而且还有剩余；获利能力指数等于1，投资方案正好实现要求的报酬率；获利能力指数小于1，投资方案不能实现要求的报酬率。

采用获利能力指数法评价投资方案时，只有当获利能力指数大于或等于1时，投资方案才可行。当有两个或两个以上投资方案的获利能力指数均大于1时，在投资额相同的情况下，应选择获利能力指数较大的方案。

【例7-11】

某企业进行一项固定资产投资，现有一个投资方案，该方案建设期为2年，生产经营期为6年，设定的折现率为8%，各年现金净流量如表7-9所示。

表7-9　各年现金净流量　　　　　万元

年份	现金净流量	复利现值系数	折现的现金净流量
0	-600	1	-600
1	-400	0.926	-370.4
2	0	0.857	0
3	260	0.794	206.14
4	270	0.735	198.45
5	280	0.681	190.68
6	270	0.630	170.1
7	260	0.584	151.84
8	300	0.540	162

$$获利能力指数 = \frac{206.44 + 198.45 + 190.68 + 170.10 + 151.84 + 162}{600 + 370.4} = 1.11$$

获利能力指数大于1，该方案可行。多个方案比较时，选择获利能力指数较大的一个方案。

（四）内含报酬率法

内含报酬率是指投资方案实际能达到的报酬率，是生产经营期现金净流量的现值正好等于原始投资额的现值时求出的折现率，也就是使投资方案的净现值等于零时的折现率。

内含报酬率法的基本原理是：当一个投资方案的内含报酬率高于要求的报酬率时，在考虑货币时间价值的情况下，该方案实现预期报酬率后还会产生剩余的现金净流量，此时，该投资方案的净现值为正值；当内含报酬率低于要求的报酬率时，在考虑货币时间价值的情况下，该方案不能实现预期报酬率，此时，该投资方案的净现值为负值；当内含报酬率等于要求的报酬率时，正好实现预期报酬率，此时投资方案的净现值为零。

在采用内含报酬率法进行决策分析时，应根据下列标准进行决策：

当内含报酬率大于或等于要求的报酬率（或设定的折现率）时，方案可行；当内含报酬率小于要求的报酬率（或设定的折现率）时，方案不可行。如果两个或两个以上的投资方案的内含报酬率均大于要求的报酬率（或设定的折现率），在原始投资额一定的情况下，应选取内含报酬率较高的方案。

内含报酬率的计算方法有两种：一种是根据年金现值公式求得内含报酬率，另一种是采用逐次测试的方法计算内含报酬率。

1. 根据年金现值公式求得内含报酬率

当投资方案的全部投资均于建设起点一次投入、建设期为零、生产经营期每年年末现金净流量均相等时，生产经营期各年现金净流量就是普通年金，原始投资额作为年金现值，能使净现值为零的折现率就是内含报酬率。在这种情况下，内含报酬率的计算步骤如下：

（1）计算年金现值系数。

$$年金现值系数 = \frac{原始投资额}{年现金净流量}$$

（2）查年金现值系数表，若能直接查到上面所计算的年金现值系数，其对应的折现率即为内含报酬率；若不能直接查到对应的折现率，则查其相邻的两个年金现值系数，然后用插值法求得内含报酬率。

当生产经营期各年现金净流量不相等时，只能采取逐次测试的方法计算内含报酬率。

【例7－12】

某投资项目在建设起点一次性投资254 580元，当年完工并投产，投产后每年可获得现金净流量50 000元，经营期为15年，具体情况如表7－10所示。

表7－10　各年现金净流量　　　　　　　　　　　　　　　　　　　　　元

年份	现金净流量
0	－254 580
1～15	50 000

要求：计算该项目的内含报酬率。

该方案生产经营期各年现金净流量相等，无建设期，原始投资额在建设起点一次投入，可根据年金现值公式求得内含报酬率。

$$年金现值系数 = \frac{254\ 580}{50\ 000} = 5.092$$

查年金现值系数表，在 $n = 15$ 的一行中，找到数值为5.092的年金现值系数，其对应的折现率为 18%，因此，该投资方案的内含报酬率为 18%。

【例 7-13】

某企业进行一项固定资产投资，投资于建设起点一次投入，无建设期，生产经营期为 8 年，该投资方案设定的折现率为 10%，各年现金净流量如表 7-11 所示。

要求：采用内含报酬率法作出方案取舍的决策。

表 7-11　各年现金净流量　　　　　　　　　　　　　　万元

年份	0	1	2	3	4	5	6	7	8
现金净流量	-10 500	327.50	327.50	327.50	327.50	327.50	327.50	327.50	327.50

根据已知条件，可通过年金现值公式求得内含报酬率。

$$年金现值系数 = \frac{1\,500}{327.50} = 4.58$$

查年金现值系数表，无法直接查到数值为 4.58 的年金现值系数，查与其相邻的年金现值系数和对应的折现率如表 7-12 所示。

表 7-12　相邻的年金现值系数和对应的折现率

年金现值系数	折现率
4.639	14%
4.58	i
4.344	16%

$$投资方案的内含报酬率 = 14\% + \frac{4.639 - 4.58}{4.639 - 4.344} \times (16\% - 14\%) = 14.4\%$$

该投资方案的内含报酬率为 14.4%，大于设定的折现率（10%），该方案可行。

2. 采用逐次测试的方法计算内含报酬率

【例 7-14】

某企业进行一项固定资产投资，资金成本为 9%，投资分两次投入，建设期为 2 年，生产经营期为 5 年，各年现金净流量如表 7-13 所示。

表 7-13　各年现金净流量　　　　　　　　　　　　　　万元

年份	0	1	2	3	4	5	6	7
现金净流量	-200	-200	0	130	150	150	140	140

要求：采用内含报酬率法评价方案是否可行。

由于生产经营期各年现金净流量不相等，只能采用逐次测试的方法计算内含报酬率。

（1）设折现率为 10%，计算其净现值：

净现值 $= 130 \times (P/F, 10\%, 3) + 150 \times (P/F, 10\%, 4) + 150 \times (P/F, 10\%, 5) +$
$140 \times (P/F, 10\%, 6) + 140 \times (P/F, 10\%, 7) - 200 - 200 \times (P/F, 1\%, 1)$

$$= 130 \times 0.751 + 150 \times 0.683 + 150 \times 0.621 + 140 \times 0.565 + 140 \times 0.513 - 200 -$$
$$200 \times 0.909 = 62.35 \text{（万元）}$$

按折现率 10% 计算的净现值为 62.35 万元，大于 0，说明内含报酬率大于 10%，应提高折现率。

（2）设折现率为 12%，计算其净现值：

$$净现值 = 130 \times (P/F, 12\%, 3) + 150 \times (P/F, 12\%, 4) + 150 \times (P/F, 12\%, 5) + 140 \times (P/F, 12\%, 6) + 140 \times (P/F, 12\%, 7) - 200 - 200 \times (P/F, 12\%, 1)$$
$$= 130 \times 0.712 + 150 \times 0.636 + 150 \times 0.567 + 140 \times 0.507 + 140 \times 0.452 - 200 - 200 \times 0893 = 28.67 \text{（万元）}$$

按折现率 12% 计算的净现值为 28.67 万元，大于 0，说明内含报酬率大于 2%，应再提高折现率。

（3）再设折现率为 15%，计算其净现值：

$$净现值 = 130 \times (P/F, 15\%, 3) + 150 \times (P/F, 15\%, 4) + 150 \times (P/F, 15\%, 5) + 140 \times (P/F, 15\%, 6) + 140 \times (P/F, 15\%, 7) - 200 - 200 \times (P/F, 15\%, 1)$$
$$= 130 \times 0.658 + 150 \times 0.572 + 150 \times 0.497 + 140 \times 0.432 + 140 \times 0.376 - 200 - 200 \times 0.87 = -14.99 \text{（万元）}$$

经过 3 次测试，得到如表 7 - 14 所示的结果。

表 7 - 14 测试结果

净现值	折现率
62.35	10%
28.67	12%
0	i
-14.99	15%

通过测试可知，该方案的内含报酬率在 12% ~ 15%。

（4）采用插值法计算内含报酬率：

$$内含报酬率 = 12\% + \frac{28.67 - 0}{28.67 - (-14.99)} \times (15\% - 12\%) = 13.97\%$$

该投资方案的内含报酬率为 13.97%，高于 9% 的资金成本，该投资案可行。

内含报酬率是一个折现的相对量的正指标。

①内含报酬率法的优点是：第一，内含报酬率反映了投资项目可能达到的报酬率，可以使长期投资决策分析方法更加精确，容易被决策人员理解。第二，计算过程不受行业基准收益率高低的影响，比较客观。第三，对于独立投资方案的决策，如果各投资方案原始投资额不同，可以通过计算各投资方案的内含报酬率，并与获利能力指数结合，反映各独立投资方案的获利水平。

②内含报酬率法的缺点是：内含报酬率往往需要通过逐次测试的方法求得，计算过程复

杂，且不易直接考察投资风险的大小。

净现值、获利能力指数和内含报酬率三个指标均是贴现的投资决策评价指标，它们之间的关系如下：

若净现值 >0，则获利能力指数 >1，内含报酬率 $>$ 设定的折现率；

若净现值 $=0$，则获利能力指数 $=1$，内含报酬率 $=$ 设定的折现率；

若净现值 <0，则获利能力指数 <1，内含报酬率 $<$ 设定的折现率。

（五）外部收益率

外部收益率是使一个投资方案原始投资额的终值与各年现金净流量按基准收益率或设定的折现率计算的终值之和相等时的收益率。它既是按统一的收益率计算各年现金净流量形成的终值，又可避免非常规方案的多个内部收益率问题，可弥补内部收益率指标的不足。

【例 7 – 15】

设某投资方案的各年现金净流量如表 7 – 15 所示，计算其外部收益率。

表 7 – 15　各年现金净流量　　　　　　　　　　　　　　　　　　元

年度	现金净流量
0	– 10 000
1 ~ 5	2 800
5	2 000

其外部收益率按下列方法计算（设要求达到的最低收益率为 10%）：

按要求达到的最低收益率计算各年现金净流量到寿命期终了时的终值之和：

$$2\,800 \times (F/A,\ 10\%,\ 5) + 2\,000 = 19\,094\ （元）$$

上述终值之和相当于原始投资额至方案寿命期终了时的本利和，可据以推算原始投资额在方案寿命期内取得的收益率，即

$$(F/P,\ ERR,\ 5) = 19\,904/10\,000 = 1.909\,4$$

用内插法可得出 ERR 的近似值为 13.807%。按照上述程序计算，对非常规方案也总能得出 ERR 的唯一解。

第四节　长期投资方案的分析评价

一、概述

进行投资方案的对比与选优，是经济评价的关键一步。主要经济评价指标的计算，归根结底，是为方案的对比与选优服务。正确地计算主要经济评价指标，其目的就是要使它们在方案的对比与选优中正确地发挥作用。为正确地进行方案的对比与选优，要从不同投资方案之间的关系着眼，将投资方案区分为独立方案和互斥方案两类。例如，机器设备的购置与厂房修建为各自独立的方案，它们之间存在着相互依赖关系，但不能相互

取代。互斥方案则有取必有舍，不能同时并存。设机器 A 与机器 B 的使用价值相同，都可用来生产同样的产品，则购置机器 A 就不能同时购置机器 B；反之亦然。因而这两个方案是相互排斥的。

投资方案的对比与选优，主要是互斥方案之间的对比与选优，以决定取舍。对于独立方案来说，在资金总量没有限制的条件下，是通过经济评价指标的计算以权衡其经济上是否可行，以此作为决定方案取舍的重要因素，不存在方案之间的对比、选优问题。如一定期间内资金总量不足，不可能满足经选定的、经济上可行的全部方案上马的需要，在这种情况下，已选定的、经济上可行的独立方案，也有一个哪种优先安排、哪种后续安排的抉择问题，因而对于它们而言，同样也要进行相互对比和筛选。本节只讨论独立方案的取舍和互斥方案的对比与选优问题。

二、独立常规方案的取舍问题

对独立的常规方案，评价其经济上是否可行，是决定方案取舍的重要因素，常用的评价指标是净现值和内部收益率。一个独立方案的净现值如为正值，说明该方案可实现的投资收益率大于所用的折现率（要求达到的最低收益率），经济上可行；如其净现值为负值，说明该方案可实现的投资收益率小于要求达到的最低收益率，经济上不可行；如原始投资额相同，净现值越大，说明可实现的投资收益率越高，同理，如方案的内部收益率大于要求达到的最低收益率，经济上可行；小于要求达到的最低收益率，经济上不可行；内部收益率越大，说明可实现的投资收益率越高。

考虑独立常规方案的取舍，用净现值和内部收益率进行评价，不会出现相互矛盾的结论。这是因为判别独立常规方案经济上可行的条件是：

$$NPV > 0$$

$$IRR > I$$

根据前面所说的 IRR 的特性，只有 $IRR > i$ 时，上式才能成立。而 $IRR > i$，则表明方案经济上可行，同 NPV 的结论相一致。

【例 7 – 16】

新亚公司近期开发出一种新产品，市场研究表明，每年预计可带来现金收入 150 000元，预计产品寿命周期为 5 年，生产线成本为 160 000 元，运输费和安装成本为 10 000 元，5 年后设备预计可按 40 000 元出售。此外，由于存货和应收账款增加，营运资本将增加30 000元，这部分资金预计将在寿命周期终了时收回。年经营成本为 90 000 元，所得税税率为25%，最低投资报酬率为 10%，采用直线法计提折旧，不留残值，则各年现金流量分布如表 7 – 16 所示。

表 7 – 16　新生产线各年现金流量分布　　　　　　　　　　　　　元

年份	0	1	2	3	4	5
现金流量	– 200 000	53 500	53 500	53 500	53 500	113 500

其中：

初始现金流量 = 生产线成本 + 运输费 + 管运资本

$\qquad\qquad\quad$ = 160 000 + 10 000 + 30 000

$\qquad\qquad\quad$ = 200 000（元）

期间现金流量 =（现金收入 - 现金成本）×（1 - 25%）+ 年折旧费 × 所得税税率

$\qquad\qquad\quad$ =（150 000 - 90 000）×（1 - 25%）+（170 000/5）× 25%

$\qquad\qquad\quad$ = 45 000 + 8 500 = 53 500（元）

该期间现金流量在第 1 ~ 5 年每年年末持续发生。

期末现金流量 = 未考虑善后处理的期末净现金流量 + 残值收入 - 资产处置损益所增加的

$\qquad\qquad\quad$ 所得税 + 净营运资本的收回

$\qquad\qquad\quad$ = 53 500 + 40 000 - 40 000 × 0.25 + 30 000

$\qquad\qquad\quad$ = 113 500（元）

根据上述资料，可计算该方案的净现值和内含报酬率。

项目的净现值为：

NPV =（53 500 × 0.909 + 53 500 × 0.826 + 53 500 × 0.751 + 53 500 × 0.683 + 113 500 ×

$\qquad$ 0.621）- 200 000

$\qquad$ = 40 025（元）

净现值大于零，说明该投资方案将增加企业价值，所以可以接受。

当贴现率为 16% 和 18% 时，方案的净现值分别为 3 746.4 和 - 6 468.8，用内插法，可得

$$IRR = 16\% + 2\% ×（3\ 746.4 ÷ 10\ 215.2）= 16.68\%$$

该方案的内含报酬率为 16.68%，高于企业的最低收益率，所以可以接受。

三、独立非常规方案的取舍问题

如前所述，非常规方案可能得出多个内部收益率，为判别其经济上是否可行带来困难。以下举例说明：

【例 7 - 17】

设某投资方案的现金净流量如表 7 - 17 所示。

表 7 - 17　某投资方案的现金净流量　　　　　　　　　　　　　　　　　　元

年度	现金净流量
0	- 1 600
1	10 000
2	- 10 000

这是一个非常规方案，可据此得出两个内部收益率 25% 和 400%。为消除这一缺陷，可用外部收益率来取代，如要求达到的最低收益率为 20%，可据此分别确定其净现值和外部收益率如下：

$$NPV = - 21\ 111（元）$$

$$ERR = 11.8\%$$

由于净现值出现负值，外部收益率小于要求达到的最低收益率，该方案经济上不可行，可见二者的结论相一致。

四、互斥的常规方案对比与选优问题

对互斥的常规方案对比与选优，用净现值和内部收益率进行经济评价，可能得出相互矛盾的结论，这种矛盾的结果给方案的比较带来困难。产生这种矛盾的根本原因在于，净现值法和内含报酬率法对较早时期从项目中收回的现金流量的再投资收益率的假设存在差异。动态评价指标的基本假设是项目的现金流入量可以按照该评价指标所采用的贴现率进行再投资。对于净现值指标，该贴现率为企业所要求的最低报酬率，而对于内含报酬率指标，该贴现率为内含报酬率本身。于是，在内含报酬率指标中，再投资收益率随着项目现金流量模式的不同而不同，内含报酬率高的项目，其再投资收益率就高；而内含报酬率低的项目，其再投资收益率就低。只有当两个项目具有相同的内含报酬率时，它们才会有相同的再投资率，这种假设和实际情况是不相符的。而净现值法隐含的再投资率对于每个项目都是一样的，是投资者要求的最低收益率，能准确反映公司增加投资所能赚取的边际收益率。因此，当互斥项目因为现金流量模式的差异而出现排序的矛盾时，应采用净现值指标进行排序。

当然，也可以通过计算差额净现值和差额投资内部收益率来解决这个问题。

互斥方案的选优，要用差量分析原理进行方案比较，增量投资如能获得要求达到的最低收益率，则增量投资在经济上是可取的。

这一选优准则的具体化表现在：从净现值看，增量分析得到的净现值大于零，投资额大的方案较优；反之，投资额小的方案较优。

从差额投资内部收益率看，差额投资内部收益率大于要求达到的最低收益率，投资额大的方案较优；反之，投资额小的方案较优。差额投资内部收益率是两个方案净现金流量差额的现值之和等于零时的折现率，可用与计算内部收益率相同的方法进行计算。

【例 7 – 18】

假设有方案 A 和方案 B 的现金净流量数据，计算其差量现金流量，如表 7 – 18 所示。

表 7 – 18　A、B 方案的现金净流量数据

年度	方案 A 的现金净流量	方案 B 的现金净流量	A 相对于 B 的差量
0	– 100 000	– 100 000	0
1	25 000	50 000	– 25 000
2	30 000	50 000	– 20 000
3	35 000	50 000	– 15 000
4	40 000	—	40 000
5	45 000	—	45 000

当贴现率为 10% 时，差量现金流量的净现值为：

$NPV = (-25\,000 \times 0.909 - 20\,000 \times 0.826 - 15\,000 \times 0.751 + 40\,000 \times 0.683 + 45\,000 \times 0.621) - 0 = 4\,735$（元）

相当于方案 A 和方案 B 的净现值的差 4 705 元 (29 055 – 24 350)。

差额 *IRR* 为 13.66%，高于最低投资报酬率，说明方案 A 优于方案 B。

用上述选优规则对互斥方案进行判别，同按净现值进行分析对比所得的结论一致。

五、互斥的非常规方案对比与选优问题

互斥的非常规方案的对比与选优，同样要进行差量分析，但由于非常规方案可能出现多个内部收益率，因而对它们进行差量分析，不宜采用差量投资内部收益率指标，而要采用差量投资外部收益率或差量外部再投资收益率指标。

【例 7 – 19】

设备甲的寿命期为 5 年，设备乙的寿命期为 10 年；要求达到的最低收益率为 8%，寿命期内的现金净流量如表 7 – 19 所示。

表 7 – 19 寿命期内的现金净流量 元

年度	现金净流量	
	设备甲	设备乙
0		– 15 000
1 ~ 5	– 10 000	
5	2 800	
1 ~ 10	2 000（残值）	2 700

由于设备甲、乙具有不同的寿命期，有关指标不能直接进行对比，而要以不同寿命期的最小公倍数（在本例中为 10 年）作为共同的比较基础。为此，要对表 7 – 19 提供的数据进行加工、改制，形成表 7 – 20。

表 7 – 20 加工、改制后的数据 元

年序	现金净流量		差额
	设备甲	设备乙	（乙 – 甲）
0	– 10 000	– 15 000	– 5 000
1	2 800	2 700	– 100
2	2 800	2 700	– 100
3	2 800	2 700	– 100
4	2 800	2 700	– 100
5	– 5 200	2 700	+ 7 900
6	2 800	2 700	– 100
7	2 800	2 700	– 100
8	2 800	2 700	– 100
9	2 800	2 700	– 100
10	4 800	2 700	– 2 100

两种设备以 10 年为共同的比较基础,设备甲经历了两个寿命期,其中第 5 年是其第 1 个寿命期终了期,又是第 2 个寿命期的 0 期,因而在这一年,除该年正常经营的现金净流量 2 800 元外,可收到该设备第 1 个寿命期终了时的残值 2 000 元,同时支付该设备第 2 个寿命期的原始投资 10 000 元,其现金净流量表示为 -5 200 元。设备甲第 10 年的现金净流量是该年正常经营的现金净流量 2 800 元和第 2 个寿命期终了时的残值 2 000 元的合计。

表 7-20 列示的设备甲的现金流动和差量的现金流动都包含了一次以上的改号,要按非常规方案进行对比、选优。

(1)计算差量投资的净现值。得到的结果是:

$$NPV_{(乙-甲)} = -1\ 152\ (元)$$

(2)计算差量投资外部收益率。得到的结果是:

$$ERR_{(乙-甲)} = 7.52\%$$

上述计算结果表明:差量投资的净现值出现负数,差量投资外部收益率小于要求达到的最低收益率(8%),对设备乙的增量投资经济上不可取,宜采取购置设备甲、放弃设备乙的方案。

课后习题

一、单项选择题

1. 下列各项中,既属于非折现指标又属于反指标的是( )。
A. 投资利润率
B. 静态投资回收期
C. 内部收益率
D. 原始投资收益率

2. 下列各项中,既属于折现指标,又属于绝对量正指标的是( )。
A. 投资利润率
B. 静态投资回收期
C. 内部收益率
D. 净现值

3. 下列指标中,其分母为时期平均指标的是( )。
A. 投资利润率
B. 年平均投资报酬率
C. 原始投资回收率
D. 静态投资回收期

4. 下列指标中,既考虑一定期间经营现金净流量因素,又受建设期影响的是( )。
A. 投资利润率
B. 年平均投资报酬率
C. 原始投资回收率
D. 静态投资回收期

5. 已知某投资项目原始投资为 500 万元,建设期资本化利息为 50 万元。预计项目投产后每年现金净流量为 88 万元,年平均利润为 66 万元,则该项目的投资利润率等于( )。
A. 12%
B. 13.2%
C. 16%
D. 17.6%

6. 已知某投资项目的原始投资额为 100 万元,建设期为 2 年,投产后第 1~8 年每年 $NCF=25$ 万元,第 9~10 年每年 $NCF=20$ 万元。则该项目包括建设期的静态投资回收期为( )。
A. 4 年
B. 5 年
C. 6 年
D. 7 年

7. 下列方法中，可用于对原始投资额相同的互斥投资方案进行决策的方法是(　　)。

A. 差别损益分析法　　　　　　　B. 差额投资内部收益率法

C. 净现值法　　　　　　　　　　D. 静态投资回收期法。

8. 在只有一个投资项目可供选择的条件下，如果该项目不具有财务可行性，则必然会存在的一种情况是(　　)。

A. 净现值 $NPV > 0$　　　　　　B. 获利能力指数 $PI > 1$

C. 净现值率 $NPVR < 0$　　　　　D. 内部收益率 $IRR > i$

9. 某设备原值 50 000 元，一共付 5 年，如果利率为 10%，相当于现在一次性付款(　　)。

A. 50 000 元　　　　　　　　　　B. 30 000 元

C. 20 000 元　　　　　　　　　　D. 10 000 元

10. 下列说法不正确的有(　　)。

A. 资金成本越高，净现值越小

B. 当内含报酬率大于资金成本时，投资方案可行

C. 资金成本越低，获利指数越大

D. 当内含报酬率等于资金成本时，现值指数为 0

二、多项选择题

1. 下列指标中，可以直接依据项目现金净流量信息计算出来的有(　　)。

A. 投资利润率　　　　　　　　　B. 静态投资回收期

C. 内部收益率　　　　　　　　　D. 净现值

2. 下列指标中，其计算公式以经营期年利润或年均利润为分子的有(　　)。

A. 投资利润率　　　　　　　　　B. 年平均投资报酬率

C. 原始投资回收率　　　　　　　D. 包括建设期的投资回收期

3. 在应用公式法计算静态投资回收期时，必须具备的条件包括(　　)。

A. 建设期为零

B. 全部投资均在建设期发生

C. 投产后若干年内经营现金净流量相等

D. M 年内累计的经营现金净流量大于或等于原始投资额

4. 在下列长期投资决策评价指标中，需要以已知的行业基准折现率作为计算依据的包括(　　)。

A. 净现值　　　　　　　　　　　B. 获利能力指数

C. 内部收益率　　　　　　　　　D. 投资利润率

5. 已知甲乙两个互斥方案的原始投资额相同，如果决策结论是："无论从什么角度看，甲方案均优于乙方案"，则必然存在的关系有(　　)。

A. 甲方案的净现值大于乙方案的

B. 甲方案的净现值率大于乙方案的

C. 甲方案的投资回收期大于乙方案的

D. 差额投资内部收益率大于设定的折现率

6. 利用评价指标对单一的独立投资项目进行财务可行性评价时，能够得出完全相同结论的指标有（　　）。

　　A. 净现值　　　　　　　　　　　　B. 净现值率

　　C. 获利能力指数　　　　　　　　　D. 内部收益率

7. 在单一的独立投资项目中，当一项投资方案的净现值小于零时，表明该方案（　　）。

　　A. 获利能力指数＜1　　　　　　　B. 不具备财务可行性

　　C. 净现值率＜0　　　　　　　　　D. 内部收益率＜行业基准折现率

8. 参加多个互斥方案的比较决策，必须同时具备的前提条件有（　　）。

　　A. 净现值＞0

　　B. 获利能力指数＞1

　　C. 净现值率＜0

　　D. 内部收益率＞行业基准折现率

9. 长期投资决策中需要考虑的因素包括（　　）。

　　A. 货币时间价值　　　　　　　　　B. 投资风险价值

　　C. 现金流量　　　　　　　　　　　D. 项目寿命

10. 下列项目中属于现金流出的项目有（　　）。

　　A. 折旧费　　　　　　　　　　　　B. 设备更新支出

　　C. 开办费支出　　　　　　　　　　D. 所得税

三、判断题

1. 如果某期累计的现金净流量等于零，则该期所对应的期间值就是包括建设期的投资回收期。（　　）

2. 无论什么情况，都可以采用列表法直接求得不包括建设期的投资回收期。（　　）

3. 净现值是指项目投产后各年报酬的现值合计与投资现值合计之间的差额。（　　）

4. 内插法是一种近似计算方法，它假定当自变量在一个比较小的区间范围内，自变量与因变量直接存在着线性关系；只有在按逐次测试逼近法计算内部收益率时，才有应用内插法的必要。（　　）

5. 在互斥方案的选优分析中，若差额内部收益率指标大于基准折现率或设定的折现率，则原始投资额较小的方案为较优方案。（　　）

6. 如果某投资方案的净现值指标大于零，则该投资方案的静态投资回收期一定小于基准回收期。（　　）

7. 所谓净现值，是指特定方案未来各年现金流入现值与现金流出的差额。（　　）

8. 在更新改造投资项目决策中，如果差额投资内部收益率小于设定的折现率，就应当进行更新改造。（　　）

9. 净现值指标的缺点是不能用于投资水平不同的多个方案间的比较。（　　）

10. 内含报酬率法的缺点是需逐次测试求得内含报酬率，计算过程复杂，且不易直接考察投资风险的大小。（　　）

四、计算分析题

1. 已知：某项目按设定的折现率16%计算的净现值为90万元，按设定的折现率18%计

算的净现值为 −10 万元。行业基准折现率为 12%。

要求：

（1）不用计算，直接判断该项目是否具备财务可行性，并说明理由。

（2）用内插法计算该项目的内部收益率，并评价该方案的可行性。

2. 已知：某投资项目有 A、B 两个互斥的投资方案可供选择。A 方案的项目计算期为 10 年，按设定的折现率 10% 计算的净现值为 100 万元，B 方案的项目计算期为 13 年，按设定的折现率 10% 计算的净现值为 110 万元。

要求：

（1）判断 A、B 两个方案的财务可行性；

（2）用年等额净回收额法作出最终的投资决策。

3. 已知：某更新改造项目的差量现金净流量是：$\Delta NCF_0 = -100$ 万元，$NCF_{1 \sim 10} = 25$ 万元，折现率为 10%。

要求：计算该项目的差额投资内部收益率并作出决策。

4. 某公司拟购买一套新设备替代原有的旧设备。旧设备原值 15 000 元，已经使用 4 年，估计还可以继续使用 4 年，每年的操作成本为 2 000 元，残值 2 000 元，目前市场的可变现价值估计为 8 000 元；新设备的购买价为 13 000 元，预计使用寿命为 6 年，每年的操作成本为 800 元，预计残值 2 500 元。该公司所得税税率为 30%，预期报酬率为 25%。税法规定此类设备折旧年限为 6 年，残值率为 10%，按直线法计提折旧。

要求：请分析该公司是否应更新该项设备（列出计算过程）。

第八章

全面预算和控制

第一节　全面预算管理前的准备工作

一、全面预算概述

全面预算管理起源于 20 世纪 20 年代，是西方发达企业为加强内部管理和控制，提高自身市场竞争的能力和抵御风险的能力，以实现企业经营战略目标而建立起来的一种管理系统。最初在美国的通用电气、杜邦、通用汽车公司应用，很快就成了大型工商企业的标准作业程序。从最初的计划、协调发展到现在，成为一种兼具控制、激励、评价等功能的综合贯彻企业经营战略的管理机制，全面预算管理已处于企业管理体系的核心地位。正如著名管理学家戴维·奥利所说："全面预算管理是为数不多的几个能把组织的所有关键问题融合于一个体系的管理控制方法之一。"

20 世纪 90 年代中后期，全面预算管理的概念被中国的大型国有企业所接受，部分大型国有企业开始推行全面预算管理，并取得了良好效果。比如，宝钢集团从 90 年代中期就开始实施全面预算管理，管理水平得到大幅提升。

（一）全面预算的含义

全面预算是指企业经营者为了实现未来一定时期的经营目标，主要通过货币计量的形式来反映企业未来某一特定时期全部经济活动过程的详细计划。全面预算管理的全面不仅体现在其全方位地涉及企业的经营、投资和财务等各项活动，将企业的人、财、物等各个方面，以及供、产、销等各个环节均纳入管理范畴，而且通过预算的编制、分解、下达，以及执行、分析、调整、考核及奖惩等，对企业各项经济活动进行事前、事中和事后的全过程管理。此外，全面预算还采取全员参与的方式，要求企业内的所有部门、单位以及岗位和人员等都参与到预算的编制与实施过程中，共同进行管理，极大地调动了所有人员的能动性。因此，全面预算是帮助企业实现其发展战略和年度经营目标的有效管理工具和管理方法。

（二）全面预算的作用

全面预算作为企业总体规划的货币化反映，其作用主要表现在以下几个方面：

1. 明确计划期的工作目标和任务

预算作为一种计划，规定了企业一定时期的总目标以及各级部门的具体目标。这样就使各个部门了解本单位的经济活动与整个企业经营目标之间的关系，明确各自的职责及其努力方向，从各自的角度去完成企业总的战略目标。

2. 协调各个职能部门的工作

全面预算把企业各方面的工作纳入了统一计划之中，促使企业内部各部门的预算相互协调、环环相扣，达到平衡。例如，在以销定产的经营方针下，生产预算应当以销售预算为根据，材料采购预算必须与生产预算相衔接。

3. 控制企业的日常经营活动

编制预算是企业经营管理的起点，也是控制日常经营活动的依据。在执行预算的过程中，各部门应通过及时揭露实际脱离预算的差异并分析其原因，采取必要措施，消除薄弱环节，保证预算目标的顺利完成。

4. 考核、评价实际工作业绩

企业预算确定的各项指标，也是考核各部门工作成绩的基本尺度。在评定各部门工作业绩时，要根据预算的完成情况，分析偏离预算的程度和原因，划清责任，奖罚分明，促使各部门为完成预算规定的目标努力工作。

（三）全面预算的构成

为了更好地理解和掌握企业全面预算的基本知识，正确编制科学的全面预算，发挥全面预算的现实作用，从而实现企业计划期间的奋斗目标，应该先弄清全面预算体系的构成情况。全面预算由经营预算、财务预算及资本支出预算等一系列预算组成，它们相互衔接并互相勾稽，共同构成了一个综合的预算体系。

1. 经营预算

经营预算是为了规划和控制未来时期的生产、销售等经营业务以及与此相关的各项成本和收入而编制的预算，包括以下内容：

（1）销售预算。

（2）生产预算。

①直接材料预算；

②直接人工预算；

③制造费用预算；

④期末（产成品）存货预算；

⑤销售及管理费用预算。

2. 财务预算

财务预算是企业在预算期内为规划资金的筹集和分配而编制的反映有关预计现金收支和财务状况的预算，包括以下内容：

（1）现金预算；

（2）预计利润；

（3）预计资产负债；

（4）预计现金流量；

（5）资本支出预算。

以上各项预算间的关系及编制流程如图 8 - 1 所示。全面预算的编制以销售预算为起点，进而对生产、成本费用以及现金收支等各个方面进行预测，并在这些预测的基础上，最终形成一套包括预计资产负债表、预计利润表及其附表等在内的预计财务报表，用以反映企业在未来期间的财务状况和经营成果。

（四）全面预算的组织

建立健全全面预算工作的组织领导是保证企业预算管理的作用得到有效发挥的关键，只有加强全面预算工作的组织领导，明确预算管理体制以及各预算执行单位的职责权限、授权批准程序和工作协调机制，才能防止企业在预算编制、执行及考核等环节中出现形式主义、管理松懈的问题，也才能使预算体系真正起到控制、协调与风险防范的作用。

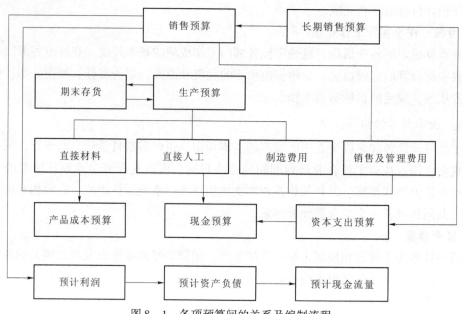

图 8 – 1 各项预算间的关系及编制流程

因此，健全的预算管理体制是实现预算功能的保障。企业一般应遵循合法科学、高效有力、经济适度、全面系统、权责明确等原则设置全面预算管理体制。全面预算管理的基本架构包括决策机构、工作机构和执行单位三个层次。

1. 预算管理决策机构

预算管理决策机构在企业的组织架构中属于公司治理层，通常直接归属于公司董事会，其主要职责包括：

（1）制定企业全面预算管理制度，明确企业预算管理的政策、措施、办法和要求等；

（2）根据企业战略规划和年度经营目标拟订预算目标，并确定预算目标分解方案、预算编制方法和程序；

（3）组织编制、综合平衡预算草案，并下达经批准的正式年度预算；

（4）制定预算调整方案，并协调解决预算编制和执行过程中遇到的重大问题；

（5）审议预算考核和奖惩方案，并对企业全面预算的执行情况进行考核。

2. 预算管理工作机构

预算管理工作机构是企业预算管理工作的常设管理机构，其主要职责包括：

（1）按照预算决策机构的要求拟订企业各项全面预算管理制度，并负责检查落实预算管理制度的执行；

（2）根据预算管理决策机构拟订的预算目标，拟订年度预算总目标分解方案及有关预算编制程序、方法的草案，报决策机构审定；

（3）组织和指导各级预算单位进行预算编制工作，并预审各预算单位的预算初稿，综合评价并提出修改意见和建议；

（4）汇总编制企业全面预算草案；

（5）负责跟踪监控企业预算执行的情况，定期将各预算单位的预算执行情况进行汇总，分析后，将有关分析报告提交决策机构并提出决策建议；

（6）协调解决企业预算编制和执行中的有关问题，并审查各预算单位的预算调整申请，汇总后制定年度预算调整方案，提交决策机构审议；

（7）向决策机构提交预算考核和奖惩方案，并组织开展对预算执行单位的预算执行情况的考核，将考核结果和奖惩建议提交决策机构。

3. 全面预算的执行单位

企业全面预算的执行单位是指在实现预算总目标的过程中，能够按照其所起的作用和所负的职责，承担一定的经济责任并享有相应权利和利益的企业内部单位，如企业内部的职能部门以及所属子公司等。企业内部预算责任单位的划分通常与企业的组织机构设置一致。

预算执行单位在预算管理决策机构及其工作机构的指导下开展工作，其主要职责一般有：

（1）提供编制预算的各项基础资料，并负责本单位全面预算的编制和上报工作；

（2）分解、落实本单位的预算指标，并监督检查本单位的预算执行情况；

（3）及时分析、报告本单位的预算执行情况，解决预算执行中的问题；

（4）根据内外部环境变化及企业预算管理制度，提出预算调整申请；

（5）组织实施本单位内部的预算考核和奖惩工作；

（6）配合预算管理部门做好企业总预算的综合平衡、执行监控、考核奖惩等工作。

第二节 全面预算的编制方法

企业在编制全面预算时，常用的编制方法包括固定预算编制法、弹性预算编制法、零基预算编制法、概率预算编制法、滚动预算编制法等不同的编制方法。

一、固定预算编制法

（一）固定预算的概念

所谓固定预算，又称静态预算，就是根据预算期内正常的可实现的某一业务量水平而编制的预算。该方法所涉及的各项预定指标均为固定数据。尽管实际执行时实际业务量与原预算业务量不一定相同，但并不随着业务量的变动而对预算进行调整。也就是说，依据固定预算所反映的成本费用和收入信息都是以一个固定的业务量水平为基础编制的。

（二）固定预算的基本特点

（1）固定预算仅以某个估计的业务量为基础编制，不考虑实际业务量与预算业务量之间的差异。

（2）将实际执行结果与按预算期内计划规定的某一业务量水平所确定的预算数进行比较分析，并据以进行业绩评价与考核。

实际收入大于预算收入或实际成本费用小于预算成本费用的差异为有利差异；实际收入大于预算收入或实际成本费用大于预算成本费用的差异为不利差异。

固定预算编制法的缺陷比较明显，存在适应性和可比性差的缺点。具体举例如下：

【例 8 - 1】

A 公司预计 8 月生产甲产品 1 000 件，按照固定预算编制法编制的产品成本预算如表 8 - 1 所示。

表 8 - 1　A 公司甲产品成本预算（固定预算）　　　　　元

产品成本项目	单位成本	总成本
直接材料费	10	10 000
直接人工	2	2 000
制造费用	3	3 000
合计	15	15 000

如果 A 公司甲产品 8 月的实际产量为 900 件，实际发生总成本为 14 900 元，其中直接材料费 11 000 元，直接人工 1 900 元，制造费用 2 000 元，则其 8 月的成本业绩报告如表 8 - 2 所示。

表 8 - 2　A 公司甲产品 8 月成本业绩报告表（固定预算）　　　　　元

产品成本项目	实际成本	预算成本	差异
直接材料费	10 000	11 000	- 1 000
直接人工	2 000	1 900	+ 100
制造费用	3 000	2 000	+ 1 000
合计	15 000	14 9000	+ 100

由表 8 - 2 可以看出，固定预算在成本控制的分析评价方面显示出一定的缺陷。虽然从表 8 - 2 中可以看出 A 公司存在有利差异 100 元，但是由于预算成本是建立在 1 000 件的基础上的，而实际产量是 900 件，业务量基础不同，导致计算的差异不具有可比性。随着业务量的变化，直接材料费、直接人工和变动性制造费用会随之变化，而固定预算无法解决其实际业务量与预计业务量之间的差异问题。

二、弹性预算编制法

（一）弹性预算的概念

在企业实际经营过程中，由于市场环境等因素的影响，预算期的各项指标，如销售价格、销售数量以及各种变动成本费用等，都可能发生变化，弹性预算就是在变动成本法下，充分考虑预算期各预定指标可能发生的变化而编制出的能适应各预定指标不同变化情况的预算，从而使得预算对企业在预算期的实际情况更加具有针对性，用这种方法编制的预算又称为动态预算。在实际工作中，可以根据企业当时的实际业务情况选择执行相应的预算，并以此预算为标准考核评价各部门的预算执行情况。可见，弹性预算比固定预算具有更大的适应性，更加便于区分和落实责任。

现举例说明弹性预算编制法。

【例 8 - 2】

设 A 公司预算期产品销售单价为 200 元，单位变动成本为 80 元，固定成本总额为 46 600 元。A 公司充分考虑到预算期产品销售量发生变化的可能性，因而分别编制了销售量为 1 550 件、1 650 件、1 750 件、1 850 件和 1 950 件时的弹性利润预算表，如表 8 - 3 所示。

表 8 - 3 A 公司弹性利润预算表

销售量/件	1 550	1 650	1 750	1 850	1 950
销售收入/元	310 000	330 000	350 000	370 000	390 000
减：变动成本/元	124 000	132 000	140 000	148 000	156 000
贡献毛益/元	186 000	198 000	210 000	222 000	234 000
减：固定成本/元	46 600	46 600	46 600	46 600	46 600
营业净利/元	139 400	151 400	163 400	175 400	187 400

（二）弹性预算的特点

（1）弹性预算按预算期内某一相关范围内的可预见的多种业务量水平确定不同的预算额，从而扩大了预算的适用范围，更加便于预算指标的调整。

（2）弹性预算是按成本的不同性态分类列示的，便于在预算期终了时，将实际指标与实际业务量相应的预算额进行对比，使对预算执行情况的评价与考核建立在更客观和可比的基础上，更好地发挥预算的控制作用。

三、零基预算编制法

（一）零基预算的概念

零基预算的全称为以零为基础的计划和预算，是指在编制预算时，对所有的预算支出均以零为基础，从实际需要与可能出发，按照各项开支的重要程度编制的预算。它是由美国德州仪器公司于 20 世纪 70 年代创建的，目前已被西方国家广泛采用。

零基预算编制法不同于传统的预算编制方法。传统的做法是在上期预算执行结果的基础上，结合预算期的情况，加以适当的调整而编制预算。传统预算是以过去的水平为基础，实际上就是承认过去的预算是合理的，无须改进，所以容易造成预算的不足，或者是安于现状，造成预算的浪费。

零基预算是对传统预算的改革，它要求对各个业务项目需要多少人力、物力和财力依次进行估算，并说明其经济效果，在此基础上，按项目的轻重缓急分配预算经费。

（二）零基预算编制的具体做法

（1）企业内部各有关部门，根据企业的总体目标和各部门的具体任务，提出预算期内需要发生的各种业务活动及其费用开支的性质、目的和数额。

（2）对各项预算方案进行成本—效益分析及综合评价，权衡轻重缓急，划分成不同等级并排出先后顺序。

（3）根据生产经营的客观需要与一定期间资金供应的实际可能，在预算中对各个项目进行择优安排，分配资金，落实预算。

【例 8 - 3】

A 公司采用零基预算编制法编制预算期 2019 年的销售及管理费用预算，基本编制程序如下：

（1）企业销售及管理部门根据预算期利润目标及销售目标等资料，经过讨论，确定 2019 年所需发生的费用项目及支出数额如表 8 - 4 所示。

表 8 - 4　2019 年所需发生的费用项目及支出数额　　　　　　　　元

费用项目	支出数额
1. 办公费	7 000
2. 差旅费	2 000
3. 保险费	3 000
4. 广告费	5 000
5. 租金	1 500
6. 培训费	5 000
合计	235 000

（2）对各费用项目中属于选择性固定成本的保险费、广告费，参照以往经验进行成本—效益分析，结果如表 8 - 5 所示。

表 8 - 5　成本—效益分析

费用项目	成本/元	效益/元	成本效益率
培训费	1	30	1:30
广告费	1	50	1:50

（3）将所有费用项目按照性质和轻重缓急，排列开支等级及顺序。

第一等级：办公费、保险费、差旅费和租金，属于约束性固定成本，为预算期必不可少的开支，应该得到全额保证。

第二等级：广告费，属于选择性固定成本，可以根据预算期企业资金供应情况酌情增减，由于广告费的成本效益率大于培训费，故应列入第二等级。

第三等级：培训费，属于选择性固定成本，根据预算期企业资金供应情况酌情增减，但是由于培训费的成本效益率小于广告费，因而列为第三级。

总之，如果 A 公司预算期可用于销售及管理费用的资金数额为 21 000 元，则可以根据所排列等级及顺序落实预算资金。

第一等级的费用项目所需资金应全额满足，如表 8 - 6 所示。

表 8 - 6　第一等级的费用项目所需资金　　　　　　　　元

费用项目	所需资金
1. 办公费	7 000
2. 保险费	3 000
3. 差旅费	2 000
4. 租金	1 500
合计	13 500

剩余的可供分配的资金数额为 7 500 元（21 000 - 13 500），按成本效益率的比例分配广告费和培训费，则广告费可分配资金为 7 500 × [50/(50 + 30)] = 4 687.5（元）；培训费可分配资金为 7 500 × [30/(50 + 30)] = 2 812.5（元）

（三）零基预算的特点

零基预算与传统预算相比，它不是以承认现实的基本合理性为出发点，而是以零为起点，从而避免了原来不合理的费用开支对预算期费用预算的影响，其优点是能够充分合理地配置资源，减少资金浪费，特别适用于那些较难分辨其产出的服务性部门。缺点是这种方法对方案评级和资源的分配具有一定的主观性，容易引起部门间的矛盾。

四、概率预算编制法

概率预算是借助概率论的原理，将企业生产经营过程中各预定指标发生变化的可能性列入预算编制中，用以确定预算对象变动范围的一种预算编制方法。它不仅考虑了因素可能发生变化的范围，而且考虑了在此范围内有关数据可能出现的概率情况。因此在预算编制过程中，不仅要对有关变量的相应数值进行加工，还需对有关变量可预期的概率进行分析，因而比较接近客观实际。

现举例说明这种预算的编制过程。

【例 8 - 4】

某企业某一产品的销售量和单位变动成本为不确定因素，有关资料如表 8 - 7 所示。

表 8 - 7　某产品的有关资料

销售量		销售单价/元	单位变动成本		固定成本/元
数量/件	概率		金额/元	概率	
9 900	0.3	20	9.5	0.2	27 000
			9	0.5	
			8.5	0.3	
11 000	0.5	20	9.5	0.2	32 000
			9	0.5	
			9.5	0.3	

销售量		销售单价/元	单位变动成本		固定成本/元
数量/件	概率		金额/元	概率	
121 000	0.2	20	9.5	0.2	37 000
			9	0.5	
			8.5	0.3	

根据上述资料计算利润期望值如表 8 - 8 所示。

表 8 - 8 利润期望值计算

销售量/件	概率	单价/元	单位变动成本/元	概率	固定成本/元	利润/元	联合概率	利润期望值/元
9 900	0.3	20	9.5	0.2	27 000	76 950	0.06	4 617
			9	0.5		81 900	0.15	12 285
			8.5	0.3		86 850	0.09	7 816.50
11 000	0.5	20	9.5	0.2	32 000	83 500	0.1	8 350
			9	0.5		89 000	0.25	22 250
			9.5	0.3		94 500	0.15	14 175
121 000	0.2	20	9.5	0.2	37 000	90 050	0.04	3 602
			9	0.5		96 100	0.10	9 610
			8.5	0.3		102 150	0.06	6 129
	1.0						1.0	88 834.50

五、滚动预算编制法

(一) 滚动预算的概念

滚动预算又称永续预算或连续预算,是指在编制预算时将预算期与会计年度脱离,随着预算的执行,不断延伸补充预算期间,使预算期永远保持为一个固定期间(如一年)的一种预算编制方法,如图 8 - 2 所示。

(二) 滚动预算编制的具体做法

预算每执行 1 个月(或季度),即根据前 1 个月(或季度)的经营状况和变化,对以后 11 个月(或季度)的预算加以修订,并自动根据后续 1 个月(或季度)的更新,重新编制新 1 年的预算。这样逐项向后滚动,连续不断地以预算的形式规划未来的经营活动。

滚动预算的编制基本上是按其他的预算方法进行的,但是它对近 3 个月的预算编制得比较详细具体,而对后 9 个月的预算编制得较为笼统,因为远期的市场等因素较难预测。

图 8 - 2　滚动预算编制法

（三）滚动预算的特点

（1）可以保持预算的连续性与完整性，使有关人员能从动态的预算中把握企业的未来，了解企业的总体规划和近期目标；

（2）可以根据前期预算执行的结果，结合各种新的变化信息，不断调整或修正预算，从而使预算与实际情况相适应，有利于充分发挥预算的指导和控制作用；

（3）可以使各级管理人员始终保持对未来 12 个月甚至更长远的生产经营活动做周密的考虑和全盘规划，以保证企业各项工作顺利进行。

第三节　全面预算在企业中的实际应用

固定预算蕴涵了预算编制的基本原理，是其他编制方法的基础，下面以固定预算为例，详细介绍全面预算的具体应用。

一、销售预算的编制

销售预算是指为规划一定预算期内组织销售活动而引起的预计销售收入而编制的一种经营预算。销售预算是全面预算的关键和起点，其他预算均以销售预算为基础。通常销售预算是在销售预测的基础上，根据企业年度目标利润确定的销售量和销售额来编制。

销售预算的主要内容是销售量、销售单价和销售收入。销售量是根据市场预测或销售合同并结合企业生产能力来确定的；单价是根据市场供求关系并通过价格决策决定的；销售收入是两者的乘积。销售预算由销售部门负责编制，通常按年分季或分月编制。

为了以后编制现金预算，在销售预算表的下面，还应附有预算期间预计现金收入计算表，主要包括前期应收销售货款的收回、本期销售货款的收入，以便为编制现金预算提供依据。

【例 8 - 5】

假定 A 公司只生产并销售甲产品，根据 2018 年各季度销售量及销售价格的有关资料编制的 2019 年销售预算表如表 8 - 9 所示。

表 8 -9　A 公司 2019 年销售预算表

项目	第一季度	第二季度	第三季度	第四季度	合计
预计销售量/件	10 000	15 000	20 000	18 000	63 000
预计单位售价/元	40	40	40	40	40
销售收入/元	400 000	600 000	800 000	720 000	2 520 000

在实际工作中，产品销售往往不是现购现销的，这就产生了很大数额的应付账款，所以，销售预算中通常还应包括预计现金收入的计算，其目的是为编制现金预算提供必要的资料。

假设本例中，每季度销售收入在本季收到现金 70%，其余部分在下季度收账。A 公司 2019 年预计现金收入表如表 8 - 10 所示。

表 8 - 10　A 公司 2019 年预计现金收入表　　　　　　　　元

| 项目 | | 现金收入 | | | | |
		第一季度	第二季度	第三季度	第四季度	全年合计
一季度应收账款	62 000	62 000				62 000
一季度销售收入	400 000	280 000	120 000			400 000
二季度销售收入	600 000		420 000	180 000		600 000
三季度销售收入	800 000			560 000	240 000	800 000
四季度销售收入	720 000				504 000	504 000
现金收入合计		342 000	540 000	740 000	744 000	2 366 000

由表 8 - 10 可得，第四季度末应收账款 = 720 000 × 30% = 216 000（元）

二、生产预算的编制

生产预算是指为一定预算期内预计生产量规模而编制的一种经营预算，它是在销售预算的基础上编制的，根据预计的销售量，并考虑预计期初存货和预计期末存货等因素按品种分别编制，它是所有经营预算中唯一只使用实物量计量单位的预算。

计算公式如下：

某种产品预算生产量 = 预计销售量 + 预计期末存货量 - 预计期初存货量

式中，预计销售量可以在销售预算中取得，预计期初存货量等于上季期末存货量；所以计算的关键在于确定预计期末存货量。在实践中，预计期末存货量一般根据下期销售量的一定百分比来确定，同时还要考虑季节性因素的影响，防止产销脱节或超储积压。

生产预算主要由生产部门负责编制。与销售预算相对应，生产预算的编制期间一般为 1 年，年内按产品类别进行分季或分月安排。生产预算为进一步预算成本和费用提供依据。

【例 8 - 6】

假设例 8 - 5 中，A 公司希望能在每季末保持相当于下季度销售量 10% 的期末存货，上年末产品的期末存货为 1 000 件，单位成本为 23 元，共计 23 000 元，预计下年第一季度销售量为 20 000 件，A 公司 2019 年生产预算表如表 8 - 11 所示。

表 8 - 11　A 公司 2019 年生产预算表　　　件

项目	第一季度	第二季度	第三季度	第四季度	全年合计
预计销售量	10 000	15 000	20 000	18 000	63 000
加：期末存货	1 500	2 000	1 800	2 000	2 000
合计	11 500	17 000	21 800	20 000	65 000
减：期初存货	1 000	1 500	2 000	1 800	1 000
预计生产量	10 500	15 500	19 800	18 200	64 000

三、直接材料预算的编制

直接材料预算是主要用来确定预算期材料的采购数量和采购成本而编制的一种经营预算。它以生产预算为基础，同时考虑期初、期末材料存货水平，避免造成停工待料或超储积压。在编制材料预算的过程中，还应根据预算期购买材料的现金支出和偿还所欠材料款的情况反映企业经营现金支出，为编制现金预算提供数据。直接材料预算主要由物资供应部门负责编制。

相接材料预算的具体计算公式如下：

预计直接材料采购量 = 该种材料的预计需用量 + 该种材料的预计期末库存量 -
该种材料的预计期实库存量

其中：

材料的预计需用量 = 预计生产量 × 单位产品材料耗用量

公式中的单位产品材料耗用量可以根据标准单位耗用量或定额耗用量来确定。预计期末库存量通常按照下期生产需要量的一定百分比来计算。

【例 8 - 7】

根据例 8 - 6 的资料，假设甲产品只耗用一种材料，上年度库存材料为 3 000 公斤。A 公司期望每季度末材料库存量为下季度生产需要量的 10%，本年度第四季度期末库存量为 5 000 公斤。A 公司 2019 年直接材料预算表如表 8 - 12 所示。

表 8 - 12　A 公司 2019 年直接材料预算表

项目	第一季度	第二季度	第三季度	第四季度	全年合计
预计生产量/件	10 500	15 500	19 800	18 200	64 000
单位产品材料用量/公斤	3	3	3	3	3
生产需用量/公斤	31 500	46 500	59 400	54 600	192 000
加：预计期末存量/公斤	4 650	5 940	5 460	5 000	5 000
合计	36 150	52 440	64 860	59 600	197 000

续表

项目	第一季度	第二季度	第三季度	第四季度	全年合计
减：预计期初存量/公斤	3 000	4 650	5 940	5 460	3 000
预计采购量/公斤	33 150	47 790	58 920	54 140	194 000
单价/元	5	5	5	5	5
预计采购金额/元	165 750	238 950	294 600	270 700	970 000

材料的采购与产品的销售有相似之处，即货款也不是马上用现金全部支出的，这样就可能存在一部分应付款项。所以，对于材料采购，我们还需要编制现金支出预算，目的是为了编制现金预算。

假设表 8-12 中材料采购的货款 60% 在本季内付清，另外 40% 在下季度付清。A 公司 2019 年预计现金支出表如表 8-13 所示。

表 8-13　A 公司 2019 年预计现金支出表
元

项目		现金支出				
		第一季度	第二季度	第三季度	第四季度	全年合计
期初数	60 000	60 000				60 000
第一季度	165 750	99 450	66 300			165 750
第二季度	238 950		143 370	95 580		238 950
第三季度	294 600			176 760	117 840	294 600
第四季度	270 700				162 420	162 420
现金支出合计		159 450	209 670	272 340	280 260	921 720

由表 8-13 可得，第四季度应付账款 270 700 × 40% = 108 280（元）。

四、直接人工预算的编制

直接人工预算是指为规划一定预算期内人工工时的消耗水平和人工成本水平而编制的一种经营预算，其主要内容包括预计生产量、单位产品工时、人工总工时、每小时人工成本和人工总成本。直接人工预算主要由生产部门或劳动人事部门负责编制。直接人工预算能直接为编制现金预算提供数据，因此不需要另外计算现金支出。

【例 8-8】

依上例资料，假定 A 公司在预算期内需要直接人工工资率为 8 元，单位产品的定额工时为 0.5 小时，并且 A 公司以现金支付的直接人工工资均于当期付款。

根据所给的直接人工工资率、单位产品定额工时和产品预计生产量，就可以编制直接人工预算表，如表 8-14 所示。

表 8 – 14　**A 公司 2019 年直接人工预算表**

项目	第一季度	第二季度	第三季度	第四季度	全年合计
预计生产量/件	10 500	15 500	19 800	18 200	64 000
单位产品定额工时/小时	0.5	0.5	0.5	0.5	0.5
人工总工时/小时	5 250	7 750	9 900	9 100	32 000
每小时人工成本/元	8	8	8	8	8
人工总成本/元	42 000	62 000	79 200	72 800	256 000

五、制造费用预算的编制

制造费用预算是指为规划一定预算期内，除直接材料和直接人工预算以外，预计发生的其他生产费用水平而编制的一种经营预算。在编制制造费用预算时，首先根据成本性态将制造费用分为变动性制造费用和固定性制造费用，变动性制造费用以生产预算为基础预计。根据确定的变动性制造费用分配率和各季度预计产量，可以将全年的变动性制造费用分配到各个季度。固定性制造费用是期间成本直接列入损益表，作为当期利润的一个扣减项目，与本期的生产量无关。

制造费用预算一般由生产部门负责编制。在制造费用预算中，除了折旧费用以外，其他都需要支付现金。为了方便现金预算的编制，需要预计现金支出，将制造费用预算总额扣除折旧费用后，就可以得到制造费用的现金支出额。

【例 8 – 9】

假定 A 公司 2019 年变动制造费用为 192 000 元（其中，间接费用 64 000 元，间接人工 32 000，修理费用 48 000 元，水电费用 32 000 元，其他费用 16 000 元），固定制造费用 240 000 元（其中，修理费用 96 000 元，水电费用 20 000 元，保险费用 12 000 元，管理人员工资 32 000 元，折旧 80 000 元），其他条件同前例。并且 A 公司的变动制造费用按工时的比例分配，以现金支付的各项间接费用均于当期付款。

根据所给资料可编制 A 公司 2019 年制造费用预算表如表 8 – 15 所示。

表 8 – 15　**A 公司 2019 年制造费用预算表**

项目	每小时费用分配率/元	第一季度/元	第二季度/元	第三季度/元	第四季度/元	全年合计/元
预计人工总工时		5 250	7 750	9 900	9 100	32 000
变动制造费用						
间接费用	2	10 500	15 500	19 800	18 200	64 000
间接人工	1	5 250	7 750	9 900	9 100	32 000
修理费用	1.5	7 875	11 625	14 850	13 650	48 000
水电费用	1	5 250	7 750	9 900	9 100	32 000
其他	0.5	2 625	3 875	4 950	4 550	16 000

续表

项目	每小时费用分配率/元	第一季度/元	第二季度/元	第三季度/元	第四季度/元	全年合计/元
小计	6	32 500	46 500	59 400	54 600	192 000
固定制造费用						
修理费用		24 000	24 000	24 000	24 000	96 000
水电费用		5 000	5 000	5 000	5 000	20 000
管理人员工资		8 000	8 000	8 000	8 000	32 000
折旧		20 000	20 000	20 000	20 000	80 000
保险费		3 000	3 000	3 000	3 000	12 000
小计		60 000	60 000	60 000	60 000	240 000
合计		91 500	106 500	119 400	114 600	423 000
减: 折旧		20 000	20 000	20 000	20 000	80 000
现金支出合计		71 500	86 500	99 400	94 600	352 000

为了计算产品的销售成本,必须先确定产品的生产总成本和单位成本。产品生产成本预算是生产预算、直接材料预算、直接人工预算、制造费用预算的汇总。

六、产品生产成本预算的编制

产品生产成本预算是指为规划一定预算期内每种产品的单位产品成本、生产成本、销售成本等内容而编制的一种经营预算。产品生产成本预算是生产预算、直接材料预算、直接人工预算、制造费用预算的汇总,单位产品成本的数据来源于直接材料预算、直接人工预算和制造费用预算,产品生产量、期末存货量的数据来源于生产预算,产品销售量的数据来源于销售预算。

产品生产成本预算一般由生产部门负责编制,也可以由财务部门编制。

【例 8 – 10】

根据表 8 – 1 ~ 表 8 – 9 的内容编制 A 公司 2019 年产品生产成本预算表,如表 8 – 16 所示。

表 8 – 16　A 公司 2019 年产品生产成本预算表

成本项目	全年生产量 64 000/件			
	单耗/元	单价/元	单位成本/元	总成本/元
直接材料	3	5	15	960 000
直接人工	0.5	8	4	256 000
变动制造费用	0.5	6	3	192 000
合计			22	1 408 000

续表

产成品存货	数量/件	单位成本/元	总成本/元
年初存货	1 000	23	23 000
年末存货	2 000	22	44 000
本年销售	63 000		1 387 000

由于期初存货的单位成本为 23 元，而本年生产产品的单位成本为 22 元，两者不一致，所以，存货流转采用先进先出法。

七、销售及管理费用预算的编制

销售费用预算是指为一定预算期内，企业在销售阶段组织产品销售预计发生各项费用而编制的一种经营预算。管理费用预算是指为规划一定预算期内，因管理企业预计发生的各项费用而编制的一种经营预算。其编制方法与制造费用相同。销售及管理费用预算一般由企业行政管理部门和销售部门负责编制。

【例 8 - 11】

假定预测 A 公司 2019 年的变动销售及管理费用总计为 252 000 元，按预计销售收入计算分配率，固定销售及管理费用为 100 000 元。

根据上述条件及前例的资料，可编制 A 公司 2019 年销售及管理费用预算表，如表 8 - 17 所示。

表 8 - 17　A 公司 2019 年销售及管理费用预算表

项目	变动费用率（按销售收入）/%	第一季度/元	第二季度/元	第三季度/元	第四季度/元	全年合计/元
预计销售收入		400 000	600 000	800 000	720 000	252 000
变动销售及管理费用						
销售佣金	1.5	6 000	9 000	12 000	10 800	37 800
运输费用	1.5	6 000	9 000	12 000	10 800	37 800
广告费	7	28 000	42 000	56 000	50 400	176 400
小计	10	40 000	60 000	80 000	72 000	252 000
固定销售及管理费用						
管理人员工资		5 000	5 000	5 000	5 000	20 000
办公费		9 000	9 000	9 000	9 000	36 000
保险费		4 000	4 000	4 000	4 000	16 000
其他		7 000	7 000	7 000	7 000	28 000
小计		25 000	25 000	25 000	25 000	100 000
合计		65 000	85 000	105 000	97 000	352 000

八、现金预算的编制

现金预算是以经营预算和专门决策预算为基础而编制的，用以反映现金收支及现金筹措和使用情况的预算。现金预算的内容包括现金收入、现金支出、现金多余或不足、现金筹措和使用。其中现金收入主要反映经营性现金收入，现金支出则同时反映经营性现金支出和资本现金支出。现金预算实际上是销售预算、直接材料预算、直接人工预算、制造费用预算、销售及管理费用预算和专门决策预算中有关现金收支部分的汇总。

【例 8 – 12】

根据例 8 – 7 ~ 例 8 – 13 所编制的各种预算提供的资料，假设 A 公司每季末应保持现金余额 30 000 元，若资金不足或多余，可以以 1 000 元为单位供入或者偿还，借款年利率为6%，于每季初供入，第四季度偿还本金，借款利息于偿还本金时一起支付；同时，在 2019年 A 公司准备投资 240 000 元购买设备，于第二季度与第三季度分别支付价款的50%，每季预缴所得税 20 000 元，预算在第三季度发放现金股利 50 000 元，第四季度购买国库券100 000元。根据上述资料编制 A 公司 2019 年现金预算表。如表 8 – 18 所示。

表 8 – 18　A 公司 2019 年现金预算表　　　　　　　　　　元

项目	第一季度	第二季度	第三季度	第四季度	全年合计
期初现金余额	30 000	30 050	30 880	30 940	30 000
加：销售现金收入	342 000	540 000	740 000	744 000	2 366 000
可供使用现金	372 000	570 050	770 880	774 940	2 396 000
减：现金支出					
直接材料	159 450	209 670	272 340	280 260	921 720
直接人工	42 000	62 000	79 200	72 800	256 000
制造费用	71 500	86 500	99 400	94 600	352 000
销售及管理费用	65 000	85 000	105 000	97 000	352 000
预缴所得税	20 000	20 000	20 000	20 000	80 000
购买国库券				100 000	100 000
发放股利			50 000		
购买设备		120 000	120 000		
支出合计	357 950	583 170	745 940	664 660	2 351 720
现金收支差额	14 050	(13 120)	24 940	110 280	44 280
向银行借款	16 000	44 000	6 000		66 000
归还银行借款				66 000	66 000
借款利息（年利率6%）				3 120	3 120
期末现金余额	30 050	30 880	30 940	41 160	41 160

九、预计财务报表的编制

预计财务报表是指以货币形式综合反映预算期内企业经营活动的财务成果的报表，是一项财务计划。预计财务报表一般由财务部门负责编制。

【例 8 – 13】

根据上述的各种预算，编制 A 公司 2019 年的预计利润表、预计资产负债表、预计现金流量表，如表 8 – 19 ~ 表 8 – 21 所示。

表 8 – 19　A 公司 2019 年预计利润表　　　　　　　　　　　　　　　　元

项目	第一季度	第二季度	第三季度	第四季度	全年合计
销售收入	400 000	600 000	800 000	720 000	2 520 000
减：变动成本					
变动生产成本	221 000	330 000	440 000	396 000	1 387 000
变动销售费用	40 000	60 000	80 000	72 000	252 000
变动成本小计	261 000	390 000	520 000	468 000	1 639 000
边际贡献	139 000	210 000	280 000	252 000	881 000
减：固定成本					
固定制造费用	60 000	60 000	60 000	60 000	240 000
固定销售费用	25 000	25 000	25 000	25 000	100 000
利息支出				3 120	3 120
固定成本小计	85 000	85 000	85 000	88 120	343 120
税前利润	54 000	125 000	195 000	163 880	537 880
减：所得税（25%）	13 500	31 250	48 750	40 970	134 470
税后利润	40 500	93 750	146 250	122 910	403 410

表 8 – 20　A 公司 2019 年预计资产负债表　　　　　　　　　　　　　　元

资产	期初数	期末数	负债和权益	期初数	期末数
货币资金	30 000	41 160	应付账款	60 000	108 280
应收账款	62 000	216 000	应交税费		54 470③
存货	38 000	69 000			
短期投资		100 000	流动负债合计	60 000	162 750
流动资产合计	130 000	426 160	长期借款	50 000	50 000
固定资产原值	1 050 000	1 290 000①	股东权益		

续表

资产	期初数	期末数	负债和权益	期初数	期末数
减：累计折旧	240 000	320 000②	普通股	800 000	800 000
固定资产净值	810 000	970 000	留存收益	30 000	383 410④
资产合计	940 000	1 396 160	负债和权益合计	940 000	1 396 160

① = 1 050 000 + 240 000（表 8 - 12）；

② = 240 000 + 80 000（表 8 - 9）；

③ = 134 470 - 80 000（表 8 - 12、表 8 - 13）；

④ = 30 000 + 403 410 - 50 000（表 8 - 12、表 8 - 13）。

表 8 - 21　A 公司 2019 年预计现金流量表　　　　　　　　　　元

项目	金额	备注
一、经营活动产生的现金流量		
销售商品、提供劳务收到的现金	2 366 000	表 8 - 10
收到的其他与经营活动有关的现金		
现金流入小计	2 366 000	
购买商品、接受劳务支出现金	1 273 720	表 8 - 13、表 8 - 15
支付给职工以及为职工支付的现金	256 000	表 8 - 14
支付的其他与经营活动有关的现金	352 000	表 8 - 17
支付的预缴所得税	80 000	表 8 - 18
现金流出小计	1 961 720	
经营活动产生的现金流量净额	404 280	
二、投资活动产生的现金流量		
收回投资所收到的现金		
收回的其他与投资活动有关的现金		
现金流入小计	0	
构建固定资产、无形资产和其他长期资产支付的现金	240 000	表 8 - 12
支付的其他与投资活动有关的现金	100 000	表 8 - 12
现金流出小计	340 000	
投资活动产生的现金流量净额	- 340 000	
三、筹资活动产生的现金流量		
吸收权益性投资所收到的现金		
发行债券所支付的现金		

续表

项目	金额	备注
借款所收到的现金	66 000	表 8 - 18
收到的其他与筹资活动有关的现金		
现金流入小计	66 000	
偿还债务所支付的现金	66 000	表 8 - 18
分配股利或利润所支付的现金	50 000	表 8 - 18
偿还利息所支付的现金	3120	表 8 - 18
支付的其他与筹资活动有关的净额		
现金流出小计	119 120	
筹资活动产生的现金流量净额	- 53 120	
现金流量净增加额	11 160	

课后习题

一、单项选择题

1. 企业生产预算通常是在(　　　　)的基础上进行的。

A. 销售预算　　　　　　　　　　B. 现金预算

C. 生产预算　　　　　　　　　　D. 产品生产成本预算

2. 编制全面预算的起点是(　　　)。

A. 生产预算　　　　　　　　　　B. 销售预算

C. 财务预算　　　　　　　　　　D. 资本支出预算

3. 在预算编制方法中,与固定预算编制法相对应的编制方法是(　　　)。

A. 弹性预算编制法　　　　　　　B. 增量预算编制法

C. 概率预算编制法　　　　　　　D. 滚动预算编制法

4. 企业的全面预算体系的终结为(　　　)。

A. 现金预算　　　　　　　　　　B. 销售预算

C. 预计财务报表　　　　　　　　D. 资本支出预算

5. 变动性制造费用预算的编制基础为(　　　)。

A. 生产预算　　　　　　　　　　B. 销售预算

C. 材料预算　　　　　　　　　　D. 产品生产成本预算

6. 预计期初存货 50 件,期末存货 40 件,本期销售 250 件,则本期生产量为(　　　)件。

A. 250　　　　　　　　　　　　　B. 240

C. 260　　　　　　　　　　　　　D. 230

7. 下列预算中,不涉及现金收支内容的项目为(　　　)。

A. 销售预算　　　　　　　　　　B. 生产预算

C. 制造费用预算　　　　　　　　D. 产品生产成本预算

8. 下列各项中，不能直接在现金预算中得到反映的是( )。

A. 期初现金余额   B. 产销量情况

C. 现金收支情况   D. 资本支出预算

9. 不属于业务预算内容的是( )。

A. 生产预算   B. 制造费用预算

C. 现金预算   D. 销售预算

10. 生产预算的主要内容有生产量、期初和期末产品存货及( )。

A. 资金量   B. 工时量

C. 购货量   D. 销货量

二、多项选择题

1. 销售预算的主要内容有( )。

A. 销售收入   B. 销售费用

C. 销售数量   D. 销售单价

2. 通常完整的全面预算应包括( )三个部分。

A. 营业预算   B. 财务预算

C. 销售预算   D. 资本支出预算

3. 财务预算包括( )。

A. 现金预算   B. 资本支出预算

C. 预计利润   D. 预计资产负债

4. 常用的预算编制方法包括( )。

A. 固定预算编制法   B. 零基预算编制法

C. 滚动预算编制法   D. 弹性预算编制法

5. 在全面预算中，营业预算包括( )。

A. 现金预算   B. 销售预算

C. 生产预算   D. 成本预算

三、计算分析题

1. 某工厂期初存货 250 件，本期预计销售 500 件。

要求：

(1) 如果预计期末存货 300 件，本期应生产多少件？

(2) 如果预计期末存货 260 件，本期应生产多少件？

2. 假设 A 公司只生产一种产品，销售单价为 200 元，预算年度内四个季度的销售量经测算分别为 250 件、300 件、400 件和 350 件。根据以往经验，销货款在当季可收到 60%，下季度可收到其余的 40%。预计预算年度第一季度可收回上一年第四季度的应收账款 20 000 元。

要求：计算本年各季度的现金收入。

3. 某公司计划 2019 年第一季度的现金收支情况如下：

(1) 基年年末的现金余额为 9 200 元；

(2) 基年年末的应收账款余额为 40 000 元，计划一季度实现销售收入 280 000 元。该公司的收款条件是当季收现80%，余款下季度收讫。

（3）基年年末的应付账款余额为40 000元，计划一季度购料90 000元。该公司的付款条件是当季付现60%，余款下季度付讫。

（4）预计制造费用57 000元，其中折旧36 000元。

（5）预计期间费用13 000元，其中折旧4 500元。

（6）预计支付直接人工工资25 000元。

（7）预计支付所得税6 800元

（8）计划添置新车一辆，预计92 000元。

（9）公司要求的现金最低存量为9 000元，不足时可向银行借款，借款额一般要求为千元的整数倍。

要求：根据上述资料，为该公司编制2019年一季度现金预算。

4. 某公司2018年年末预计下一年的销售收入与当年销售收入相同，均为240万元，全年销售额均衡。请根据以下信息编制2019年的预计利润表和预计资产负债表。

（1）最低现金余额为10万元；

（2）销售额的平均收现期为60天；

（3）存货一年周转8次；

（4）应付账款为一个月购买金额；

（5）各项费用总计60万元；

（6）明年末固定资产净值为50万元；

（7）长期负债为30万元，明年偿还7.5万元；

（8）目前账面未分配利润为40万元；

（9）实收资本20万元；

（10）销售成本为销售额的60%；

（11）销售成本中的50%为外购原材料成本；

（12）企业所得税税率为25%。

第九章
成本控制与标准成本系统

学习目标 ◀

1. 理解成本控制的概念、分类及成本控制系统的组成
2. 掌握标准成本法的差异计算和会计处理

第一节 成本控制概述

一、成本控制的概念

成本控制是指运用以成本会计为主的各种方法，预定成本限额，按限额开支成本和费用，将实际成本和成本限额比较，及时发现与预定成本限额之间的差异，并纠正不利偏差，促使企业提高经济效益。

成本控制有广交和狭义之分。广义的成本控制主要指事前控制、事中控制和事后控制。狭义的成本控制仅指成本的事中控制，其内容包括两个方面：一是成本控制的一般方法；二是如何将成本落实到各有关责任中心。本节主要研究的是成本控制的一般方法。

二、成本控制的分类

（一）按成本控制的范围分类

按成本控制的范围不同，可以将成本控制分为狭义的成本控制和广义的成本控制。

1. 狭义的成本控制

狭义的成本控制是指日常的成本控制。

2. 广义的成本控制

广义的成本控制是指除日常的成本控制以外，还包括事前的成本控制。

（二）按成本控制的时间分类

按成本控制的时间不同，可以将成本控制分为事前成本控制、事中成本控制和事后成本控制。

1. 事前成本控制

事前成本控制是指在新产品投产前的设计、试制阶段，对影响成本的各有关因素所进行的事前规划、审核和监督。

2. 事中成本控制

事中成本控制是指在产品的生产过程中，对产品成本的形成和偏离成本目标的差异进行的日常控制。

3. 事后成本控制

事后成本控制是指对形成的产品成本进行综合分析与评价。

（三）按控制的手段分类

按成本控制的手段不同，成本控制可以分为相对成本控制和绝对成本控制。

1. 相对成本控制

相对成本控制是开源与节流并重，除采取节约措施外，还要根据本量利分析的原理，充分利用生产能量，达到降低成本的目的。

2. 绝对成本控制

绝对成本控制是指仅仅通过节约开支、杜绝浪费等节流措施控制成本的方法。

（四）按成本对象分类

成本控制按控制的对象不同，可以分为产品成本控制和质量成本控制两类。

1. 产品成本控制

产品成本控制是指对生产产品的全过程进行的控制。

2. 质量成本控制

质量成本控制是指将质量管理与成本管理相结合，通过确定最优质量成本达到控制成本的目的。

三、成本控制系统的组成

一个企业的成本控制系统包括组织系统、信息系统、考核制度和奖励制度等内容。

（一）组织系统

组织系统也称组织结构，描述的是组织的框架结构。成本控制的组织系统是由各种责任中心组成的，这些责任中心按其所负责和控制范围的不同，分为成本中心、利润中心和投资中心。

（二）信息系统

信息系统也称为责任会计系统，它是企业会计系统的一部分，负责计量、传送和报告成本控制使用的信息。

（三）考核制度

考核制度是指通过制定一系列业绩考核评价指标、业绩考核标准的计量方法、预算种类等内容，对企业成本控制的效果进行考核和评价。

（四）奖励制度

奖励制度是对考核结果实施的奖励或惩罚制度。科学的奖惩有利于调动有关人员的积极性，也是维持成本控制系统长期有效运行的重要因素。

四、成本控制的程序

产品生产的过程就是成本形成的过程，生产过程中的成本控制，就是在产品的制造过程中，对成本形成的各种因素，按照事先拟定的标准严格加以监督，发现偏差及时采取措施加以纠正，以保证把生产过程中的各种资源消耗和费用开支控制在规定的范围之内。成本控制的基本工作程序如下：

（一）确定成本标准

成本标准是成本控制的尺度，成本标准（也叫成本控制标准）包括成本计划中规定的各项指标。确定成本标准的方法有三种：

1. 计划指标分解法

这种方法是将大指标分解为小指标。分解时，可以按部门、单位分解，也可以按不同产品和各种产品的工艺阶段或零部件进行分解，若更细致一点，还可以按工序进行分解。

2. 预算法

这种方法主要是用制定预算的办法来制定成本控制标准。有的企业基本上是根据季度的生产销售计划来制定较短期的费用开支预算，并把它作为成本控制标准。

3. 定额法

这种方法是建立起定额和费用开支限额，并将这些定额和限额作为成本控制标准来进行控制。

（二）监督成本的形成

监督成本的形成就是根据控制标准，对成本形成的各个项目，经常进行检查、评价和监督。成本的日常控制主要有三个方面：

1. 材料费用的日常控制

车间施工人员和技术检查人员要监督按图纸、工艺和工装要求进行操作，实行首件检查，防止批量报废。车间设备人员要按工艺规程规定的要求监督设备维修和使用的情况，不合要求，不能开工生产。供应部门人员要控制生产材料，合理下料，合理投料。车间材料费用的日常控制，一般由车间材料核算人员负责，他要经常收集材料，分析对比，追踪原因，并向有关的人员和部门提出改进措施。

2. 工资费用的日常控制

这主要是指车间劳资人员对生产现场的工时定额、出勤率、工时利用率、劳动组织的调整、津贴等进行监督和控制。生产调度人员要监督车间内部作业计划的合理安排，要合理投产、合理派工，控制停工、加班、加点等。车间劳资人员对上述有关指标负责控制和核算，分析偏差，寻找原因。

3. 间接费用的日常控制

车间发生的间接费用项目较多，情况各异。如果有定额的，按定额控制，没有定额的，按各项费用预算进行控制。

（三）及时纠正偏差

针对成本差异发生的原因，查明责任，分辨情况，提出改进措施，加以贯彻执行。

五、成本控制的原则

企业要进行有效的成本控制，通常需要遵循以下几个基本原则：

（一）全面性原则

全面性原则是指企业进行成本控制时，应进行全员控制和全过程控制。对产品形成的全过程进行控制，从产品投产的设计阶段开始，包括试制阶段、生产阶段和销售阶段及产品售后阶段都应当进行控制。对生产耗用的全部费用进行控制。正确处理降低产品成本和提高产品质量的关系，以达到合理、合规、合法控制成本的目的。同时要进行全员性的成本控制，充分调动企业全体员工的主观能动性，使每个员工都为成本控制献计献策。

（二）成本效益原则

成本效益原则要求企业在合理控制成本的基础上，实现获取最大经济效益的目标。任何企业在进行生产、销售和管理活动时，都要讲求经济效果。不能不计成本，搞一些华而不实的烦琐手续。效益不大，甚至得不偿失。成本效益原则要求企业要量力而行，考虑在重要领域选择关键因素加以控制，要求以能够降低成本、纠正偏差为目标，实现成本控制的目的。

（三）目标管理原则

企业的成本目标要层层分解，落实到各部门和人员，作为衡量业绩的标准。成本目标分解得越细，各个部门或人员的责任就越明确，控制的效果也就越好。

（四）责权利相结合原则

在进行成本控制时，要注意与各个部门或人员的责权利结合起来。只有某部门或某人员能够控制的成本，才是成本控制的目标成本，否则，目标管理原则将失效。

（五）因地制宜原则

因地制宜原则是指在制定成本控制系统时必须个别设计，以适应特定企业的特点、特定部门的要求、职务与岗位责任的要求、成本项目的特点。对大型企业和小型企业、老企业和新企业、发展快和相对稳定的企业、不同行业的企业及同企业不同的发展阶段都要有所区别。

第二节 标准成本的制定

一、标准成本的含义及特点

（一）标准成本的含义

标准成本是指企业在现有的生产技术水平和有效经营管理条件下，按照成本项目反映的，应当达到的单位产品成本的目标。

标准成本不是实际发生的成本，它是一种预定的目标成本。在实际工作中，标准成本有两个衡量指标：

1. 单位产品的标准成本

其计算公式如下：

$$单位产品标准成本 = 单位产品标准消耗量 \times 标准单价$$

2. 实际产量的标准成本

其计算公式如下：

$$标准成本 = 实际产量 \times 单位产品标准成本$$

（二）标准成本的特点

标准成本有以下三个特点：

1. 科学性

标准成本是通过对企业进行实际调查，依据科学的方法制定的，具有一定的科学性。

2. 稳定性

标准成本是按照正常条件制定的，没有考虑不可预测的异常因素，所以一经制定，就不会轻易改变，具有一定的稳定性。

3. 尺度性

标准成本是成本控制系统的目标和衡量实际成本的尺度，因而它具有尺度性。

二、标准成本的分类

从理论上说，在制定标准成本的过程中，可供选择的标准成本有理想标准成本、正常标准成本和现实标准成本三类。

（一）理想标准成本

它是指在最优的生产条件下，利用现有规模和设备能达到的最低成本。它是理想的业绩标准、生产要素的理想价格和可能实现的最高生产能力的利用水平。由于这种标准成本是在假定没有材料浪费、设备不发生事故、产品无废品、工时全有效的基础上制定的，但在实际工作中不可能达到，所以它不适合选为现行标准成本，只能作为一种最高的参考标准。

（二）正常标准成本

它是指企业在过去一段时期内的实际成本平均值的基础上，剔除了生产经营活动中的不正常因素的影响，并考虑未来的变动趋势而制定的标准成本。这种标准成本实质上是企业在生产经营能力得到正常发挥的条件下就可以实现的成本目标，由于它的水平偏低，也不宜作为企业未来成本控制的奋斗目标。

（三）现实标准成本

它是指企业根据最可能发生的生产要素耗用量、生产要素价格和生产经营能力利用程度而制定的标准成本。它考虑到企业暂时不可避免的低效、失误和超量消耗等因素，因此，它是一种经过努力可以达到的先进合理、切实可行的成本。目前，现实标准成本在实际生活中被大多数企业所采用。

三、标准成本的制定

要进行标准成本控制，就必须在投产前制定成本控制标准。产品成本按成本性态进行分类，分为固定成本和变动成本，通常首先确定直接材料和直接人工标准成本，然后确定制造费用标准成本，最后确定单位产品的标准成本。

（一）直接材料标准成本的制定

直接材料标准成本是由直接材料价格标准和直接材料耗用量标准两个因素决定的。

1. 直接材料价格标准的制定

直接材料价格标准是指取得某种材料所应支付的单位价格，包括材料的购买价格以及预计的采购费用，如运输费、保险费、装卸费等。企业在制定价格标准时，通常采用企业编制的计划价格，它的制定主要是由财务部门和采购部门共同完成的。

2. 直接材料耗用量标准的制定

直接材料耗用量标准是指生产技术部门在一定条件下所确定的单位产品所耗用的各种直接材料的数量，包括形成产品实体的材料数量、在正常情况下所允许发生的材料损耗以及在生产过程中不可避免的废品所耗费的材料数量。它是根据企业产品的设计、生产和工艺现状，结合企业的经营管理水平情况和降低成本任务的要求，考虑在生产过程中发生的必要损失和废品可能性制定的。

3. 直接材料标准成本的制定公式

某种产品的直接材料标准成本 = 该种产品的材料标准耗用量 × 该种材料标准价格

某单位产品直接材料的标准成本 $= \sum$ 该种产品所耗用的各种材料标准成本

$$= \sum_{i=1}^{n} 产品耗用第 i 种材料的标准成本$$

【例 9 – 1】

某企业计划生产 A 产品，所消耗的直接材料资料如表 9 – 1 所示。

要求：制定 A 产品的直接材料标准成本。

表 9 – 1 直接材料资料

项目	甲材料	乙材料
价格标准/元	105	160
买价/元	100	150
采购费用/元	5	10
耗用量标准/件	80	60
单位产品消耗数量/件	80	60

解：

A 产品耗用甲材料的标准成本 = 105 × 80 = 8 400（元/件）

A 产品耗用乙材料的标准成本 = 160 × 60 = 9 600（元/件）

A 产品的直接材料标准成本 = 8 400 + 9 600 = 18 000（元/件）

（二）直接人工标准成本的制定

（1）直接人工价格标准的制定就是标准工资率，是指每个直接人工小时的标准工资。在计时工资形式下，标准工资率就是指生产工人每工作一小时应分配的工资。计算公式如下：

小时工资率标准 = 预计支付生产工人的工资总额 ÷ 标准工时总额

（2）直接人工用量标准的制定是指生产技术部门和劳资部门根据企业现有的生产技术条件、工艺方法和技术水平，考虑到直接加工过程中必要的间歇和停工，确定的生产单位产品所需要的时间，也称为工时用量标准。

（3）直接人工标准成本的制定公式。直接人工标准成本也是由直接人工的标准消耗量和标准价格相乘得到的。计算公式如下：

单位产品的直接人工标准成本 = ∑（各项作业的标准工资率 × 相应的用时量）

【例 9 -2】

某企业生产 A 产品，有关的直接人工资料如表 9 - 2 所示。

要求：确定单位 A 产品直接人工标准成本。

表 9 - 2　A 产品直接人工资料表

项目	作业一	作业二
单位产品标准工时/小时	6	3
月工资总额/元 总工时/小时	60 000 5 472	45 000 3 456

解：

作业一标准小时工资率 = 60 000/5 472 = 10.965（元/小时）

作业二标准小时工资率 = 45 000/3 456 = 13.021（元/小时）

作业一直接人工标准成本 = 6 × 10.965 = 65.79（元）

作业二直接人工标准成本 = 3 × 13.021 = 39.06（元）

A 产品的直接人工标准成本 = 65.79 + 39.06 = 104.85（元）

（三）制造费用标准成本的制定

制造费用标准成本是由制造费用标准消耗量和标准价格相乘得到的。由于制造费用按照成本习性分为变动制造费用和固定制造费用，因此，制造费用标准成本分为变动制造费用标准成本和固定制造费用标准成本。

1. 固定制造费用标准成本的制定

采用变动成本法计算成本，则固定制造费用不计入产品成本，因此单位产品的标准成本不包括固定制造费用。如果企业采用完全成本法计算成本，则需要将固定制造费用计入产品成本，也就需要计算固定制造费用标准成本。

如果以直接人工的标准工时代表生产量标准，则单位产品的固定制造费用标准成本按以下公式计算：

单位工时固定制造费用标准分配率 = 固定制造费用预算总额/直接人工标准总工时

单位产品固定制造费用标准成本 = 单位工时固定制造费用标准分配率 ×
单位产品直接人工标准工时

2. 变动制造费用标准成本的制定

变动制造费用的标准消耗量通常采用单位产品直接人工的标准工时，企业也可以采用机器工时或其他合理的用量标准。计算公式如下：

单位变动制造费用分配率 = 变动制造费用预算总数/直接人工标准总工时

单位产品变动制造费用标准成本 = 单位工时变动制造费用标准分配率 ×
单位产品直接人工标准工时

【例 9 -3】

某企业生产 A 产品，有关的制造费用资料如表 9 - 3 所示。

要求：确定甲产品的制造费用标准成本。

表9-3　A产品的制造费用资料

项目	部门一	部门二
单位产品标准工时/小时	6	3
生产量标准/小时	10 000	8 000
制造费用预算/元		
变动制造费用	120 000	65 000
间接材料	95 000	45 000
间接人工	15 000	12 000
水电费	10 000	8 000
固定制造费用	51 000	39 600
管理人员工资	30 000	20 000
折旧	20 000	18 800
保险费	1 000	800

解：

部门一变动制造费用标准分配率 = 120 000/10 000 = 12（元/小时）

部门二变动制造费用标准分配率 = 65 000/8 000 = 8.31（元/小时）

部门一固定制造费用标准分配率 = 51 000/10 000 = 5.1（元/小时）

部门二固定制造费用标准分配率 = 39 600/8 000 = 4.95（元/小时）

单位A产品的变动制造费用标准成本 = 12×6 + 8.13×3 = 96.39（元/件）

单位A产品的固定制造费用标准成本 = 5.1×6 + 4.95×3 = 45.45（元/件）

单位A产品的制造费用标准成本 = 96.39 + 45.45 = 141.84（元/件）

或：部门一制造费用标准成本 = (12 + 5.1)×6 = 102.6（元/件）

部门二制造费用标准成本 = (8.13 + 4.95)×3 = 39.24（元/件）

单位A产品的制造费用标准成本 = 102.6 + 39.24 = 141.84（元/件）

企业将标准成本制定出来以后，按产品各类分别汇总直接材料、直接人工和制造费用的标准成本，就可以得到该产品的单位标准成本。企业可以采用标准成本卡的形式反映产品标准成本的构成。标准成本卡的格式和内容如表9-4所示。

【例9-4】

晨光公司根据本企业历史和同行业的先进水平，采用数理统计的方法制定了甲产品的标准成本，并编制了标准成本卡，如表9-4所示。

表9-4　单位产品标准成本卡

产品甲　　　　　　　　　　　编制日期：2018年1月

成本项目	标准用量	标准价格/元	标准成本/元
直接材料			
A材料	5千克	6	30
B材料	3千克	10	30
小计			60

续表

成本项目	标准用量	标准价格/元	标准成本/元
直接人工	2 小时	12	24
变动制造费用	2 小时	5	10
固定制造费用	2 小时	3	6
单位产品标准成本			100

第三节 成本差异分析

成本差异是指在一定时期生产一定数量的产品所发生的实际成本总额与标准成本总额之间的总差数。如果实际成本大于标准成本，所形成的差异称为不利差异；如果实际成本小于标准成本，所形成的差异称为有利差异。通过成本差异分析可以发现问题，并能促进企业制定消除差异的措施，以进一步控制成本，降低产品成本，为提高企业经济效益服务。

按成本差异构成的内容不同，可将标准成本差异分为直接材料成本差异、直接人工成本差异和制造费用成本差异。其中制造费用成本差异按成本性态又可分为变动制造费用成本差异和固定制造费用成本差异。

一、直接材料成本差异的分析

直接材料成本差异是指直接材料实际成本与标准成本之间的差额。由直接材料价格差异和用量差异两部分组成。计算公式如下：

直接材料成本差异 = 直接材料实际成本 – 直接材料标准成本

= 直接材料价格差异 + 直接材料用量差异

= （实际价格 – 标准价格）× 实际耗用量 + （实际用量 – 标准耗用量）× 标准价格

【例 9 – 5】

中兴公司生产 A 产品需要使用一种直接材料甲。本期生产 A 产品 200 件，耗用甲材料 900 千克，甲材料的实际价格为每千克 100 元。假设甲材料标准价格为每千克 110 元，单位 A 产品的标准用量为 5 千克甲材料，那么，甲材料的直接材料成本差异分析如下：

直接耗材料价格差异 = （100 – 110）× 900 = – 9 000 （元）（有利差异）

直接耗材料用量差异 = 110 × （900 – 1 000） = – 11 000 （元）（有利差异）

直接耗材料成本差异 = 100 × 900 – 110 × 1 000

= – 20 000 （元）（有利差异）

或

= – 9 000 + （– 11 000）

= – 20 000 （元）（有利差异）

从上例中可以知道，材料价格方面的原因使材料成本下降了 9 000 元，而材料用量的节约使材料成本下降了 11 000 元。

直接材料价格差异通常应由采购部门负责，因为同一种材料可在不同地点采购，买价、运输费用都不一样。另外，采购批量是否按经济批量法采购，这些都影响价格差异的方向和大小。当然在分析时要剔除物价上涨的影响，并明确区分造成差异的外界非管理原因和内部管理原因，以及导致直接材料成本差异的主要和次要原因，以便对症下药，提出改进措施。

直接材料用量差异应由生产部门负责，一般来说，产品耗用材料数量的多少，加工时损耗多少，企业生产部门大致是能够控制的。造成直接材料数量不利差异的原因：有的是因为不合理用料或技术不熟练，违反操作规程，出现质量事故导致超支差；有的是因为采购部门不熟悉业务或因其他原因购进了低质量的材料或规格型号不符的材料；有的是因为仓储管理人员不负责任地验收引起加工损耗和浪费。所以要通过分析找出造成差异的真正原因。

二、直接人工成本差异的分析

直接人工成本差异是指一定产量产品的直接人工实际成本与直接人工标准成本的差额。计算公式如下：

直接人工成本差异 = 直接人工实际成本 − 直接人工标准成本

　　　　　　　= 实际工资率 × 实际工时 − 标准工资率 × 实际工时 + 标准工资率 × 实际工时 − 标准工资率 × 标准工时

　　　　　　　= （实际工资率 − 标准工资率）× 实际工时 +（实际工时 − 标准工时）× 标准工资率

　　　　　　　= 直接人工工资率差异 + 直接人工效率差异

【例 9 – 6】

承接例 9 – 5，本月实际发生工时 8 000 小时，实际工资总额 80 000 元，平均每工时 10 元。假设标准工资率为 9 元，单位产品的工时耗用标准为 28 小时，那么，直接人工成本差异分析如下：

　　　　　直接人工工资率差异 =（10 − 9）× 8 000 = 8 000（元）（不利差异）

　　　　　直接人工效率差异 =（8 000 − 5 600）× 9 = 21 600（元）（不利差异）

　　　　直接人工成本差异 = 8 000 × 10 − 200 × 28 × 9 = 29 600（元）（不利差异）

或

　　　　　　　　　= 8 000 + 21 600 = 29 600（元）（不利差异）

直接人工工资率差异是由实际工资率与标准工资率之间的差异造成的。工资率差异形成的原因很多，如工资调整、人工等级的晋升，奖励制度未产生实效等。

直接人工效率差异是由实际工时与标准工时之间的差异造成的。直接人工效率差异形成的原因主要有工人的熟练程度、认真程度、生产技术条件、生产安排是否合理等。一般来说，直接人工成本差异主要由人事劳资部门、生产部门及其他部门负责。企业应进行具体分析和调查，根据差异产生的原因明确责任，采取有效措施予以改进。

三、变动制造费用成本差异分析

变动制造费用成本差异是指一定产量的实际变动制造费用与标准变动制造费用之间的差额。它是由变动制造费用耗费差异和变动制造费用效率差异组成的，计算公式如下：

变动制造费用成本差异 = 实际变动制造费用 – 标准变动制造费用

　　= 变动制造费用实际分配率 × 实际工时 – 变动制造费用标准分配率 × 标准工时

　　= 变动制造费用实际分配率 × 实际工时 – 变动制造费用标准分配率 × 实际工时 +
　　　变动制造费用标准分配率 × 实际工时 – 变动制造费用标准分配率 × 标准工时

　　= （变动制造费用实际分配率 – 变动制造费用标准分配率）× 实际工时 +
　　　（实际工时 – 标准工时）× 变动制造费用标准分配率

　　= 变动制造费用耗费差异 + 变动制造费用效率差异

【例 9 – 7】

中兴公司本月生产 A 产品 200 件，实际耗用 8 000 小时，实际发生变动制造费用 20 000 元，变动制造费用实际分配率为每直接人工工时 2.5 元。假设变动制造费用标准分配率为 3 元，标准耗用人工 6 000 小时。要求对变动制造费用成本差异进行分析。

分析过程如下：

　　变动制造费用耗费差异 = （2.5 – 3）× 8 000 = – 4 000 （元）（有利差异）

　　变动制造费用效率差异 = 3 × （8 000 – 6 000）= 6 000 （元）（不利差异）

　　变动制造费用成本差异 = 20 000 – 3 × 6 000

　　　　　　　　　　　　 = 2 000 （元）（不利差异）

或

　　　　　　　　　　　 = – 4 000 + 6 000 = 2 000 （元）（不利差异）

计算表明，变动制造费用造成的不利差异为 2 000 元，它是由变动制造费用耗费差异造成的 4 000 元有利差异和变动制造费用效率差异 6 000 元不利差异组成的。变动制造费用成本差异造成的原因主要是间接材料、人工和其他费用的节约或超支，要减少不利差异，就应强化车间管理，充分调动生产工人的积极性，提高工时利用效率和劳动生产率等。

四、固定制造费用成本差异分析

固定制造费用成本差异是指实际固定制造费用与标准固定制造费用之间的差额。固定制造费用在相关范围内是不随产量的变动而变动的，但单位产品负担的固定制造费用正好与业务量的增减成反比例变动。因此，固定制造费用成本差异不能简单地分为价格差异和数量差异两种类型。为了计算固定制造费用标准分配率，必须设定一个预算工时，实际工时与预算工时之间的差异造成的固定制造费用成本差异叫作固定制造费用生产能力利用程度差异。因此，固定制造费用成本差异除了像变动制造费用成本差异那样包括开支差异和效率差异外，还包括生产能力利用差异（简称能力差异）。计算公式如下：

固定制造费用成本差异 = 实际固定制造费用 – 标准固定制造费用

= 固定制造费用实际分配率 × 实际工时 – 固定制造费用标准分配率 × 预算工时 + 固定制造费用标准分配率 × 预算工时 – 固定制造费用标准分配率 × 实际工时 + 固定制造费用标准分配率 × 实际工时 – 固定制造费用标准分配率 × 标准工时

= 固定制造费用开支差异 + 固定制造费用生产能力利用差异 + 固定制造费用效率差异

【例 9 – 8】

中兴公司本月预计生产能力为 20 000 小时，实际耗用 18 000 小时，本期产量 9 000 件，固定制造费用预算额为 4 000 元，实际发生 5 000 元。单位工时标准为 1.8 小时。求固定制造费用开支差异、固定制造费用生产能力利用差异、固定制造费用效率差异。

$$固定制造费用分配率 = 4\,000 \div 20\,000 = 0.2\ （元／小时）$$

$$固定制造费用开支差异 = 5\,000 - 4\,000 = 1\,000\ （元）（不利差异）$$

$$固定制造费用生产能力利用差异 = (20\,000 - 18\,000) \times 0.02 = 400\ （元）（不利差异）$$

$$固定制造费用效率差异 = (18\,000 - 9\,000 \times 1.8) \times 0.2 = 360\ （元）（不利差异）$$

固定制造费用成本差异 = 固定制造费用开支差异 + 固定制造费用生产能力利用差异 + 固定制造费用效率差异

$$= 1\,000 + 400 + 360 = 1\,760\ （元）（不利差异）$$

或

$$= 实际固定制造费用 - 标准固定制造费用$$

$$= 5\,000 - 9\,000 \times 1.8 \times 0.2 = 1\,760\ （元）（不利差异）$$

通过以上计算可以看出，固定制造费用成本差异为 1 760 元（不利差异），其中固定制造费用开支差异为 1 000 元，固定制造费用生产能力利用差异为 400 元，固定制造费用效率差异 360 元。

固定制造费用的分析和控制通常是通过编制并对比固定制造费用预算与实际发生数来进行的。由于固定制造费用是由各个部门的许多明细项目构成的，所以固定制造费用预算也应由每个部门对明细项目分别进行编制，因此固定制造费用成本差异的分析和控制也应该是每个部门对明细项目分别进行记录。固定制造费用成本差异主要受管理人员的工资率、折旧率、办公费以及税率的影响，固定制造费用效率差异和生产能力利用差异主要受现有生产能力利用程度的影响，因此要降低固定制造费用，就应精简管理人员，充分发挥固定资产的作用，充分利用现有的生产能力。

第四节　成本差异的账务处理

在标准成本系统中，为了能够提供标准成本、成本差异和实际成本的资料，需要将实际成本分为标准成本和成本差异两个部分。通过对实际成本和标准成本之间差异的分析和披露，计算产品实际成本，从而对产品成本进行控制。为了真实、准确地反映企业在一定时期的经营消耗和经营成本，必须对每一类成本差异分别设置成本差异账户进行核算，作出有关的账务处理。

一、标准成本差异的账户设置

采用标准成本时，针对各种成本差异，应另外设置各个成本差异账户进行核算。在直接材料成本差异方面，应设置"材料价格差异"和"材料用量差异"两个账户；在直接人工成本差异方面，应设置"直接人工工资率差异"和"直接人工效率差异"两个账户；在变动制造费用成本差异方面，应设置"变动制造费用成本开支差异"和"变动制造费用效率差异"两个账户；在固定制造费用成本差异方面，应设置"固定制造费用开支差异""固定制造费用能力差异""固定制造费用效率差异"三个账户，分别核算三种不同的固定制造费用成本差异。各种成本差异类账户的借方核算发生的不利差异，贷方核算发生的有利差异。

二、标准成本差异的账务处理

（一）直接材料成本差异的账务处理

在标准成本法下，会计处理为借记：生产成本，贷记：原材料，其中原材料的金额以实际成本反映。根据标准成本和实际成本差异的性质，借记或贷记材料用量差异或材料价格差异。如果差异是节约差异，则贷记相关差异账户；如果差异为超支差异，则借记相关差异账户。

【例 9 – 9】

企业生产 A 产品耗用甲材料的标准用量是 100 千克/件，标准价格为 10 元/千克，本月生产 1 000 件，实际耗用材料 110 000 千克，实际价格为 8 元/千克。

要求：用标准成本法对产生的直接材料成本差异进行账务处理。

直接材料成本差异 = 材料价格差异 + 材料用量差异

$$= （实际价格 – 标准价格） \times 实际数量 + （实际数量 – 标准数量） \times 标准价格$$

$$= （8 – 10） \times 110\,000 + （110\,000 – 100\,000） \times 10$$

$$= – 120\,000 （元）$$

相关的会计处理如下：

借：生产成本   100 0000

    材料用量差异   10 0000

    贷：原材料   880 000

        材料价格差异   220 000

（二）直接人工成本差异的账务处理

直接人工成本差异的核算应设置"生产成本""直接人工效率差异""直接人工工资率差异"三个账户。其中"生产成本"账户登记直接人工的标准成本，同时将实际人工成本与标准人工成本之差计入"直接人工效率差异"和"直接人工工资率差异"。

【例 9 – 10】

某企业生产甲产品的标准人工工时是 20 小时/件，标准工资率为 15 元/小时，本月生产 2 000 件甲产品，实际耗用人工工时 38 500 小时，实际支付工资 580 000 元。

要求：用标准成本法对产生的直接人工成本差异进行账务处理。

直接人工成本差异 = 直接人工效率差异 + 直接人工工资率差异

$$= （38\,500 – 20 \times 2\,000） \times 15 + （580\,000/38\,500 – 15） \times 38\,500$$

$$= – 20\,000 （元）$$

相关会计处理如下：

借：生产成本   600 000

    直接人工工资率差异   2 500

    贷：应付职工薪酬   580 000

直接人工效率差异   22 500

（三）制造费用成本差异的账务处理

在进行制造费用成本差异分配时，借记生产成本，贷记制造费用，根据差异方向借或贷相关差异账户。

1. 变动制造费用成本差异的账务处理

在变动制造费用成本差异方面，设置"变动制造费用开支差异"和"变动制造费用效率差异"两个账户。

【例9-11】

中兴公司生产A产品，变动制造费用开支差异为超支690元，变动制造费用效率差异为节约55元，变动制造费用标准成本为19 000元。

要求：计算实际变动制造费用，并作出相应的会计处理。

实际变动制造费用 = 19 000 + 690 - 55 = 19 653（元）

相应的会计处理如下：

借：生产成本   19 000

变动制造费用开支差异   690

贷：变动制造费用   19 653

变动制造费用效率差异   55

2. 固定制造费用成本差异的账务处理

应设置"固定制造费用开支差异""固定制造费用能力差异"和"固定制造费用效率差异"三个账户。

【例9-12】

中兴公司生产B产品，固定制造费用开支差异为超支2 600元，固定制造费用能力差异为节约2 000元，固定制造费用效率差异为节约45元，已知固定制造费用标准成本为14 530元。

要求：计算实际固定制造费用，并作出相应的会计处理。

实际固定制造费用 = 14 530 + 2 600 - 2 000 - 45 = 15 085（元）

会计处理如下：

借：生产成本   14 530

固定制造费用开支差异   2 600

贷：固定制造费用   15 085

固定制造费用效率差异   45

固定制造费用能力差异   2 000

课后习题

一、单项选择题

1. 材料价格差异通常应由(   )负责。

A. 财务部门   B. 生产部门

C. 人事部门   D. 采购部门

2. 由于生产安排不当、计划错误、调度失误等造成的损失，应由(　　)负责。

A. 财务部门 　　　　　　　　　　　B. 劳资部门

C. 生产部门 　　　　　　　　　　　D. 采购部门

3. 实际工时与预算工时之间的差异造成的固定制造费用成本差异叫作固定制造费用(　　)。

A. 开支差异 　　　　　　　　　　　B. 效率差异

C. 生产能力利用差异 　　　　　　　D. 数量差异

4. 直接人工工时耗用量差异是指单位(　　)耗用量脱离单位标准人工工时耗用量所产生的差异。

A. 实际人工工时 　　　　　　　　　B. 定额人工工时

C. 预算人工工时 　　　　　　　　　D. 正常人工工时

5. 计算数量差异要以(　　)为基础。

A. 标准价格 　　　　　　　　　　　B. 实际价格

C. 标准成本 　　　　　　　　　　　D. 实际成本

6. 最切实可行且接近实际的，被西方国家企业广泛采用的标准成本是(　　)。

A. 理想标准成本 　　　　　　　　　B. 基本标准成本

C. 平均标准成本 　　　　　　　　　D. 现实标准成本

7. 在标准成本控制系统中，成本差异是指在一定时期内生产一定数量的产品所发生的(　　)。

A. 预算成本与标准成本之差 　　　　B. 实际成本与标准成本之差

C. 预算成本与实际成本之差 　　　　D. 实际成本与计划成本之差

8. 固定制造费用成本差异是(　　)之间的差。

A. 实际产量下，实际固定制造费用与标准固定制造费用

B. 预算产量下，实际固定制造费用与标准固定制造费用

C. 实际产量下的实际固定制造费用与预算产量下的标准固定制造费用

D. 预算产量下的实际固定制造费用与实际产量下的标准固定制造费用

9. 某企业实际生产 100 件 A 产品其耗用直接材料 500 千克，单位产品直接材料标准耗用量为 4.5 千克，材料标准价格为 10 元/千克，实际价格为 11 元/千克，则该产品直接材料用量差异为(　　)元。

A. 550 　　　　　B. 42 　　　　　C. 500 　　　　　D. 5 500

10. 某企业生产甲产品 200 件，实际耗用总工时 400 小时，标准总工时 380 小时，标准工资率为 1 元/小时，实际工资率为 0.8 元/小时，则工资率差异为(　　)元。

A. 20 　　　　　B. 42 　　　　　C. -40 　　　　　D. -80

二、多项选择题

1. 正常标准成本是在正常生产经营条件下应该达到的成本水平，它是根据(　　)制定的标准成本。

A. 现实的耗用水平 　　　　　　　　B. 正常的价格

C. 正常的生产经营能力利用程度 　　D. 现实的价格

2. 影响人工效率的因素包括(　　)。

A. 材料质量　　　　　　　　　　B. 材料价格

C. 生产设备状况　　　　　　　　D. 生产工艺

3. 在造成差异的原因中,应由采购部门负责的有(　　)。

A. 材料质量　　　　　　　　　　B. 材料价格

C. 生产设备状况　　　　　　　　D. 供应商选择

4. 为了分别核算不同的固定制造费用成本差异,应设置的账户有(　　)。

A. 固定制造费用开支差异　　　　B. 固定制造费用数量差异

C. 固定制造费用效率差异　　　　D. 固定制造费用能力差异

5. 标准成本的种类有(　　)。

A. 实际标准成本　　　　　　　　B. 现行标准成本

C. 基本标准成本　　　　　　　　D. 理想标准成本

6. 标准成本下,应按标准成本记账的科目有(　　)。

A. 生产成本　　　　　　　　　　B. 原材料

C. 产成品　　　　　　　　　　　D. 制造费用

7. 成本差异按成本的构成可以分为(　　)。

A. 直接材料成本差异　　　　　　B. 直接人工成本差异

C. 价格差异　　　　　　　　　　D. 制造费用成本差异

8. 在造成差异的原因中,应由生产部门负责的有(　　)。

A. 材料质量　　　　　　　　　　B. 生产安排不当

C. 生产工人技术素质低　　　　　D. 调试失误

9. 标准成本在实际工作中的含义可以是(　　)。

A. 单位产品的标准成本　　　　　B. 计划产品的标准成本

C. 基本产品的标准成本　　　　　D. 实际产量的标准成本

10. 各成本差异科目的贷方登记(　　)。

A. 成本超支差异　　　　　　　　B. 成本节约差异

C. 超支差异转出额　　　　　　　D. 节约差异转出额

三、计算分析题

1. 某企业甲产品的实际产量为 1 000 件,实际消耗材料 4 950 千克,该材料的实际单价为每千克 52 元;每件产品耗用该材料的标准成本为 250 元,材料消耗定额为每件 5 千克。

要求:计算该材料的标准价格和该材料的成本差异。

2. 永发电器公司生产乙产品,其标准成本如下:

直接材料:单位产品标准耗用量 0.5 千克,材料单价为每千克 8 元;直接人工成本:单位产品 2 工时,每工时工资率 2 元;变动制造费用成本:每件产品 2 工时,每工时分配率 2 元;固定制造费用成本(预算数):10 000 元;预计产量:1 000 件。

实际成本资料如下:

耗用直接材料 480 千克,每千克 8.2 元,耗用 2 050 工时,实际工资率每小时 1.9 元,变动制造费用分配率 2.1 元,固定制造费用 10 500 元,实际产量 1 050 件。

要求：

（1）计算直接材料成本差异。

（2）计算直接人工成本差异。

（3）计算变动制造费用成本差异。

（4）计算固定制造费用成本差异。

（5）根据（1）~（4）的成本差异分析结果，做成本差异结转的账务处理。

（6）如果期初无在产品，本月投入生产的产品全部完工，做结转产品成本的账务处理。

第十章

责任会计

学习目标 ◀

1. 了解责任会计的含义和基本内容
2. 明确责任中心的划分依据及各类责任中心的特点
3. 掌握各责任中心的含义、考核指标和业绩报告
4. 了解内部转移价格的一般原则

第一节　责任会计概述

一、责任会计的含义

作为现代管理会计的一个重要分支，责任会计是指为适应企业内部经济责任制的要求，对企业内部各责任中心的经济业务进行规划与控制，以实现业绩考核与评价的一种内部会计控制制度。企业的组织结构与其责任会计系统存在密切的联系，理想的责任会计系统应反映并支持企业的组织结构。

由于企业经营日益复杂化和多样化，企业规模不断扩大，管理层次繁多，组织结构复杂，分支机构遍布世界各地。显然，传统的集中管理模式已经无法满足管理的需求，现代的分权管理模式为越来越多的企业所接受。但是，由于分权管理一方面使各分权单位之间具有某种程度的相互依存性，如各分权单位之间相互提供产品或劳务；另一方面又允许各分权单位具有相对的独立性，因此，当分权单位被赋予决策自主权时，也会出现一些值得注意的问题，如分权单位可能以牺牲企业整体利益或长远利益为代价，来使自己的业绩达到最大；各分权单位之间为了各自的利益发生冲突、摩擦和竞争；各分权机构的设置、各项管理措施的实施，会相应地增加各种行政费用开支，造成浪费。

为了充分发挥分权管理的优点，抑制其缺点，必须加强企业内部控制。责任会计正是顺应这种管理需求而不断发展和完善起来的一种行之有效的控制制度。这种制度要求将企业划分为各种不同形式的责任中心，建立起以各责任中心为主体，以责、权、利相统一为特征，以责任预算、责任控制、责任考核为内容，通过信息的积累、加工和反馈而形成的企业内部控制系统，即责任会计制度。

二、责任会计的主要内容

责任会计既是将会计资料与责任中心紧密联系起来的信息系统，也是强化企业内部管理所实施的一种内部控制制度。不同企业实行责任会计的具体形式可能会有所差别，但主要内容都包括以下几个方面：

（一）设置责任中心、明确权责范围

实行责任会计，首先应根据企业组织结构的特点，按照"分工明确、权责分明、业绩易辨"的原则，合理灵活地划分责任中心，并依据各责任中心经营活动的特点，明确规定这些责任中心负责人的权责范围及量化的价值指标，授予他们相应的经营管理权以及决策权，不仅使其能在权限范围内独立自主地履行职责，而且要对其责任的完成情况进行考核和评价。

（二）编制责任预算，确定考核标准

企业的全面预算是按照生产经营过程来落实企业的总体目标和任务的，责任预算则是按照责任中心来落实企业的总体目标和任务的，即将企业的总体目标层层分解，具体落实到每一个责任中心，作为其开展经营活动、评价工作成果的基本标准和主要依据。

（三）建立跟踪系统，进行反馈控制

在预算的实施过程中，每个责任中心应建立一套责任预算执行情况的跟踪系统，定期编制业绩报告，将实际数与预算数进行对比，据以找出差异，分析原因，并通过信息反馈，控制和调节经营活动，以保证企业总体目标的实现。

（四）分析评价业绩，建立奖罚制度

通过定期编制业绩报告，对各个责任中心的工作成果进行全面分析和评价，并按实际工作成果的好坏进行奖罚，做到功过分明，奖罚有据，最大限度地调动各责任中心的积极性，促使其相互协调并卓有成效地开展各项工作。

三、责任会计的核算原则

责任会计是企业的一种内部会计控制制度，各企业可以根据各自的特点自行设计责任会计制度，但是无论何种类型的企业，都要建立一套科学、合理、有效的责任会计制度，都应遵循以下几项原则：

（一）目标一致性原则

系统论告诉我们，为了保证系统整体目标的实现，系统内各子系统的目标与系统整体目标必须保持一致。责任中心是企业经营管理的子系统，为了保证企业整体目标的实现，在为各责任中心确定责任预算时，应始终注意与企业整体目标保持一致；在进行责任控制时，同样应注意各责任中心的局部利益是否与企业的整体利益一致。能否有效地防止各责任中心各行其是，是分权管理成功与否的关键，也是衡量责任会计制度可行与否的最重要的标准。

（二）可控性原则

对各责任中心所赋予的责任，应以其能够控制为前提。在责任预算和业绩报告中，各责任中心只对其能够控制的指标负责。在考核时，应尽可能排除责任中心不能控制的因素，以保证责、权、利的紧密结合。

（三）公平性原则

企业内部各责任中心是互相联系的，在处理相互的经济关系时，应公平合理、一视同仁，才能起到应有的激励作用。在编制责任预算时，应注意各责任中心预算水平的相互协调，避免出现由于内部转移价格制定不当而导致不能体现等价交换的状况；在制定奖惩措施时，也应注意公平合理，使各责任中心都感到目标是公正合理的、可实现的，经过努力完成目标后，所得到的奖励和报酬与付出的劳动相比是值得的，避免因奖惩不公而挫伤企业员工的积极性与创造性。

（四）反馈性原则

为了保证企业和责任中心对各自生产经营活动的有效控制，有关负责人需要及时掌握责任执行情况的准确信息，以便对发生的执行差异作出及时、恰当的调整，加强对责任中心的控制，使各自的目标最终得以实现。因此，企业应建立一个良好的记录、报告制度，通过及时编制业绩报告的方式反馈准确的信息，为各层次决策服务，从而更好地发挥责任会计的控制功能。

（五）例外管理原则

例外管理原则是一种重点管理原则，要求责任中心抓住主要矛盾和突出问题，对其生产经营过程中发生的重点差异进行分析和控制，对于一般合乎预算或者差异很小的问题可以忽略不计，把主要精力放在超乎常规、差异较大的问题上，以便集中精力和时间解决重大问题，达到事半功倍的效果。

第二节　责任中心的业绩考核与业绩报告

根据企业内部责任单位的权责范围以及业务活动特点的不同，可在企业内部划分三种不同的责任中心，即成本中心、收入中心和利润中心以及投资中心。要根据各类责任中心的特点，确定相应的业绩评价、考核的重点，据此组织实施责任会计。

一、成本中心

（一）成本中心的含义

成本中心是指只对其成本或费用承担责任的责任中心，它处于企业的基础责任层次。成本中心的工作成果不会形成可以用货币计量的收入，或其工作成果不便于或不必进行货币计量，而只计量和考核发生的成本和费用，成本中心的职责就是以最低的成本费用按质按量按时完成预定的具体任务。例如，工业企业中的基本生产车间，由于其所生产的产品仅为企业生产过程的一个组成部分，不能单独出售，因而不会形成用货币计量的收入，该部门管理人员仅对其所发生的变动成本和直接固定成本负责。对成本中心工作业绩的评价考核，主要是将一定期间实际发生的成本与其预定的标准进行对比，编制业绩报告，剖析差异形成的原因和责任。

成本中心可分为两种类型：技术性成本中心和酌量性成本中心。

技术性成本又称标准成本，其特点是：这种成本的发生可以为企业提供一定的物质成果，在技术投入量与产出量之间有着密切的关系，如产品生产过程中发生的直接材料、直接人工等。技术性成本中心的典型代表是制造业工厂、车间、工段、班组等。只要能够明确成本与产出之间的关系，这个成本中心就可以被确定为技术性成本中心。

酌量性成本又称费用，其特点是：在技术投入量与产出量之间的关系不明确，如研发费用、广告费用、员工培训费用等。酌量性成本中心适用于企业内部的各种职能部门，如财务与会计部门、人事部门、电脑中心、图书资料室、研究开发部、经理办公室等。

（二）成本中心的业绩考核指标

通常情况下，成本中心不具备经营权和销售权，它的经济成果一般不会形成可以用货币计量的收入。因此，成本中心只以货币形式计量投入，不以货币形式计量产出。

为了明确成本中心的业绩考核指标，必须理解可控成本和非可控成本的概念。具体来说，可控成本必须同时具备以下四个条件：

（1）可以预计，即成本中心能够事先知道将发生哪些成本以及何时发生；

（2）可以计量，即成本中心能够对发生的成本进行计量；

（3）可以施加影响，即成本中心能够通过自身的行为来调节成本；

（4）可以落实责任，即成本中心能够将有关成本的控制责任分解落实，并进行考核评价。

凡是不能同时具备上述四个条件的成本，通常为不可控成本。

成本的可控或不可控是以一个特定的责任中心作为出发点的，这与责任中心所处的管理层次的高低、管理权限及控制范围的大小有直接关系。首先，成本的可控与否，与责任中心的权力层次有关。某些成本对于较高层次的责任中心来说是可控的，对于其下属的较低层次的责任中心而言则可能是不可控的。其次，成本的可控与否，还与责任中心的管辖范围有关。例如产品试制费，从产品生产部门来看是不可控的，而对新产品试制部门来说就是可控的，但如果新产品试制也由生产部门进行，则试制费又成了生产部门的可控成本。

属于某成本中心的各项可控成本之和，称为成本中心的责任成本。成本中心的业绩考核指标通常为该成本中心的所有可控成本，即责任成本。责任成本可以分为预算责任成本和实际责任成本。前者是指由预算分解确定的各责任中心应承担的责任成本，后者是各责任中心从事经营活动实际发生的责任成本。

既然成本中心的业绩考核与评价的对象是责任成本而不是全部成本，那么成本的可控性就应当是确定责任成本的唯一依据。在成本中心的业绩中，应从全部成本中区分出可以控制的责任成本，将其实际发生额与预算额进行比较、分析，揭示产生差异的原因，据此对责任中心的工作成果进行评价。通常成本中心的考核指标可以采用绝对指标和相对指标，即成本（费用）变动额和成本（费用）变动率。

$$责任成本变动额 = 实际责任成本 - 预算责任成本$$

$$责任成本变动率 = \frac{责任成本变动额}{预算责任成本}$$

（三）成本中心的业绩报告

成本中心的业绩报告，通常是按成本中心可控成本的各明细项目列示其预算数、实际数和成本差异数的三栏式表格。由于各成本中心是逐级设置的，因此其业绩报告也应自下而上，从最基层的成本中心逐级向上汇编，直至最高层次的成本中心。每一级的业绩报告，除最基层只有本身的可控成本外，其余都应包括本身的可控成本和下属部门转来的责任成本。例如，某企业制造部是一个成本中心，下属两个分厂，每个分厂设有三个车间，其成本中心的业绩报告的编制及相互关系如表10-1所示。

表10-1　成本中心的业绩报告　　　　　　　　　元

制造部一分厂甲车间业绩报告			
	预算成本	实际可控成本	差异
工人工资	581 000	580 000	-1 000（F）
原材料	325 000	342 250	17 250（U）
行政人员工资	64 000	64 000	
水电费	57 500	56 900	-600（F）

续表

制造部一分厂甲车间业绩报告		
	预算成本	实际可控成本	差异
折旧费用	40 000	40 000	
设备维修	20 000	19 900	-100（F）
保险费	9 750	9 750	
合计	1 097 250	1 112 800	15 550（U）
制造部一分厂业绩报告		
	预算成本	实际可控成本	差异
管理费用	175 000	173 500	-1 500（F）
甲车间	1 097 250	1 112 800	15 550（U）
乙车间	1 905 000	1 926 000	21 000（U）
丙车间	1 497 500	1 491 000	-6 500（F）
合计	4 674 750	4 703 300	28 550（U）
制造部业绩报告		
	预算成本	实际可控成本	差异
管理费用	195 000	197 000	2 000（U）
一分厂	4 674 750	4 703 300	28 550（U）
二分厂	3 952 250	3 943 000	-9 250（F）
合计	8 822 000	8 843 300	21 300（U）

说明：U 表示不利差异，F 表示有利差异。

从表 10-1 可以看出，成本中心的各级经理人，就其权责范围编制业绩报告并对其负责部门的成本差异负责。级别越低的成本中心，从事的经营活动越具体，其业绩报告涉及的成本项目分类就越详细。根据成本中心的业绩报告，责任中心的各级经理人可以针对成本差异，寻找原因，对症下药，以便对成本费用实施有效的管理控制，提高业绩水平。

二、收入中心和利润中心

（一）收入中心

1. 收入中心的含义

收入中心是指只能控制收入的中心，它不能控制生产成本、销售产品及服务成本，不对责任中心作出的投资决策负责，但一些收入中心可以控制商品销售价格、存货的数量以及打折活动。例如，航空公司的机票预订部门和制造业公司的销售部门就是收入中心。

2. 收入中心的业绩考核指标

考核收入中心的主要指标是该中心的产品销售收入。具体地讲，就是对销售价格差异和销售量差异负责。销售量差异的产生是由于实际销售量与预计销售量不同，而销售价格差异是根据实际销售量计算出来的。

【例 10 - 1】

某企业某月预计销售 4 000 件 A 产品，实际销售 5 000 件；预算单价 5 元/件，而实际销售单价 4.5 元/件。问：该月的总差异、销售价格差异及销售量差异各为多少？

总差异为：

$$5\ 000 \times 4.5 - 4\ 000 \times 5 = 2\ 500\ （元）（有利差异）$$

其中，销售价格差异为：

$$(4.5 - 5) \times 5\ 000 = -2\ 500\ （元）（不利差异）$$

销售量差异为：

$$(5\ 000 - 4\ 000) \times 5 = 5\ 000\ （元）（有利差异）$$

如果收入中心有制定价格的权力，就要对价格差异负责。如果定价决策是由上层管理部门作出的，那么收入中心经理仅对销售量差异以及销售品种构成负责。

考核收入中心的指标还有销售回款率、销售回款平均收款天数、坏账发生率等。

（二）利润中心

1. 利润中心的含义

利润中心是指既能控制成本，又能控制销售和收入的责任中心。它不但要对成本、收入负责，而且要对收入与成本的差额（即利润）负责，在一个企业中，利润中心往往处于较高的层次。如分厂、分公司等具有独立经营决策权的各部门。

利润中心可分为两种类型：自然利润中心和人为利润中心。

（1）自然利润中心是指可以对外销售产品并取得收入的利润中心，这类中心虽然是企业内部的一个责任单位，但它本身直接面向市场，具有产品销售权、价格制定权、材料采购权和生产决策权，其功能与独立企业相近，最典型的形式就是公司内的事业部，每个事业部均有销售、生产、采购的功能，能够独立地控制成本、取得收入。

（2）人为利润中心是指只对内部责任单位提供产品或劳务而取得内部销售收入的利润中心。这种利润中心一般不直接对外销售产品，而是把产品以合理的内部转移价格在企业内部流转（内部转移价格将在下一节加以介绍）。大型钢铁公司的采矿、炼铁、轧钢等生产部门的产品除了少量对外销售外，主要在公司内部转移，这些部门可以视为人为利润中心。

2. 利润中心的业绩考核指标

对利润中心业绩的评价与考核，主要方法是将一定期间实际实现的利润与预算所确定的预计利润数进行比较，进而对差异形成的原因和责任进行具体剖析。通常以贡献毛益作为业绩评价指标。其计算公式为：

$$贡献毛益 = 销售收入 - 变动成本$$

在对利润中心进行行业绩评价时，必须正确区分经理业绩与部门业绩。将贡献毛益指标用于责任中心的业绩评价，可引申出利润中心负责人可控利润和利润中心可控利润两个指标。

$$部门经理可控利润总额 = 部门贡献毛益 - 该部门经理可控固定成本$$

$$部门可控利润 = 部门贡献毛益 - 该纵向负责人可控固定成本 -$$
$$该中心负责人不可控但高层管理部门可控的可追溯固定成本$$

前式和后式可看作严格意义上的贡献毛益在利润中心业绩评价中的自然延伸，是可控性原则的具体体现。前式主要用于评价利润中心负责人的经营业绩，因而必须就经理人员的可控成本进行评价、考核。为此，必须在各分部可追溯固定成本的基础上，进一步将之区分为分部经理可控成本和不可控成本，并就经理人员可控成本进行业绩评价、考核。这是因为，有些成本管理可以追溯到分部却不为分部的经理所控制，如广告费、保险费等。分部经理贡献毛益反映的是分部经理对其控制的资源的有效利用程度。后式则主要用于对责任中心的业绩评价和考核，因而要将分部不可控但高层管理部门可控的可追溯固定成本从贡献毛益中扣除。它反映的是为企业提供利润所作的贡献。

3. 利润中心的业绩报告

利润中心的业绩报告分别列出其可控的销售收入、变动成本、贡献毛益、经理人员可控的可追溯固定成本、分部经理贡献毛益、分部经理不可控但高层管理部门可控的可追溯固定成本、部门贡献毛益的预算数和实际数，并通过将实际数与预算数对比，分别计算差异，据此进行差异调查，分析产生差异的原因。利润中心的业绩报告也是自下而上逐级汇编的，直至整个企业的息税前利润。利润中心的业绩报告的基本形式如表10-2所示。

表10-2 利润中心的业绩报告 元

项目	预算	实际	差异
销售收入	245 000	248 000	3 000 (F)
减：变动成本	111 000	112 000	1 000 (U)
贡献毛益	134 000	136 000	2 000 (F)
经理人员可控的可追溯固定成本	24 000	24 500	500 (U)
分部经理贡献毛益	110 000	111 500	1 500 (F)
分部经理不可控但高层管理部门可控的可追溯固定成本	18 000	18 900	900 (U)
部门贡献毛益	92 000	92 600	600 (F)

三、投资中心

(一) 投资中心的含义

投资中心是指对投资负责的责任中心。其特点是不仅要对成本、收入和利润负责，还要对投资效果负责。投资的目的在于获取利润，所以投资中心同时也是利润中心，但它又不同于利润中心。利润中心没有投资决策权，只能在投资项目形成生产能力后进行具体的经营活动；投资中心不仅在产品生产和销售上享有较大的自主权，而且能相对独立地运用所掌握的资产，有权购建或处理固定资产，扩大或缩减现有的生产能力。

投资中心是处于企业最高层次的责任中心，具有最大的决策权，也承担最大的责任，一般而言，大型集团所属的子公司、分公司、事业部往往是投资中心，在组织形式上，成本中心一般不是独立法人，利润中心既可以是独立法人，也可以不是独立法人，而投资中心一般是独立法人。

（二）投资中心的业绩考核指标

投资中心考核与评价的内容是利润及投资效果。因此，投资中心除了考核和评价利润指标外，更需要计算、分析利润与投资额的关系性指标，分析反映投资效率与投资效果的指标包括投资利润率、剩余收益和经济增加值。

1. 投资利润率

投资利润率（ROI，亦称投资报酬率），是投资中心所获得的利润与投资额之间的比率，其计算公式为：

$$投资利润率 = \frac{分部经营净利润}{分部经营资产}$$

这个公式可进一步展开，得

$$投资利润率 = \frac{销售收入}{分部经营资产} \times \frac{分部经营净利润}{销售收入}$$

$$= 总资产周转率 \times 销售利润率$$

1）投资利润率的优点

投资利润率指标广泛运用于考核与评价投资中心的业绩，其优点如下：

（1）投资利润率能反映投资中心的综合盈利能力。从投资利润率的分解公式可以看出，投资利润率的高低与收入、成本、投资额和周转率有关，提高投资利润率应通过增收节支、加速周转和减少投入来实现。

（2）投资利润率具有横向可比性。投资利润率将各投资中心的投入与产出进行比较，剔除因投资额不同而导致的利润差异的不可比因素，有利于将各投资中心的经营业绩进行比较。

（3）以投资利润率作为评价投资中心经营业绩的指标，可以正确引导投资中心的经营管理行为，使其行为长期化。由于该指标反映了投资中心运用资产并使资产增值的能力，如果投资中心资产运用不当，会增加资产或投资占用的规模，也会降低利润。因此，以投资利润率作为考核与评价的尺度，将促使各投资中心盘活闲置资产，减少不合理资产的占用，及时处理过时、变质、毁损的资产等。

2）投资利润率的缺点

投资利润率作为投资中心的业绩指标得到广泛的应用，但该指标也存在一定的缺点：

（1）投资中心经理为了维持现有的投资利润率水平或提高投资利润率，有时会作出次优选择，即倾向于不进行新的投资或尽量少投资。这时投资利润率所反映的投资中心业绩是不真实的，且不利于固定资产的更新和整个企业的长远发展。

（2）使用投资利润率可能会掩盖某些投资中心的真实业绩，并使人们忽视对业绩进行绝对数的评价，从而得出有失偏颇的评价结论。

（3）投资中心可能会放弃高于企业资金成本而低于目前部门投资利润率的投资机会，或者减少现有的投资利润率较低但仍高于企业资金成本的某些资产，使部门的业绩获得好的评价，却违背了企业的整体目标和长远利益。

【例 10 – 2】

某企业有甲、乙两个投资中心，有关资料如表 10 – 3 所示。

表 10 – 3　投资利润率　　　　　　　　　　　　　　　元

项目	甲投资中心		乙投资中心	
	2017 年	2018 年	2017 年	2018 年
经营净利润	300 000	360 000	50 000	62 500
经营资产	2 000 000	2 000 000	250 000	250 000
投资利润率	15%	18%	20%	25%

问：甲与乙两个投资中心哪个对企业更有价值？

根据表 10 – 3，仅从投资利润率上看，乙投资中心比甲投资中心高得多，因此乙投资中心对企业更有价值，其经理应得到更多的奖励。但若从绝对数上看，乙投资中心的利润 2018 年只比 2017 年增加 12 500 元，而甲投资中心的利润 2018 年比 2017 年增加了 60 000 元，大大超过了乙投资中心的水平。故仅从投资利润率上看，不能全面、公正地作出评价。

【例 10 – 3】

在例 10 – 2 中，2017 年乙投资中心有一个投资机会：投资额为 150 000 元，每年可获利润 24 000 元。假定企业资金成本为 15%。现要求作出是否应投资该项目的决策。

新的投资项目的投资利润率为 16%（24 000 ÷ 150 000），高于企业资金成本（15%），对整个企业是有利的，但投资这一新项目，将会使乙投资中心的投资利润率由原来的 20%（2017 年）下降到 18.5%，其计算过程如下：

投资利润率 =（50 000 + 24 000）÷（250 000 + 150 000）= 18.5%

这样，乙投资中心从自身利益考虑，就会拒绝投资这一对企业有利的新项目。

假设上例中乙投资中心 2018 年有一项价值 5 000 元的资产，每年可获利 850 元，投资利润率为 17%，高于企业资金成本。但部门经理却愿意放弃该资产，以提高部门的投资利润率，其计算过程如下：

投资利润率 =（50 000 – 850）÷（250 000 – 5 000）= 20.06%

上述两种情况都是次优选择问题。

由此看来，为了引导部门经理采取与企业总体利益一致的决策，还必须结合其他指标来对投资中心的业绩进行评价，才能克服单纯采用投资利润率指标带来的缺陷。这时就要用剩余收益指标。

2. 剩余收益

剩余收益也称剩余利润（RI），是指投资中心的息税前利润减去按企业要求的最低报酬率（或资金成本）计算的经营资产收益后的余额，其计算公式如下：

剩余收益 = 经营净利润 –（经营资产 × 要求的最低报酬率）

如前所述，单纯采用投资利润率作为业绩评价指标，投资中心的管理者可能放弃一些投资利润率高于企业资本成本但低于目前投资中心投资利润率的项目，导致投资中心的局部目标与企业整体目标相背离，产生次优选择问题。剩余收益指标弥补了这一缺陷，促使投资中心既能够考虑投资中心的利润，又能兼顾企业的整体利益。

【例 10－4】

根据例 10－2 的资料，设企业要求的最低报酬率（即资金成本）为 15%，现要求运用剩余收益指标对甲、乙投资中心的业绩进行评价。

运用剩余收益指标对甲、乙投资中心进行业绩评价的情况如表 10－4 所示。

表 10－4 剩余收益 元

项目	甲投资中心		乙投资中心	
	2017 年	2018 年	2017 年	2018 年
资产总额	2 000 000	2 000 000	250 000	250 000
经营净利润	300 000	360 000	50 000	62 500
减：要求的最低报酬率（按 15% 计算）	300 000	300 000	37 500	37 500
剩余收益	0	60 000	12 500	25 000

由表 10－4 可知，在 2018 年，甲投资中心的剩余收益大于乙投资中心的剩余收益，进步也比乙大。在评价甲投资中心的业绩时不能忽视这一点。

当然，在运用剩余收益指标评价投资中心的业绩时，可以克服运用投资利润率的某些不足。但剩余收益指标不可取代投资利润率指标，因为剩余收益指标自身也存在缺陷。剩余收益指标是一个绝对数，无法在不同规模的责任中心之间进行合理的绩效比较。

【例 10－5】

设某企业有丙、丁两个投资中心，其经营成果如表 10－5 所示。

表 10－5 经营业绩比较表 元

项目	丙投资中心	丁投资中心	差额（丁－丙）
经营资产	250 000	750 000	500 000
经营净利润	55 000	131 250	76 250
减：要求的最低报酬率（按 12% 计算）	30 000	90 000	60 000
剩余收益	25 000	41 250	16 250

现要求对丙、丁两个投资中心的经营业绩进行评价。

由表 10－5 可知，若以 *RI* 本身进行业绩评价，则丁投资中心的经营业绩好于丙。但若同时考虑投资规模这一因素，则丁比丙多投资 500 000 元，但剩余收益仅比丙多 16 250 元。因此，凡遇到类似情形，应结合投资利润率进行业绩评价。

总之，在对投资中心进行业绩评价时，*ROI* 和 *RI* 这两个指标不可偏废，应相互配合应用。有时还可采用市场地位、产品开发能力、生产效率、存货周转率、应收账款周转率等多种指标加以补充，对投资中心的业绩作出综合评价考核，以免有失公允。

3. 经济增加值

经济增加值（*EVA*）是指调整后税后净利润与资本（包括股权资本与债务资本）成本之间的差额，其计算公式为：

经济增加值 = 调整后税后净利润 − （经营资产 × 加权平均资本成本）

剩余收益的计算公式为：

剩余收益 = 经营净利润 − （经营资产 × 要求的最低报酬率）

通过比较我们可以发现，经济增加值的计算公式与剩余收益的计算公式非常相似，但是两者存在很多不同之处。经济增加值计算公式中的调整后税后净利润是对公认会计准则的会计利润进行调整后所得到的数值；同样，在对会计准则的会计利润进行调整的过程中，许多调整项都会涉及经营资产的项目，比如研发费用的调整，所以经济增加值中的经营资产也是调整后的经营资产，它与剩余利润中的经营资产在数值上是不同的。经济增加值计算公式中的加权平均资本成本的确定也与剩余收益计算公式中的要求的最低报酬率不同，前者是由权益资本和债务资本成本加权平均所得到的数值。

经济增加值具有剩余收益的优点，同时克服了剩余收益的缺点，尽量剔除了会计信息失真的影响。剩余收益是按照公认会计准则计算得出的，在一定程度上存在信息失真的情况，而经济增加值计算公式中的调整后税后净利润是针对公认会计准则中的缺陷进行调整得出的，减少了对企业真实的经营业绩的曲解。

从本质上看，经济增加值扩展了传统的剩余收益评价方法，其核心理念是资本效率，即资本回报与资本成本的差额。这一理念强调对资本成本（包括股权成本）的扣除，是以股东价值为核心且符合经济现实的理念。这里的资本成本是经济学家所说的机会成本，因此 *EVA* 也是一个经济利润或经济租金的概念。

经济增加值能将公司的整体利润与分部的业绩紧密联系在一起，避免决策次优化问题。采用经济增加值，由于考虑了权益资本成本，因此可以避免高估分部利润，真实反映公司财富的增加。由于经济增加值是一个绝对值，因此可以避免采用相对值指标带来的决策次优化问题，但是由于资产基数不同，形成的规模差异会造成不同企业或部门的经济增加值产生差距，不能在不同部门之间进行比较。

除了上述考核评价投资中心的指标外，为了弥补上述指标都基于会计利润计算的缺陷（许多理论与实务界人士认为，一个项目投资是否可行，主要是基于现金流量的分析，这在长期投资决策或者资本预算中已经学习过。如果等投资项目完成后再评价它的效果，却都用基于利润的指标，前后显然会不一致），还有两个现金指标——现金回收率和剩余现金流量可以利用，其计算公式如下：

现金回收率 = 营业现金流量/总资产（部门资产历史成本的平均值）

剩余现金流量 = 营业现金净流量 − 部门资产 × 资金成本率

（三）投资中心的业绩报告

投资中心不仅需要对成本、收入和利润负责，而且要对所占用的全部资产（包括固定资产和营运资金）承担责任，投资中心的业绩评价指标除了成本、收入和利润指标外，主要还是投资利润率、剩余收益等指标。因此，对于投资中心而言，它的业绩报告通常包含上述评价指标。

【例 10 - 6】

假定某公司甲分公司为一投资中心，该公司规定的最低报酬率为 12%。现要求根据甲分公司的有关原始凭证等资料，编制出该投资中心的业绩报告。

编制完成的该投资中心的业绩报告如表 10 - 6 所示。

表 10 - 6 投资中心业绩报告

项目	预算	实际	差异
销售收入/元	573 000	591 000	18 000 (F)
变动成本/元	246 000	251 200	5 200 (U)
贡献毛益/元	327 000	339 800	12 800 (F)
可控固定成本/元	140 000	141 400	1 400 (U)
部门可控利润/元	187 000	198 400	11 400 (F)
分配的共同成本/元	12 000	15 000	3 000 (U)
经营净利润/元	175 000	183 400	8 400 (F)
经营资产：			
现金/元	15 500	17 000	1 500
应收账款/元	110 000	131 000	21 000
存货/元	90 000	92 500	2 500
固定资产（原值）/元	450 000	450 000	0
总计/元	665 500	690 500	25 000
投资利润率/%	26.3	26.6	0.3 (F)
要求的最低报酬率/%	12	12	0
要求的最低投资收益/元	79 860	82 680	
剩余收益/元	95 140	100 540	5 400 (F)

由表 10 - 6 可知，甲分公司的实际投资利润率与剩余收益均超过了预算数，说明该投资中心本年度的经营业绩较好。

第三节 内部转移价格

企业内部各个责任中心在生产经营活动中既相互联系又相互独立地开展各自的经营活动，各责任中心之间经常相互提供中间产品或劳务，为了正确、客观地评价各责任中心的经营业绩，明确经营责任，使对各责任中心的业绩评价与考核建立在客观可比的基础上，从而调动各责任中心的积极性，企业应当为各个责任中心之间交换的中间产品或服务制定具有经济依据的内部转移价格。

一、内部转移价格的一般原则

（一）内部转移价格的含义

内部转移价格是指企业组织内部各责任中心之间相互结算或相互转账所选用的一种内部计价尺度，中间产品的转移价格，既是提供方的销售收入，又是接收方的购买成本，将同时影响两个责任中心的经营业绩。

（二）合理的转移价格应该达到三个标准

（1）对经营业绩的评价提供公平、合理的基准；

（2）激励基层经理更好地经营；

（3）促进各责任中心与企业整体之间的目标一致。

运用机会成本法制定转移价格，可以使决策结果既对公司整体有利，又能促进部门提高其生产经营的成效。

（三）转移定价的一般计算公式

$$转移定价 = 单位实支成本 + 单位机会成本$$

单位实支成本是指提供中间产品的部门发生的实际成本，包括中间产品的变动成本以及转移过程中发生的成本。单位机会成本是供应方因为将中间产品用于内部转移而放弃的将其用于外部销售所能够获得的利润，它是站在将两个部门看作一个整体的角度，衡量因转移而存在的机会成本，故又称影子价格。产生这一机会成本的条件有两个：

（1）中间产品存在竞争性的外部市场，其市场价格可以合理确定；

（2）供应方拥有自由决定产品对内或对外销售的选择权，既可以将中间产品用于外部销售，也可以选择对内销售。

在公司各部门有权决定内部交易或外部交易的情况下，各部门均根据这一转移定价选择对各部门也是对公司整体最为有利的方案。

对供应方来说，它可以据此计算一个最低转移价格，其计算公式为：

$$最低转移价格 = 截止转让时点承担的单位增量或实支成本 + 供应方单位机会成本$$

上式中，增量或实支成本是指与中间产品的生产和转让直接相关的现金流出量。机会成本则是指如果中间产品在企业内部转让，供应方会为此而放弃的最大利润。也就是说，根据这一价格，供应方无论是将中间产品对内还是对外销售，其利益都不会受到损失。

对于购买方来说，它也可以计算出一个最高转移价格，其计算公式为：

$$最高转移价格 = 最终产品的市场售价 - 后续工序加工过程中发生的费用$$

若购买方以该价格向其他部门购买产品，而不向外单位购入产品，其利益也不会受到损失，或者说其部门利润至少也不会因这一产品的内部转让而减少。

需要特别指出的是，只要供应方的最低价格低于购买方的最高价格，就应该进行产品的内部转移。通过这一方法，既能确保双方都不会因为产品的内部转移而遭受损失，又能体现目标一致的原则。

企业组织的经理人很少会明确规定内部转移价格，只在一定的基础上制定内部转移价格的规则。

二、内部转移价格的类型

在企业组织的经营管理实践中，常见的内部转移价格主要有市场基础转移价格、协议基础转移价格、成本基础转移价格和双重价格四种。与其他管理控制系统一样，内部转移价格的制定，应该有助于企业组织战略与长远目标的有效实施。

（一）市场基础转移价格

市场基础转移价格就是市场价格。

以市场价格作为内部转移价格，是在假定企业各责任中心都独立自主的基础上，它们可以自由地决定从外界或内部进行购销，而且有一个客观的市场价格可供利用。当产品有完全竞争的市场且卖方无闲置生产能力时，市场价格是理想的内部转移价格，此时买卖双方才能作出与企业目标一致的决策。由于上述假定在现实中往往难以成立，因此在以市场价格作为内部转移价格时，还应遵循以下原则：

（1）除非责任中心有充分的理由说明外部交易更为有利，否则各责任中心之间应尽量进行内部转让，具体表现为：

①买方所需产品或劳务应首先从卖方处取得，但如果对方要价高于市场价格或质量不合要求，则可以"舍内求外"；不过，买方向外购入，会造成卖方生产能力闲置。

②卖方的产品或劳务应首先满足买方的需要，但有权拒绝以低于市场价格的转移价格对内供应。

（2）内部转移应不影响利润中心履行其已经签订的对外供销合同。

（3）内部转移一般不需要包装费用、广告费用、运输费用等各种销售费用和有关税金支出，因此作为内部转移价格的市场价格应进行必要的调整，即内部转移价格应是扣除上述费用后的市场价格。

以市场价格作为内部转移价格的显著优点是：在企业内部引进市场机制，造成一种竞争的气氛和压力，使各利润中心努力加强经营管理，最终可通过利润指标来评价考核它们真正的业绩。另外，与外部交易相比，企业内部交易具有节约交易费用，产品质量、交货期易于控制等优点。以市场价格作为转移价格的主要难点在于：各责任中心之间提供的中间产品常常很难确定它们的市价，原因在于市价往往变动很大或没有代表性。在市场价格不能合理确定的情况下，可能导致各责任中心的盈亏失衡。尽管如此，以市场基础转移价格作为内部转移价格仍较适合完全的自然利润中心和投资中心。

（二）协议基础转移价格

协议基础转移价格就是协商价格。

企业各责任中心既然要承担因转移价格带来的经济责任，就应该拥有相应的权力来确定内部转移价格。由买卖双方通过定期协商（谈判）确定的双方都愿意接受的转移价格，即为协商价格。从理论上讲，这种协议基础转移价格可以得出任何一种水准的价格，只要它能被双方同时接受，但实际上协商价格总是在一定的基础上制定的。经常用作协商价格制定基础的是成本加成定价和市场价格，其中较理想的是市场价格。

协商价格可以克服单纯以市场价格作为转移价格的缺点，有利于分权管理。但它也存在

下列问题:

（1）责任中心获利能力的大小与谈判人员的谈判技巧有很大关系，往往使协商价格不能真正反映各责任中心的业绩。

（2）在协商中讨价还价，不可避免地要花费很多时间和精力，有时还会因争吵不休而无法取得结果，以致影响部门间的合作。

（3）在各责任中心经理之间协商不成时，往往由企业一级经理作为仲裁者来决定转移价格，因此可能失去分权的意义，更难以起到激励作用，这时仲裁者应秉公而断，但要适可而止，不可裁决一切问题。尽管如此，协议基础转移价格在中间产品有非竞争性市场且部门经理有讨价还价的自由和拥有完全自主权的情况下，还是行之有效的。

（三）成本基础转移价格

以成本为基础形成转移价格是制定转移价格最简单的方法，由于人们对成本概念的理解不同，成本基础转移价格包括多种类型，其中用途较为广泛的成本基础转移价格有以下三种:

1. 标准成本

它是以产品（半成品）或劳务标准成本作为内部转移价格。它适用于成本中心之间的产品（半成品）转移的结算。其优点是将管理和核算工作结合起来，可以避免供应方成本的高低对使用方的影响，做到责任分明，有利于调动供需双方降低成本的积极性。

2. 标准成本加成

它是按产品（半成品）或劳务的标准成本加计一定的合理利润作为计价的基础。当内部交易价格涉及利润中心或投资中心时，可将标准成本加上一定利润作为转移价格。其优点是能分清相关责任中心的责任，有利于成本控制，但加成利润率应由管理层妥善制定，避免主观随意性。

3. 标准变动成本

它是以产品（半成品）或劳务的标准变动成本作为内部转移价格，它能够明确揭示成本与产量的性态关系，便于考核各责任中心的业绩，也有利于经营决策。不足之处是产品（半成品）或劳务中不包含固定成本，不能反映劳动生产率变化对固定成本的影响，不利于调动各责任中心提高产量的积极性。

使用成本作为内部转移价格之后，各责任中心的内部利润实质上是成本节约额，而不再是完整意义上的内部利润，这样人为利润中心就成了成本中心。总之，以成本为基础形成转移价格是一种较简单但不够完善的方法。它主要适用于成本中心互相提供产品和劳务的内部计价和内部结算以及责任成本的内部结转。

（四）双重价格

双重价格是指买卖双方分别采用不同的转移价格作为结算价格，以利于考核各责任中心的业绩。双重价格通常有两种形式:

（1）当某种产品或劳务在市场上出现不同价格时，买方采用最低的市价，卖方则采用最高的市价;

（2）卖方按市场价格或协商价格计价，买方则按卖方的单位变动成本计价，由此形成的差额由内部结算中心或会计部门进行调整。

双重价格使企业内部各责任中心在选择内部转移价格时具有一定的灵活性，各相关责任中心所采用的价格并不需要完全一致，可分别选用对责任中心最有利的价格为计价依据，从而有利于更加公平、合理地对企业内部各责任中心的业绩进行评价、考核。

采用双重价格作为内部转移价格仍然有其内在的缺点。实行双重计价将使买卖双方都有较大的贡献毛益，而企业整体实际得到的贡献毛益却要小于各责任中心的贡献毛益之和。这种贡献毛益虚增使各责任中心不易看清它们的经营与企业整体利益的真实联系，从而会放松对成本的严格控制，造成对企业长远利益不利的局面。按双重价格制定内部转移价格，通常在中间产品存在外部市场，卖方有闲置生产能力且单位变动成本低于市价的情况下采用。

第四节　内部结算方式和内部经济仲裁

一、内部结算方式

为了分清各责任中心应承担的经济责任和应获取的经济利益，各责任中心相互提供产品或劳务，应按照合理的内部转移价格并采用适当的内部结算方式进行内部结算。为此，企业要有一个结算中心（相当于内部银行）和一套有效的结算制度。为了对企业各责任中心之间发生的经济业务进行结算，企业可以将商业银行的结算方式加以适当改造，引入内部结算，本着既能满足内部往来结算和内部控制的要求，又能简化结算工作的原则，来确定适合本企业特点的内部结算方式。一般有以下几种结算方式可供企业选择应用：

（一）内部支票结算方式

内部支票是由企业内部结算中心发行的，在企业内部流通的结算凭证。采用内部支票方式办理结算时，由付款方根据有关原始凭证签发内部支票给收款方，收款方据此填写送款单送交内部结算中心，由结算中心将付款方的存款划转入收款方账户。

采用内部支票结算方式，各责任中心之间的一切往来业务均要通过结算中心，有利于发挥结算中心的监督和控制作用。

内部支票结算方式比较适用于收付款双方直接见面进行往来业务的结算（如车间到仓库领用材料、车间将完工产品交库等），以便收付款双方当时结清款项，避免由于产品质量、价格等原因在结算过程中发生纠纷，影响结算资金的正常周转。

（二）内部托收承付结算方式

内部托收承付结算方式是一种收款方委托结算中心向付款方收取款项并经付款方的承兑才可划转款项的结算方式。这种结算方式只有在付款方承兑后才有效，有利于维护结算双方的权益，协调双方的关系，及时解决结算中的争执。但这种方式的手续较为复杂，一般适用于金额较大的业务往来。

（三）内部委托收款结算方式

内部委托收款结算方式（即内部托收无承付结算方式）是指结算中心收到收款方的内

部委托收款结算凭证后不必经过付款方的承兑即可直接划转款项。这种方式一般适用于收付款双方不直接见面进行的各项固定业务往来的结算。例如，企业内部供水、供电、维修部门与主要生产部门之间的水费、电费、维修费用的自动委托划转等。

（四）厂币结算方式

厂币是企业的内部货币，可以有多种形式，如流通券、代金券、厂内本票、厂内货币等，只限于在企业内部流通使用。各责任中心有结算业务时，直接用厂币进行结算，而不必通过结算中心。因此，采用这种方式会削弱结算中心对各责任中心的监督、控制作用。另外，厂币的保管不方便，容易丢失、毁损；对大额的经济业务，点票工作量太大，易发生差错。因此，这种结算方式一般只适用于收付款双方零星小额的款项结算，以及层次较低、未开设内部结算账户的责任中心之间的结算。

除了以上几种内部结算方式以外，企业还可以将商业银行的其他结算方式引入内部结算，灵活加以借鉴与运用，以适应企业内部结算的需要。

二、内部经济仲裁

（一）内部经济仲裁的含义

在贯彻执行企业内部经济责任制的过程中，各责任中心之间难免会产生责、权、利方面的纠纷，例如，内部结算采用哪种价格、产品出现质量问题由谁负责、由于未履行内部经济合同造成的经济损失应由谁承担，以及损失的价值应如何计量，等等。这时就需要在企业内部建立一个权威部门来进行调解、裁决，妥善解决责任中心之间的争执，以保证责任会计制度的顺利实施。这一过程就是内部经济仲裁，它是实施责任会计不可缺少的一个环节。

企业内部经济仲裁机构是负责对各责任中心之间的经济纠纷进行调解和作出裁决的权力机构，它本身必须具有权威性。它通常是由企业最高管理层与各部门的负责人组成的一个领导与群众相结合的经济仲裁委员会；中小型企业则往往由企业最高领导指派财务副总经理或总会计师负责此项工作。

企业内部经济仲裁机构一般还应吸收各种专业人员参加，如会计人员、质量检验人员、工程技术人员等，以利于仲裁机构从各专业角度对经济纠纷作出判断，提出解决意见，最终作出正确的裁决。另外，仲裁机构在处理经济纠纷时必须保持公正的态度，既要解决问题，又要注意避免挫伤各责任中心的积极性，尤其要注意避免干扰分权管理的执行。

为了便于分清经济责任，尽量减少经济争端，应将企业内部经济责任制中有关责、权、利的关系和要求等核心内容，通过规章制度或内部经济合同的形式固定下来，以便仲裁机构在实际工作中有法可依，有章可循，及时合理地解决在生产经营过程中出现的各种经济纠纷。

（二）企业内部经济仲裁机构的主要职责

1. 明确责任界限

企业各责任中心在执行责任预算的过程中，可能出现职责不清或责任预算不尽恰当的现象，应由企业内部经济仲裁机构及时加以解决；当责任中心之间出现相互指责或相互推诿责任等争执不下的情况时，企业内部经济仲裁机构必须通过调查研究判明原委，分清是非，作出裁决，防止不必要的经济损失发生。

2. 控制决策权限

责任中心在实际行使决策权力的过程中，可能会作出超越其决策权限的不利于企业整体利益的决策。为防止此类事件发生，企业内部经济仲裁机构应严格控制各责任中心的决策权限，及时纠正其滥用或超越决策权限的行为。

3. 解决结算纠纷

有关责任中心在相互提供产品或劳务时，可能因为内部转移价格问题而产生不同意见、发生争执。为此，企业内部经济仲裁机构应及时作出公正的调解、裁决，以维护争执双方应有的经济利益。

课后习题

一、单项选择题

1. 在其他条件不变的情况下，总厂提高了某下级分厂生产产品的内部转移价格，其结果是(　　)。

    A. 企业总体的利润水平不变

    B. 企业总体的利润水平下降

    C. 企业总体的利润水平上升

    D. 该分厂的利润水平不变

2. 在责任会计中对成本中心评价与考核的重点是(　　)。

    A. 产品成本　　　　　　　　　　　B. 变动成本

    C. 责任成本　　　　　　　　　　　D. 直接成本

3. 在同一企业中，提高企业内部转移价格会使企业利润总额(　　)。

    A. 上升　　　　　　B. 下降　　　　　　C. 不变　　　　　　D. 不确定

4. 责任会计制度的基本特征是(　　)。

    A. 目标一致　　　　　　　　　　　B. 信息反馈

    C. 业绩考评　　　　　　　　　　　D. 责、权、利统一

5. 制定内部转移价格应强调(　　)的最大利益。

    A. 企业内部买方　　　　　　　　　B. 企业内部卖方

    C. 企业整体　　　　　　　　　　　D. 各责任中心

6. 某公司的某一部门有关资料如下：部门销售收入30 000元，部门销售产品变动生产成本和变动性销售费用2 000元，部门可控固定成本1 600元，部门不可控固定成本2 400元。则该部门的部门经理贡献毛益为(　　)。

    A. 10 000元　　　　　B. 8 400元　　　　　C. 6 000元　　　　　D. 4 000元

7. 在制定内部转移价格时，(　　)法可以将管理和核算工作结合起来，避免功过转嫁，鼓励双方降低成本。

    A. 实际成本　　　　　　　　　　　B. 标准（定额）成本

    C. 标准成本加成　　　　　　　　　D. 市场价格

8. 在其他条件不变的情况下，若调低内部转移价格，会使卖方的收入或内部利润(　　)。

　A. 不变　　　　　　　B. 增加　　　　　　C. 减少　　　　　　D. 不确定

9. 投资报酬率作为考核评价投资中心经营业绩的指标，其局限性是(　　)。

　A. 不能反映综合盈利能力

　B. 使各投资中心不具有可比性

　C. 导致个别投资中心局部目标与企业总体目标不一致

　D. 不能反映投资中心的投资报酬情况

10. 在组织形式上，(　　)既可以是独立法人，也可以不是独立法人。

　A. 成本中心　　　　　　　　　　B. 利润中心

　C. 投资中心　　　　　　　　　　D. 责任中心

二、多项选择题

1. 与成本中心考核有关的成本是(　　)。

　A. 机会成本　　　　　　　　　　B. 可控成本

　C. 不可控成本　　　　　　　　　D. 责任成本

2. 企业通常采用(　　)方法制定内部转移价格。

　A. 标准成本　　　　　　　　　　B. 实际成本

　C. 市场价格　　　　　　　　　　D. 标准成本加成

3. 以市场价格作为内部转移价格，应当具备的条件是(　　)。

　A. 必须是成本中心　　　　　　　B. 必须是利润中心

　C. 中间产品有完全竞争的市场　　D. 中间产品不能从外单位购买

4. 责任中心根据权责范围以及业务活动特点的不同，可划分为(　　)。

　A. 成本中心　　　　　　　　　　B. 利润中心

　C. 收入中心　　　　　　　　　　D. 投资中心

5. 投资报酬率作为考核投资中心业绩的指标，具有(　　)的优点。

　A. 可以据以选择投资机会　　　　B. 横向可比性

　C. 反映综合盈利能力　　　　　　D. 可以避免短期行为

6. 下列等式正确的是(　　)。

　A. 责任成本变动额 = 实际责任成本 - 预算责任成本

　B. 责任成本变动额 = 预算责任成本 - 实际责任成本

　C. 责任成本变动率 = 责任成本变动额/预算责任成本

　D. 责任成本变动率 = 责任成本变动额/（预算责任成本 + 实际责任成本）

7. 成本基础转移价格包括多种类型，用途较为广泛的成本基础转移价格有(　　)。

　A. 标准成本　　　　　　　　　　B. 标准成本加成

　C. 标准规定成本　　　　　　　　D. 标准变动成本

8. 以下各项中，属于制定内部转移价格的原则有(　　)。

　A. 全局性原则　　　　　　　　　B. 公平性原则

　C. 自主性原则　　　　　　　　　D. 重要性原则

9. 下列各项中，能够揭示责任中心特点的项目有(　　)。

A. 责、权、利相结合

B. 责任与权力都是可控的

C. 具有承担经济责任的条件

D. 能进行责任核算、业绩考核与评价

10. 下列关于经济增加值的说法中，正确的有(　　)。

A. 经济增加值仍未克服剩余收益指标由于会计信息失真带来的影响

B. 经济增加值由于考虑了权益资本成本，可以避免高估分部利润

C. 由于经济增加值是一个绝对值，因此可以避免采用相对值指标带来的决策次优化问题

D. 经济增加值的核心理念是资本效率

三、判断题

1. 在责任会计中，责任成本应当按公司、分厂、车间、班组的层次顺序逐级汇总。

(　　)

2. 剩余收益是指投资中心获得的利润扣减其投资收益后的余额。 (　　)

3. 以市场价格为基础的内部转移价格，通常会低于市场价格，这之间的差额反映了与外部销售有关的销售费、广告费等。 (　　)

4. 责任中心是逐级设置的，责任成本也应该自下而上逐级汇总。 (　　)

5. 较低层次责任中心的可控成本，不一定是其所属较高层次责任中心的可控成本。

(　　)

6. 与成本中心相比，利润中心的权力和责任都相对要大得多。 (　　)

7. 从企业总体来看，内部转移价格无论怎样变化，企业利润的总数不变。 (　　)

8. 在中间产品处于不完全市场竞争的条件下，利润中心之间、利润中心与投资中心之间的产品和劳务的转移，一般可按标准成本作为内部转移价格。 (　　)

9. 在责任会计中对成本中心评价考核的重点是产品成本。 (　　)

10. 责任中心的责任成本就是当期发生的各项可控成本之和。 (　　)

四、计算分析题。

1. 资料：某公司下设甲、乙、丙三个子公司，均为投资中心，有关资料如表 10 – 7 所示。

表 10 – 7　有关资料

公司	经营资产平均余额/万元	预计销售利润率/%
甲	200	10
乙	250	15
丙	150	20

假定该公司现定的最低投资报酬率为 25% 。

要求：

(1) 计算各分公司应达到的最低资金周转率；

(2) 计算各分公司应实现的最低销售收入；

(3) 计算各分公司应获得的营业利润。

2. 资料：某公司设有若干分厂，其中甲分厂 2018 年经营资产 80 万元，营业净利润 24

万元，公司现决定投资 40 万元扩充甲分厂的经营规模，预计甲分厂 2019 年全年可增加营业净利润 10 万元。总公司的平均投资报酬率为 20%。

要求：

（1）计算甲分厂 2018 年的投资报酬率及剩余收益。

（2）计算甲分厂 2019 年预计的投资报酬率和剩余收益。

（3）若以投资报酬率考核甲分厂的经营业绩，甲分厂是否乐意接受新的投资？若改用剩余收益考核呢？为什么？请说明理由。

3. 资料：某公司 2018 年 12 月四个投资中心的资料如表 10 - 8 所示。

要求：填妥表内空格。

表 10 - 8　四个投资中心的资料

项目	甲	乙	丙	丁
销售收入	（　　）元	980 000 元	320 000 元	（　　）元
销售利润	（　　）元	117 600 元	25 600 元	60 000 元
经营资产	400 000 元	（　　）元	160 000 元	200 000 元
销售利润率	10%	（　%）	（　%）	15%
经营资产周转率	3 次	（　　）次	（　　）次	（　　）次
投资报酬率	（　%）	20%	（　%）	30%

参 考 文 献

［1］吴大军．管理会计［M］．大连：东北财经大学出版社，2013.
［2］杜炜，齐阳．管理会计［M］．南京：南京大学出版社，2014.
［3］刘运国．管理会计学［M］．北京：中国人民大学出版社，2015.
［4］孙毛竹，支小强．管理会计学［M］．第8版．北京：中国人民大学出版社，2018.
［5］郭晓梅．管理会计学［M］．第4版．北京：中国人民大学出版社，2015.
［6］张晓燕．新编管理会计［M］．第4版．大连：大连理工大学出版社，2014.
［7］李立新，余兰．管理会计［M］．北京：北京交通大学出版社，2017.